应用文写作

孔祥戬 苏茜 陈继 主 编

钱小坤 孔毅 梁靖雯 副主编

董淼 许文静 参 编

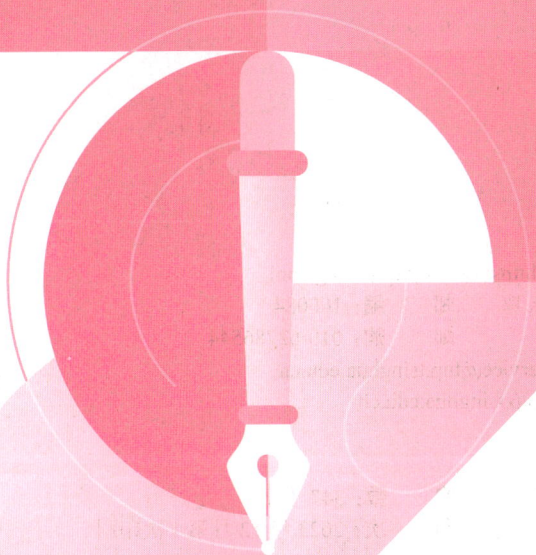

清华大学出版社

北京

内 容 简 介

本书以中共中央办公厅、国务院办公厅印发的《党政机关公文处理工作条例》为依据，融入终身学习、立德树人理念，结合学生认知规律和成长特点编写而成。

全书包括应用文写作基础知识、事务文书、党政公文、专用文书四章，每一节的编写体例为"学习目标""案例引导""知识探究""知识链接""拓展训练""巩固新知"，中间穿插"例文"和"评析"。同时，以二维码的形式链接了部分多媒体资源，方便阅读者活学活用。

本书适合职业院校学生、成人继续教育学生以及党政机关、社会团体、企事业单位的工作人员使用。

图书在版编目（CIP）数据

应用文写作 / 孔祥戬，苏茜，陈继主编 . —北京：清华大学出版社，2023.11

ISBN 978-7-302-64915-1

Ⅰ.①应…　Ⅱ.①孔…　②苏…　③陈…　Ⅲ.①汉语－应用文－写作　Ⅳ.① H152.3

中国国家版本馆 CIP 数据核字（2023）第 222902 号

责任编辑：张　弛
封面设计：刘　键
责任校对：刘　静
责任印制：杨　艳

出版发行：清华大学出版社
　　　　网　　　　址：https://www.tup.com.cn，https://www.wqxuetang.com
　　　　地　　　　址：北京清华大学学研大厦 A 座　　邮　　编：100084
　　　　社 总 机：010-83470000　　　　　　　邮　　购：010-62786544
　　　　投稿与读者服务：010-62776969，c-service@tup.tsinghua.edu.cn
　　　　质量反馈：010-62772015，zhiliang@tup.tsinghua.edu.cn
印 装 者：三河市龙大印装有限公司
经　　销：全国新华书店
开　　本：185mm×260mm　　印　　张：14　　字　　数：347 千字
版　　次：2023 年 12 月第 1 版　　　　　　印　　次：2023 年 12 月第 1 次印刷
定　　价：49.00 元

产品编号：101701-01

走进新时代，职业教育已成为整个教育体系中的重要组成部分，而应用文写作是职业院校学生在学校和未来岗位上不可缺少的技能本领。因此，在职业院校开设应用文写作课程是非常必要的。

本书的编写以习近平新时代中国特色社会主义思想为指导，以中共中央、国务院印发的《中国教育改革和发展纲要》，国务院发布的《关于大力推进职业教育改革与发展的决定》，中共中央办公厅、国务院办公厅印发的《党政机关公文处理工作条例》《关于推进现代职业教育高质量发展的意见》为依据，在编者于 2010 年由北京师范大学出版社出版发行的《应用文写作》教材的基础上，总结经验，开发资源，编写了本书。

本书的主要特色和创新之处有六点：①彰显新理念。本书的编写注重校企合作、产教融合、科教融汇，注重课内知识与课外资源的实践运用，注重学生德智体美劳的全面发展，注重多媒体教学，尝试多种教学方法，关注、激发学生的学习兴趣、情感体验，不仅使读者心领神会、驾轻就熟、运用自如，而且让读者树立正确的人生观、价值观、世界观。②内容凸显实用性。在内容的编排上，打破传统的编排格局，将内容按照由易到难、由常见到专用、由必须到选修的顺序编写成应用文写作基础知识、事务文书、党政公文、专用文书四部分，以符合学生的认知规律，凸显实用性。③体例突出目标性。在每一节的编写中均先设定"学习目标"，然后按照"案例引导""议一议""知识探究""知识链接""拓展训练""巩固新知"的顺序设计，中间穿插"例文"和"评析"，这样的体例设计既便于激发读者的学习兴趣和求知欲望，又便于实现价值引领，也符合读者的认知规律和应用文写作规律。④体现理论联系实际。本书注重理论联系实际，讲求理论和实践的结合，让教师和学生更好地理解写作基础知识，掌握写作技能技巧，快速提高写作能力。⑤体现新时代特征。教材内容紧跟时代步伐，设置微课、课件二维码，配套资源丰富，呈现形式灵活，使读者身临其境地学习，可读、可听、可视、可练，快乐学习，学了便能用上，用上便能收效，这是编写这本书的初衷。⑥适用范围广。本书不但适合职业院校学生使用，还适合党政机关、社会团体、企事业单位的工作人员自学之用。

本书由孔祥戣拟定编写提纲、撰写前言、统稿，苏茜、陈继、钱小坤参与统稿和校稿。具体写作任务分工如下：第一章由孔祥戣编写；第二章由苏茜、梁静雯、孔毅编写；第三章由钱小坤、许文静编写；第四章由陈继、董森编写。同时，韩尔立、李学芬、普鑫壹参与统稿并制作微课、课件。

本书在编写中，参考了一些同类教材、专著和国内网站的一些信息，在此深表感谢！

应用文写作作为一门独立的实用写作学科，分类复杂、文种繁多，加之编者水平有限，书中疏漏和不足之处在所难免，敬请广大读者提出宝贵意见。

孔祥戣
2023 年 4 月

教学课件

目　录
CONTENTS

第一章　应用文写作基础知识 / 1

第一节　应用文概述 / 1

第二节　应用文的作者及读者 / 8

第三节　应用文写作的基本要素 / 15

第四节　应用文写作的要求及提高写作水平的途径 / 32

第五节　应用文的写作过程 / 37

第二章　事务文书 / 43

第一节　事务文书概述 / 43

第二节　条据 / 45

第三节　书信 / 51

第四节　计划 / 61

第五节　总结 / 68

第六节　述职报告 / 77

第七节　调查报告 / 83

第八节　讲话稿 / 91

第九节　会议记录 / 104

第三章　党政公文 / 110

第一节　党政公文概述 / 110

第二节　通知、通报、通告 / 122

第三节　报告、请示、批复 / 133

第四节　决定、意见、议案 / 142

第五节　函 / 152

第六节　会议纪要 / 158

第四章　专用文书 / 163

第一节　专用文书概述 / 163

第二节　礼仪文书 / 166

第三节　经济文书 / 180

第四节　法律文书 / 201

参考文献 / 218

第一章

应用文写作基础知识

写作是以书面语言表达作者对客观事物的认识和感受的复杂的创造性脑力劳动，包括我们在语文课本中学习的记叙文、说明文、议论文、诗歌、小说、散文、剧本、相声等文体。应用文是写作学中的一个分支，在日常的学习、生活和工作中与人们的关系最为密切，它是一个人一生中读得最多、写得最多、用得最多的文体，也是职业中专学生就业的看家本领。应用文在长期的实践中形成了内容、结构、语言表述等方面独有的特点和规范，学习并掌握这些知识是写好应用文的基础。

第一节　应用文概述

1-1
应用文
概述

📚 学习目标

- 领悟应用文的概念、作用、特点、分类。
- 了解应用文的产生和发展。
- 激发学习应用文写作的兴趣，树立爱国主义思想。

📖 案例引导

孙中山靠一张便条脱险

1896 年 10 月，孙中山在英国伦敦被清政府驻英公使馆绑架，囚禁于伦敦波德兰街四十九号公使馆的一间小屋里。孙中山很清楚，情况十分危急，清公使馆随时会把他暗中引渡回国，送上"断头台"。怎么办呢？他想到一个办法：拜托一位同情他的英籍公务员柯尔，给自己的老师康德黎送去一纸便条告急，简单地说明自己被囚的情况，请求老师施展救援。康德黎收到便条，马上提请英国政府出面干涉，并向报界披露事实真相，谴责清公使馆违反英国法律，随便抓人。由于及时营救，孙中山终于脱险。

【议一议】

该例文叙述了孙中山写应用文的故事，请同学们结合该例文说说应用文的重要性。

知识探究

一、应用文的概念

应用文是国家机关、企事业单位、社会团体和个人在日常工作、生产和生活中办理公务及个人事务时所使用的具有实用价值和惯用体式文体的总称。

应用文写作，顾名思义，是指研究应用文的特点、规律和写法，也就是对应用文恰当得体地进行应用。应用文写作的"应"是指应对学习、工作、生活；"用"是指要适用法律、法规、规章或上级的指示写作，否则，写得再好也是枉费心机；"文"即实务的文章；"写"是对应用文整体的应用；"作"即对写作材料的加工。

二、应用文的作用

应用文作为一种特定的文体，涉及各个领域，就其作用而言可概括为以下几个方面。

（一）法规准绳作用

在应用文中，有相当一部分是用于公布法律和行政法规的。如条例、规定等，一经有关权力机关通过并发布施行，就具有法规准绳作用，任何人都要自觉遵守，不得违反，否则将受到处罚。又如通知、通告等公文，要求下属机关以及有关人员"共同遵守""遵照执行"，有不可逾越的法规准绳约束力。在构建和谐社会的今天，应用文在加强社会主义法治、维护社会秩序方面的作用尤为突出，越来越受到人们的重视。

（二）宣传教育作用

应用文写作，都有其明确的目的，或传达精神、部署工作，或汇报情况、求得指示，或研究问题、研讨对策，或总结经验、找出规律，都必须让人们知道该做什么、为什么要做、怎样去做，这其实就是在进行宣传教育。应用文中有不少文件是用来发布党的路线、方针、政策的，在执行的过程中，起到了宣传教育的作用。有不少文件，如决定、通知等是用来表彰先进、推广成功经验的，有的是批评、揭露不良现象和丑恶行为的，并以此统一人们的思想认识，规范人们的行为，增强人们的法制观念和工作责任感，保障社会的安定团结，这其实也起到了宣传教育的作用。

（三）沟通联系作用

应用文是加强上下级联系的纽带，也是与各有关方面联系的有效工具。具体体现在三个方面：一是上下级之间的上情下达、下情上报。即上级部门指示、决策、部署、安排的下达，下级部门工作情况、计划的上报。二是平行单位之间的信息沟通、经验交流，以达到取人之长、补己之短、互相促进、共同提高的目的。没有应用文的沟通，很可能是"鸡犬之声相闻，老死不相往来"。三是个人之间的相互了解、协调沟通，如书信这一文种从古至今均受到重视就是印证。

（四）依据凭证作用

应用文在人们的学习、生活、工作中，是解决、处理问题的依据和凭证。例如，上级下达的文件，是下级开展工作的依据；下级向上级所做的请示、情况反映，也为上级及时指导工作提供依据。一些条款、合同文本、公证材料等，也是经济事务中的凭证，一旦出现问题纠纷，依靠这些凭证，可通过法律追究对方责任，维护自身利益。另外，一些应用文被立卷归档，作为文献资料留供后人参考，也起着凭证作用。如有些冤假错案就是在事后凭借存档中的应用文得以澄清事实，还其本来面目的。

三、应用文的特点

应用文作为一种文体与其他文学作品的写法相比较，除具有一定的共性之外，还有其独特性，是文章大家族里的主要成员。一般来说，从小学到中学，学习的多是记叙文、议论文等文体，这些文体讲究语言的生动形象和情节的起伏跌宕，采用多种描写手法，进行多样的抒情等。如果说，记叙文能告诉人们过去，议论文是晓之以理，导之以行，那么，应用文能把人类引向未来。这就需要掌握应用文写作的特点。

（一）实用性

实用性是应用文的最大特点，是应用文与其他文体的主要区别之一。诗歌、散文、小说等文学作品主要是表达人们的喜怒哀乐之情，抒发理想、反映现实，给人以审美愉悦，使人阅读生情；理论文章给人以知识，用来提高人们的认识，拓展知识领域；新闻作品给人以新的信息，使人"坐地日行八万里，遥看世界弹指间""不出门就知天下事"。应用文主要是为了解决实际问题，是有事而写，无事不写。例如，要和远方的朋友联系，就写信；要借款，就得立字据；要推销产品，就要做广告；要向上级汇报工作，就要写报告。因此，应用文又被称为实用文，是为实用而写之文。实用性是判断应用文好坏的价值标尺。

（二）针对性

应用文的写作具有其明确、直接的对象，比如，信写给谁？字据立给谁？报告打给谁？即使是一些广告、启事，也是针对有关消费者、知情者的，只不过是对象范围扩大了一些。而文学作品的阅读对象，没有很好的针对性，如一首诗、一篇小说，阅读对象不分男女老少，雅俗共赏，谁都可以看，谁都可以不看，看后可以表达体会，也可以置之脑后。

（三）广泛性

应用文是人们在生活、学习和工作中经常使用的一种文体，是单位与单位、单位与个人、个人之间传递信息、沟通情况、开展工作、处理事务的重要工具，使用的范围很广，反映的内容也相当广泛。

（四）真实性

应用文的真实性是指方针、政策上的真实和事实上的真实、客观。文中内容要真实可靠，数据要准确无误，判断要符合实际，要求要具体明确，措施要切实可行，方法要适当适用，言之要有理、叙之要有据，要做到文实相符。应用文写作，不允许像文学创作那样主观想象、夸大其词，或故意贬低、歪曲事实、故弄玄虚、信口开河、吹牛撒谎、误导对方，给社会造成不良影响。

（五）规范性

所谓规范性，是指应用文的写作有其特定、惯用的格式。主要表现在两个方面：一是文种规范。即办什么事，用什么文种。二是格式规范。不同的应用文体，有不同的相对固定的格式，不能随意变动。

（六）简约性

为了提高应用文的实用效能，应用文要求篇幅短小、精练、简洁、朴实、明白、准确地说明事由、解说事理、陈述办法，以达到处理好事务的目的。有什么说什么，有多少说多少，叙述多用直笔，不用曲笔。应用文写作不像文学作品那样讲究生动、形象、含蓄、朦胧，简约性是应用文写作的基本风格。

（七）时效性

由于应用文是为解决实际问题而写的，因此其时效性很强。尤其是当今社会，市场竞争激烈，信息传播快，贻误时机就会有被淘汰的危险。所以，应用文要行文及时、发得及时、办得及时，这样才会给单位或企业带来效益。比如，及时获取经济信息并正确适用，可以使濒临破产的企业扭亏为盈、起死回生；否则，延缓拖拉、时过境迁、放"马后炮"，其作用就会大打折扣乃至失去价值。相对而言，文学作品的写作时效性不强，例如，《红楼梦》是曹雪芹历时十年之久写成的，《本草纲目》是李时珍用将近三十年时间写成的，《资本论》是马克思用四十余年时间写成的。

四、应用文的分类

我国的应用文发展有3000多年的历史，种类繁多，数以百计，要对这一庞大的系统进行分类实非易事，且各种应用文常常有交叉的现象，即使同一种文体也会因内容和写作目的的不同，在语言方面有很大的差异；加上随着社会的发展，应用文体也在不断丰富和发展，因而要准确地分类是比较困难的，可谓仁者见仁、智者见智。然而，要规范应用文写作，必须分门别类，只有纲举，才能目张。应用文按其性质可分为通用文书和专业文书两大类；按其实用价值可分为党政公文、事务文书、经济文书、法律文书、日常文书和学术文书；按行文关系可分为上行文、平行文、下行文等。

本书从教学的角度出发，本着"以教学为中心"的原则，从易到难，由浅入深，按照实用功能的不同，将应用文分为事务文书、党政公文、专用文书三大类，既适用于初学者，又便于在功能上相互区别，也让我们容易掌握其中的规律。

（一）事务文书

事务文书又叫常用文书，是国家机关、企事业单位、社会团体及个人在日常工作和生活中经常使用的一种文书。常用的事务文书包括条据、书信、启事、海报、计划、总结、述职报告、调查报告、简报、讲话稿、演讲稿、规章制度、会议记录等文体。

（二）党政公文

党政公文是党政机关实施领导、履行职能、处理公务的具有特定效力和规范体式的文书，是传达贯彻党和国家的方针政策，公布法规和规章，指导、布置和商洽工作等的重要工具。中共中央办公厅、国务院办公厅于2012年4月16日印发，自2012年7月1日正式施行的《党政机关公文处理工作条例》中列出了十五类公文：决议、决定、命令（令）、公报、公告、通告、意见、通知、通报、报告、请示、批复、议案、函、纪要。

（三）专用文书

专用文书是指国家机关各部门在各自的事务范围内专门使用的一种事务文书，如礼仪文书、传播文书、经济文书、法律文书、教育文书等。

五、应用文的产生和发展

生产劳动促进了人的思维活跃和交际的增多，上古口耳相传、结绳记事的方法已无法适应人类活动所需要的交流、协调，便需要一种文字符号来作系统的表达。据史籍记载，5000年前黄帝时期的史官仓颉创造性地改革并统一了文字，"仓颉造字，天雨粟，鬼夜哭"。自有文字以来，信息的积累主要就是靠书面储存的方式进行，使人们对事物的表述呈现出连贯性和规范性，应用文也就应运而生了。

早在3500年前，我国奴隶社会的夏商周时期的殷墟甲骨文"卜辞"就是统治者主要用来进行占卜和记录的公文形式，是我国迄今为止所知道的最早的文章。"甲"是龟甲，"骨"是牛骨或鹿骨，在甲骨上刻字，故称为甲骨文。由于当时生产力低下，人们对自然界和社会缺乏认识，遇事要占卜以问吉凶胜负。因此，甲骨文的产生可算是应用文产生的源头，是应用文的雏形。后来相继出现了青铜器铭文、用竹木简编撰成的典册。

我国现存最早、保存最完整的文章总集是春秋战国时期孔子编撰的《尚书》，这是一部历史文献汇编，记录的主要是黄帝之后尧、舜、禹的言论。《尚书》的体例包括典、谟、训、诰、誓、命六体。"典"用来记载上古典章制度，如《尧典》；"谟"用来记载君臣议政时的谈话和他们的治国之策，如《皋陶谟》；"训"用来教诲开导，给后人以警示，如《伊训》；"诰"是训诫勉励的文告，用于告诫鼓舞民众，如《康诰》；"誓"是用兵征战时将士的誓词，如《汤誓》；"命"是君主的命令，是帝王赐给臣子的诏书，如《顾命》。这些文种，相当于现代公文中的命令、布告、纪要等。《尚书》的篇章结构已相当完整，有条理、有层次，可以视为我国古代应用文形成的标志，对后世影响巨大。

如果说从奴隶社会夏商周时期甲骨文的出现到秦统一中国这一时期是应用文写作的初期，那么，在封建社会秦汉到明清这一时期，则是我国古代应用文不断发展并走向成熟的时期。

秦汉时期：秦始皇统一中国，建立了封建专制主义集权的政权，并实现了"书同文"，即政治的统一和文字的统一，为应用文的统一创造了条件。代表作有李斯的《谏逐客书》，规定了"用印"制度等，标志着应用文走向成熟。

汉袭秦制，应用文书有了新的发展，产生了书、议、策、论、疏等公文体式，明确皇帝对臣子用诏、制、策、敕，臣子对皇帝用章、奏、表、议，在表述上也使用相对固定的格式，为应用文走向程式化开了先河。汉代重视应用文写作人才，把应用文写作列为选拔人才的考试内容，这就使得许多有才学的人致力于应用文写作，产生了众多名篇佳作。如贾谊的《陈政事疏》、司马相如的《上书谏猎》等，至今仍脍炙人口。私人书信、碑、铭、吊等在汉代也有了较大的发展。"碑"指的是墓碑铭，"铭"用来表扬功德，"吊"是指借悼念而发感慨，这些文体的名篇，对后世均有很大的影响。

魏晋南北朝时期：魏晋南北朝历史约400年，在应用文发展史上占有重要地位，不仅在写作实践上名家名篇迭出，而且对应用文写作理论进行了大量的探索和实践，为我们留下了宝贵的理论遗产。曹操不仅提倡应用文的写作，而且亲笔写下了很多规范的应用文，诸如《求贤令》《慎行令》《修学令》，真切地表达了自己的政见；曹丕的《与吴质书》、曹植的《与杨德祖书》都是应用文的名篇，可见，曹氏父子对应用文的发展做出了较大的贡献。诸葛亮的《出师表》也对后世影响很大。

隋唐宋时期：是中国古代应用文发展的高峰时期，名家辈出，名篇如云。隋代，隋文帝曾诏令"公私文翰，并宜实录"；李谔的《上隋高祖革文华书》批评了前代的浮艳文风，强调了应用文的实用性。唐代是诗歌的黄金时代，涌现出一大批应用文的大手笔和名作。如魏徵的《谏太宗十思疏》、李华的《吊古战场文》、韩愈的《祭十二朗文》、柳宗元的《段太尉逸事状》、白居易的《与元微之书》、刘禹锡的《陋室铭》，都是应用文名篇。

"古文运动"在宋代得到发展，散文上出现了欧阳修、苏洵、曾巩、王安石、苏轼、苏辙，与唐代的韩愈、柳宗元并称"唐宋八大家"。应用文亦出现了众多的名家名篇，如范仲淹的《答手诏条陈十事》、欧阳修的《谢致仕表》、王安石的《上仁宗皇帝言事书》《答司马谏议书》、苏轼的《答刘巨济书》等。苏轼的《答刘巨济书》中曾写道："向在科场时，不得已作应用文，不幸为人传写，深为惭愧。"苏轼的这篇科场作文题为"为政之宽严"，是一篇策论。因此，"应用文"一词，产生于宋代。宋代出现"应用文"这一名称，但实际上把它作为专用的文体概念，并未对其内涵和外延作出科学的界定。

元明清时期：是我国古代应用文的稳定发展时期，应用文体趋于定型化。如海瑞的《治安疏》、林则徐的《钱票无甚关碍宜重禁吃烟以杜弊源片》，充分体现了应用文匡时济世的重要作用。明代吴讷的《文章辨体》、徐师曾的《文体明辨》在理论上进行了深层次的研究。清代，刘熙载的《艺概》中说"辞命题，推之可为一切应用之文。应用文有上行，有平行，有下行，重其辞乃所以重其实也。"文中指出了应用文不仅要重实用、讲求实效，而且把应用文的行文方向分为上行文、平行文、下行文三种，研究更为深入。

辛亥革命以后：1911年辛亥革命后是应用文从古体到新体的巨大变革时期。1912年，南京临时政府颁布了第一个应用文程式条例，废除几千年的封建王朝应用文体式，确立了新的体式；在用语上规定了不许用"大人""老爷"等具有封建色彩的称呼，官吏相互称职务、民间相互称"先生"；并要求应用文写作用白话文，使用新式标点符号。1921年中国共产党成立后，从组建工作机关起，就有了中共全国代表大会所产生的决议、纲领和宣言。1942年延安整风运动中，边区政府不仅颁布了《陕甘宁边区新公文程式》、推进了公文改革，而且毛泽东同志所做的《反对党八股》的报告，对公文写作产生了极为深远的影响。

新中国成立后，政府十分重视应用文写作，对应用文的名称、体例、处理办法进行了一系列改革，公文质量和管理水平进一步提高。1951年中央人民政府政务院颁布了《公文处理暂行办法》，1957年国务院印发了《关于公文名称和体式问题的几点意见（稿）》，1964年国务院办公厅发布《国家行政机关公文处理试行办法（倡议稿）》，1981年国务院办公厅发布《国家行政机关公文处理暂行办法》。国务院办公厅于1993年发布、1994年1月1日起施行、2000年再次进行修订、2001年1月1日起施行的《国家行政机关公文处理办法》列出十三类公文，即命令（令）、决定、公告、通告、通知、通报、议案、报告、请示、批复、意见、函、会议纪要。这是行政机关在行政管理过程中所形成的具有法定效力和规范体式的文书，是依法行政和进行事务活动的重要工具。2012年4月16日中共中央办公厅国务院办公厅印发《党政机关公文处理工作条例》，2012年7月1日正式施行，共列出十五类常用文书：决议、决定、命令（令）、公报、公告、通告、意见、通知、通报、报告、请示、批复、议案、函、纪要。这是党政机关实施领导、处理公务的具有特定效力和规范格式的文书，是传达贯彻党的路线、方针、政策，指导、布置和商洽工作、请示和答复问题、报告和交流情况的工具。此外，全国人大常委会办公厅1998年2月6日发布《人大机关公文处理办法（试行）》，列出以下公文文种：公告、决议、决定、法、条例、规则、实施办法、议案、意见、批评和建议、请示、批复、报告、通知、通报、函、意见、会议纪要。这是人大及其常委会在依法行使各项职权过程中形成的具有特定效力和规范格式的文书，是发布法律、地方性法规、决定、决议、公告、指示，布置和商洽工作，请示和答复问题，报告和交流情况的工具。至此，我国公文走上了科学发展的大道，对中国特色社会主义建设起到了很好的促进作用。

进入 21 世纪，随着科学技术的日新月异、市场经济的蓬勃发展、知识经济的出现、工作管理的规范性加强、书写工具的数字化，对应用文写作提出了新的要求，各行各业都需要高素质的、有较高应用写作能力的人才。因此，应用文写作也成为高校、中等职业学校普遍开设的基础课程，应用文写作这门学科将得到更大的发展。

知识链接

1-1
知识链接

应用文与文学作品的区别

一、从功能上来看

应用文写作主要是用来办理事务和解决工作中的实际问题，是有事而写，无事不写；文学作品是以塑造艺术形象、反映社会生活为宗旨，如小说、散文、诗歌等文学作品主要是表达人们的喜怒哀乐、抒发理想、反映现实。

二、从真实性方面来看

应用文要求内容真实可靠，数据真实准确，言之有理、叙之有据；文学作品中人物和事件可以进行艺术虚构，可使用修辞手法表达一定的艺术效果。

三、从思维角度方面来看

应用文写作侧重于逻辑思维；文学写作侧重于形象思维。

四、从结构方面来看

应用文写作有其特定、惯用的格式；文学作品一般没有惯用的格式，可由作者随意编排、自由联想、标新立异。

五、从阅读范围来看

应用文写作具有明确的阅读对象；文学作品的阅读对象没有针对性，男女老少皆宜、雅俗共赏。

拓展训练

1. 拓展训练项目

调查应用文使用情况。

2. 拓展训练流程

（1）分调查小组，明确小组长，确定任务。

（2）拟订使用应用文情况调查计划。

（3）准备记录本。

（4）随意调查校园内的师生员工。

3. 拓展训练评价

序号	评价指标	评价标准	效果评价（优秀/良好/合格）
1	调查数据	真实可靠	
2	整理调查效果	语言准确、层次清晰、具有说服力	
3	拓展训练体会	提升应用文写作能力十分重要	

4. 拓展训练反思

（1）通过这次调查，认识到加强应用文写作教学十分必要。

（2）我对本次调查感到：

　　满意 □　　　　一般满意 □　　　　不满意 □

● 巩固新知

一、名词解释

应用文　事务文书　党政公文　专用文书

二、填空题

1. 应用文的特点是＿＿＿＿＿＿、＿＿＿＿＿＿、＿＿＿＿＿＿、＿＿＿＿＿＿、＿＿＿＿＿＿、＿＿＿＿＿＿、＿＿＿＿＿＿。

2. 3500多年前夏商周时期的＿＿＿＿＿＿就其内容和形式来看，是应用文的雏形。

3. 较早将应用文行文方向分为上行文、平行文、下行文的是清代的＿＿＿＿＿＿，他的代表作是＿＿＿＿＿＿。

三、简答题

应用文写作有哪些重要作用？

第二节　应用文的作者及读者

1-2 应用文的作者及读者

▶ 学习目标

- 了解应用文作者的构成和读者的类型。
- 理解应用文作者的思维方式和应用文作者的修养。
- 养成团结协作、取长补短的良好品质。

📖 案例引导

痴 人 说 梦

　　古时候有个名叫伽龙的和尚，曾在江淮一代游历。他的举止行动和一般和尚不同，显得怪里怪气的，因此引起了那里人们的注意。有人问他何姓，他回答："姓何。"又问他何国人，他回答："何国人。"他把别人话里面的个别字随口说成是自己的姓名和国名。他说"姓何"，倒还可以说得过去，说是"何国人"，当时哪里有个"何国"呢？他就是这样装疯卖傻，不肯说出自己的真姓和国籍。

　　唐时李邕要替这个和尚作传，但是连他的姓名都不知道，更没法写他的事迹了。于是无可奈何地写了下面两句话："大师姓何，何国人。此正所谓对痴人说梦耳！"意思是：把这位和尚认作姓"何"，又是"何国人"，正是对着痴人说梦话罢了，说了等于没有说。

【议一议】

　　为什么说写作材料不真实，就等于"痴人说梦"？

知识探究

一、应用文的作者

（一）应用文作者的构成

　　一切写作行为都必须由作者来具体实施，因而凡是参与写作活动的人都称为主体。应用文作者首先在主体构成上与文学作者有区别。文学写作是创造性和个体性的活动，一般是个体式的写作，即便是"合作"，也无法改变这一创造性活动的个性化特征。文学写作是作者将那些活生生的感官印象，通过艺术的想象加工表现出来的创造行为。每篇文学作品都是作者个人化情感、思想、经历的凝聚，鲜明地打着作者的个人印记。而应用文作者在写作过程中是用政治意识、社会意识、职业意识、法规意识来规范自己的写作活动的，承担着一定社会角色的功能。

　　应用文作者包括个人作者、群体作者、法定作者、代言作者。

1. 个人作者

　　个人作者是指从写作意图的确定到文章的写作都是代表个人意图，由个人独立完成的作者类型。日常应用文的作者和私务应用文的作者都是个人作者。比如撰写日记、情书等，常常是个人作者独立完成。个人作者完成个人写作任务时不像文学写作那样可以自由地发挥想象来表达，而是需要考虑文体的规范和读者的心理、接受水平等，即便是写日记，也需要真实地记录和表达，不得虚构、夸张。

2. 群体作者

　　群体作者是由两个或两个以上的作者基于某一实际的"需要"，共同研究写作意图，共同进行调查研究，经过商讨共同完成写作任务的一种作者类型；由作者和协作者构成。作者是指完成主要写作过程的主要负责者；协作者是指协助作者共同完成写作活动、实现写作目的的人。作者和协作者相互依存、相互作用，你中有我、我中有你。在完成较为复杂的写作任务时，常由几个作者分工写作，或是每人完成一部分，或是每人分别写成内容大体相同的文章，然后经过讨论综合，取长补短，最后合为一篇文章。例如，某单位写工作总结，往往先由各部门总结，然后在部门总结的基础上，经某人或几个人的综合再写成单位总结；写调查报告也常常由几个作者一起调查，经过共同研究，由一个人执笔，最后写成调查报告。

3. 法定作者

法定作者是指写作主体是那些依法成立并具有法人资格的组织，主要指公文的署名者，而不一定是撰写文稿的文字工作者。法定作者必须是依法成立的以自己的名义发出公文并能行使相应的权力并承担相应的义务的机关和法人代表。法定作者撰写定稿的文章，其内容代表某一级法人的意志，具有权威性和合法性。

4. 代言作者

代言作者实际上是以撰稿人的身份参与写作活动的人。代言人与被代言人之间往往有两种关系：一是被代言人指定代言人以助手的身份参与写作，如秘书代法定人拟写公文、代领导写讲话稿等。这就要求代言人必须熟知被代言人的写作意图，熟悉与工作相关的各方面的情况，并在熟悉过程中，帮助代言人验证写作意图的正确性。署名只能是被代言人或被代言组织，代言人不署名。二是代言人以执笔服务者的身份帮助他人完成写作任务，即代言人根据服务对象的要求，记录"作者"口述内容，如代他人写合同、协议等。

（二）应用文作者的思维方式

应用文作者不仅在作者构成上与文学作者有所差别，而且在思维方式上也与文学作者有所区别。应用文作者在写作过程中究竟采取了什么样的思维方式，应该说还是一个较难描述的课题。思维训练在写作中十分重要，应用文作者在写作时除了会运用一般的思维方式外，还运用以下几种思维方式。

1. 对象化思维

对象化思维是一种思维被对象全部占有，并围绕为弄清对象的形状、性质、规律而进行思维的活动方式。对象化思维的目的是把握对象的本质，对象化思维的本质是作者有意识地将自我转化到对对象的关注上。比如作者因某种需要去调查某一事实的真相，或根据某种需要或"事由"写作"通知"，或根据对象制定规章制度，都必须运用对象化思维，全力关注对象的特点，有意识地消除自我表现。因此，应用文作者要重视客观的调查，注意掌握第一手材料，并以此作为思维的起点，时刻把握写作对象的特征；不仅要根据客观事物的特征去思考，而且要根据特定的对象来写作，把握对象的心理，从而达到办事的目的。

2. 模式化思维

文学写作是一种创造性的思维活动，写作的成品要在最大限度上满足读者的新奇感，因而要求作者展开艺术想象的羽翼，突破规范和模式，创造崭新的艺术境界，给读者以"陌生化"的审美享受。应用文写作虽然也是一种精神活动，但思维的启动源于明确的指令，会有意无意地受某种文体的规范和制约，往往先按照某种模式去构思，然后按照某种模式去遣词造句。应用文作者也可以发挥个人的独创性，灵活地处理材料，寻求最佳的办事方法，但最终要受某种规范性的制约，要把写作的应用价值放在第一位，把真实地传达信息放在至关重要的位置，所以，这种思维的运行方式是一种模式化的思维方式。写作模式作为"内在尺度"制约着作者的写作思维。比如，某位作者要写作一则通知，一般都沿着这样的思维展开：为什么要发通知，通知的事由是什么，有什么要求。作者沿着这个"模式"思考下去，往往能迅速成文，满足应用文写作应"时"而作的需要。因此，作者必须掌握多种应用写作模式，在思维上要有模式化意识，自觉地按照某种模式去想、去写。当然，模式不是僵化固定的东西，随着时代的发展，按照生活的实际需要，应用文某些文种的模式也会变化、发展，因而，模式化思维也应随之变化、发展。

3. 换位思维

换位思维是一种站在他人的立场上，设身处地地替人思考的一种思维方式。应用文写作中，作者构成较为复杂，代言作者在写作中往往需要运用换位思维方式，站在被代言人的立场去思考问题，设想被代言人对这个问题是如何想的、会有什么看法、会如何表达等。秘书代领导起草讲话稿，就需要运用换位思维，设想领导在那样的场合会怎样说、对问题会怎样认识，甚至连讲话语气也要体现出领导者的语言风格。当然，换位思维必须建立在对被代言人的写作意图充分了解的基础上，而不是想当然。

任何一种思维方式的运用都要服从于写作目的的需要，在应用文写作中不仅要灵活地运用上述三种思维方式，而且要运用逻辑思维去加工和组织材料，运用创造思维去寻求办事情的最佳方法。因此，在一次写作活动中，有时需要运用多种思维方式去把握对象。

（三）应用文作者的修养

在应用文写作中，作者的修养和能力是完成写作任务的主观条件。一个没有思想见解、没有良好表达能力的人是写不好应用文的。应用文作者应具备以下修养。

1. 政策理论修养

政策理论修养是作者对客观世界的认知水平和政策理论水平的综合体现。作者政策理论修养的高低，直接影响到应用文写作成品的质量。如果作者能灵活运用马克思主义的观点、方法，并且思想深刻、哲学思维活跃，就能透过现象看本质，就不会停留在对现实材料的简单认识和处理上。尤其在写作政策性、法规性强的文章时，就能高屋建瓴地揭示客观事物的规律。因此，应用文作者要坚持不懈地学习哲学理论，学习党和国家的方针、政策，经常阅读报纸杂志，努力提高政策理论修养。

2. 业务知识修养

应用文是处理事务的工具，使用这一工具，必须以熟悉各行各业的业务知识为前提。熟悉业务知识，不仅是作者积累写作材料的需要，而且能够使作者开阔视野，准确把握材料。应用文作者主要需要储备两类知识：一类是基础知识，包括自然科学、人文科学等方面的知识；另一类是专业业务知识，即熟悉行业术语，了解行业规范。应用文中的专业文书行业性较强，没有专业知识的修养，是写不出高质量的文章的。比如，写法律文书时，如果不熟悉《中华人民共和国刑法》《中华人民共和国民法典》以及诉讼程序等方面的行业知识，就很难写得准确规范，也很难发挥出文章应有的社会功能。

3. 词章文体修养

作者写作应用文还需要一定的词章文体修养。欧阳修有"事信言文""简而有法"之说，其中的"文"和"法"实际上就是指作者要具备词章和技法的修养。应用文写作，用语不仅要规范严谨，而且要直接明了，这就要求作者具备较好的文字修养。应用文作者除要掌握词的表达规范外，还必须掌握章的写作规范，培养文体感，熟悉各种应用文法定的或约定俗成的体式，这样才能满足应用文"应时""应事"而作的要求，快速成章。词章文体修养要靠长期学习而成，模仿是提高应用文写作词章文体修养的有效手段。唐代史学家刘知几在《史通·模拟篇》中指出："夫述者相效，自古而然。"可见，模仿作为学习写作的一种手段是积极有效的。初学写作者要选择规范的应用文进行阅读，模仿其结构模式和用语技巧，有意识地进行练习，不断提高自己的词章文体修养，从而熟练地写作应用文。

二、应用文的读者

读者指阅读写作文本的人，是写作行为要达到信息交流目的的最后完成者。写作活动包含阅读活动，只有读者和作者共同努力，应用文写作的功用性目的才能实现。应用文文本的接收者有其特殊性，写作时要认清读者类型、强化读者意识，并有意识地根据读者的特点、接收状态决定自己的写作方式，以更好地发挥应用文办事和交流的功用。

（一）应用文读者的类型

应用文文本的读者是复杂的，一般以文本的读者身份或接收状态来划分读者类型。

1. 按读者身份分为法定读者、普通读者和专业读者三种类型

（1）法定读者

法定读者主要指能代表某一级组织的领导，他们是法定行政公文、某些事务文书和一部分专用文书的阅读者。他们或通过阅读把握上级机关的方针、政策，或通过阅读掌握基层的工作情况。作为阅读者，他们具有法人代表的身份，所读文章信息对他们的决策和指挥有着非常重要的作用。这类读者在接收文本信息时，要抑制个人的阅读偏好，公正地、认真地接收信息，并对所获信息及时进行处理。这类读者由于工作任务重，平时要阅读的文件较多，因此，自然喜欢读那些表达简明、说理清晰的文章。这就要求写作者在写作公文时要尽可能简明扼要、重点突出，否则就会影响接收效果。

（2）普通读者

普通读者是指根据本人的需要阅读某些应用文的读者。普通读者阅读应用文，主要是为了了解信息，有时是出于某种特定事务的需要，比如去翻看某一文件、阅读一份简报或一篇调查报告等。他们阅读时根据自身的需要来选择阅读文本，并且不一定按照应用文的内容去办事，往往只是接收应用文的内容信息。

（3）专业读者

专业读者主要是指以读专用文书为主的读者。专业读者对某一行业的应用文的文体和内容比较熟悉，有较高的文化水平和某一方面的专业知识，他们往往是出于实际业务工作的需要来阅读，他们熟悉行业用语、理解行业语汇、了解行业规范。因而，专用文书的文本可以用行业术语，不必解释得过细。另外，因为专业读者对专业熟悉，他们也比较讲究文本的规范性和使用术语的科学性。

2. 按读者接收状态分为指定性读者和指向性读者两种类型

（1）指定性读者

指定性读者指被指定必须阅读某一应用文的人。指定性读者范围有宽有窄，可以是一个人，也可以是一群人，常常处于被动接受的状态，阅读时不允许作任何选择。

（2）指向性读者

指向性读者是指阅读对象不明确，但有一个大致的范围；读者阅读时往往采用浏览的方式，对与自己关系密切处多留意，关系不密切的就一览而过，阅读过程带有很大的选择性；接收状态相当自由，其接收效果在很大程度上取决于读者参与的态度。

（二）应用文读者的阅读特点

应用文的阅读是一种功用性的阅读，阅读的目的或是想获得某种实用的信息、了解情况，或是接受某一指令，并付诸实践。因而，应用文读者的阅读具有以下特点。

1. 读者是功用性阅读者

应用文作者因"需要"而写作，阅读者也因"需要"而阅读。写作是因为办事、了解信息的需要，同样，阅读也是带着一定功用目的的阅读，也是为了办事、了解信息。阅读公务文书时，读者处于受命阅读状态，阅读目的非常明确，阅读效果是预期的，作者的写作目的制约着读者的阅读，引导读者完全地接收文本的内容，所以，作者在行文时往往先写明要读者去处理和办理某事的理由，说服读者去执行。行政公文中的下行文还以指令式的口气要求读者如何做、怎样做。日常应用文的阅读功用性相对较弱，读者按需进行选择性的阅读，如果文本写得简洁、可读，文章被接受的效果会更为显著。

2. 读者是近距离的接收者

应用文的信息需要读者在最短的时间内接收，不像文学文本可以延搁时日，或者"藏之名山"，留待后人阅读。应用文是"应时""应事"之作，写作和阅读的时效性都非常强。因而，应用文的读者往往是近距离的接收者，读者与作者的时代、地域、心理距离都很贴近。读者还有可能对文章所写内容比较熟悉，因而对文章真实性的要求也就更高，否则就会造成读者对作者的不信任，影响应用文的接收效果。

3. 读者是文本功能的实现者

应用文的阅读是带着目的的阅读，读者解读文本不仅是为了了解信息，而且读者本人往往就是文本所要求的功能的实践者。具体而言，读者或者是承担某一事件的责任人、督促他人按照文本内容去做，或者本人就是文本功能的直接实践者。因此，这种功用性的阅读，要求文本层次分明、信息明了。应用文作者要根据不同文本的功能、不同读者的阅读心态写作文本，时时处处考虑到读者是文本功能的实践者这一特点，尽量用有说服力的文本语言，明确要求读者怎样做，以使文本具有最大的可读性。

知识链接

冬夜读书示子聿

宋·陆游

古人学问无遗力，少壮功夫老始成。
纸上得来终觉浅，绝知此事要躬行。

这首诗的意思是：古人做学问是不遗余力的，往往是要到老才取得成就；从书本上得来的知识，毕竟是不够完善的，想要理解其中的道理，必须要亲自实践才行。本诗通过写陆游对儿子子聿的教育，告诉读者做学问要有孜孜不倦、持之以恒的精神。一个既有书本知识又有实践经验的人，才是真正做学问的人。

拓展训练

1. 拓展训练项目

辩论赛：正方，学习课本知识比实践更重要；反方，实践比学习课本知识更重要。

2. 拓展训练流程

（1）准备场地。

（2）分组：包括辩手、主持人、计时员、记分员、策划人等。

（3）确定比赛环节。

（4）准备考评表。

（5）教师给出辩题，比赛开始。

（6）教师归纳总结。

3. 拓展训练评价

序号	评价指标	评价标准	效果评价（优秀 / 良好 / 合格）
1	自我评价	（1）积极参与，主动学习相关的知识技能	
2	评委评价	（2）有辩论赛方案，能在规定时间内按要求完成任务 （3）成果显著并有创意	
3	综合成绩	合格以上等级	

4. 拓展训练反思

（1）我在本次活动中遇到了哪些问题？我是如何解决的？

（2）我在本次活动中的收获有哪些？

（3）我对本次活动感到：

满意 □　　　一般满意 □　　　不满意 □

巩固新知

一、名词解释

法定作者　法定读者

二、填空题

1. 一切写作行为都必须由作者来具体实施，因而凡是参与写作活动的人都称为_____。

2. 应用文作者有_____、_____、_____、_____等多种类型；应用文读者按身份分为_____、_____、_____三种类型，按接收状态分为_____、_____两种类型。

三、简答题

1. 简述应用文作者应具备的修养。

2. 应用文读者的阅读特点有哪些？

第三节　应用文写作的基本要素

1-3
应用文写
作的基本
要素

学习目标

- 理解应用文主旨、材料、结构、语言的概念。
- 能够确立应用文的主旨、收集材料和整理材料、合理安排应用文的结构、用语规范。
- 树立写好应用文的观念。

案例引导

一张便条使陆文夫成了"贪污犯"

《文化周报》1985 年 10 月 27 日第二版登载了《"盲"到何时》一文。内容概要为：一天，作家陆文夫突然收到一家与他无文字关系的出版社寄来的伍佰元汇款。原来，这是该社的会计贪污所得，请他代为保存。陆文夫立即将此款交给公安部门，结果收到了如此书写的字据："兹收到作家陆文夫交来贪污款伍佰元整。"襟怀坦白、光明磊落的陆文夫，竟然成了"贪污犯"，真是令人啼笑皆非！

【议一议】

为什么陆文夫竟然成了"贪污犯"？

知识探究

一篇规范完整的应用文一般由主旨、材料、结构、语言四要素构成。这四个要素相互作用、相互联系，形成有机整体。

一、应用文的主旨

应用文的主旨是指撰写者在传达政策、汇报工作、总结经验或交流情况时，通过全文表达出来的基本思想、基本观点、写作意图，也称中心思想；它是整篇文章的灵魂。

文章的宗旨，在古代统称为"意"，"意者，一身之主也"。在当代则根据不同文体分别以不同名称表达：文学作品称为主题，通过对人物、事件、环境的刻画描写，主动地、艺术地体现主题；议论文称为论点，即作者对所议论问题所持的见解、主张和表明的态度；应用文称为主旨，即作者在义章中所表达的基本观点。

（一）应用文主旨的作用

1. 主旨是应用文的灵魂

一篇文章的思想线索如何贯穿全文、指导全文，受主旨的支配。

2. 主旨是应用文的统帅

写作应用文时，要围绕主旨选择、处理材料，根据主旨的需要组织、贯穿材料。材料的取舍、详略的处理、结构的安排、表达方法的选用、语言的运用，都要受主旨的约束。古人说的"意在笔先"就是这个道理。

3. 主旨是应用文的主导

一篇应用文如何开头、中间写什么、结尾写什么，都受主旨的主导。

（二）应用文主旨的来源

物质决定意识，文章的宗旨来源于客观实际。应用文的主旨从根本上说取决于工作和生活实际。无论是党政公文还是事务文书或是专用文书，执笔者往往是单位或部门的代言人，因而其主旨往往是机关、单位领导人的指示精神与客观现实需要相结合的产物。因此，在撰写应用文时要进行调查研究，从实际情况出发，确定符合客观实际情况和现实要求的主旨，这样的应用文才会产生应用的价值。

（三）应用文的主旨句

主旨是应用文的灵魂，作为红线贯穿全文、指导全文、统率全文。一般来说，主旨句在应用文中的位置是比较明晰的，通常表现在标题的"文种＋事由"中。如《关于教育经费的请示》，主旨句是"请示批准教育经费"。

一般来说，应用文不但要围绕主旨而且要穿插主旨来写，要有一个"提出—强调—重申"主旨的三段式过程。

（四）确立应用文主旨的方法

1. 去粗取精

去粗取精就是摒弃所收集到的材料中那些不能反映本质的粗糙现象，保留反映本质、为主旨服务的精华。如"个别青年没有大专会计专业学历，担任了基层商店的财务工作主管，当然可以根据单位实际情况而担任财务工作的主管"这个材料就显得较为粗糙，应改为"个别青年并没有大专会计学历，但业务熟悉、能力强，可根据单位实际情况聘任为财务主管"。又如，我国1950年颁布的《中华人民共和国婚姻法》第十六条中有这样一段文字："夫对于其妻所抚养与前夫所生的子女或妻对于其夫所抚养与前妻所生的子女，不得虐待或歧视。"1980年颁布的《婚姻法》把以上文字修改为："继父母与继子女间，不得虐待或歧视。"该条文用15个字代替了原条文的40个字，修改后的条文用"继父母与继子女"7个字即概括了原条文33个字的内容；并增加了"间"字，使原条文中的单向性规定变成了双向性规定，这样不仅减少了文字，而且丰富了原条文的内容。

2. 去伪存真

去伪存真就是舍弃所收集材料中的那些与真实本质相违背的虚假现象，而保存符合真实本质的材料。

3. 由此及彼

由此及彼就是从材料彼此的联系中去寻找为主旨服务的内在联系。

4. 由表及里

由表及里就是透过材料的表面现象认识事物的本质。

（五）应用文主旨的表现

1. 观点要正确

要做到观点正确，就要从马克思主义的立场、观点、方法出发，实事求是地观察、分析、研究问题，探索事物发展的客观规律；要以党和国家的方针、政策为准绳，依法依章办事；要明确写作的目的，做到有的放矢。

2. 态度要鲜明

汉代王充在《论衡》中曾说："口则务在明言，笔则务在露文。"所谓"露文"，是指主旨的表达必须鲜明，也就是作者提出问题、解决问题的观点必须鲜明，态度必须鲜明，写作必须鲜明。作者反对什么，提倡什么，用什么思想作指导，要达到什么目的，必须明明白白、清清楚楚地在文章中表达出来，决不能含糊其辞、似是而非。文学作品的主题必须经历感染的途径，使读者进入认识领域，因而其主题往往总是通过人为想象，以曲折、婉转的方式，含蓄、间接地流露、暗示出来。应用文的主旨实质就是党的方针、政策的具体化，如果对党的方针、政策认识不清楚，态度不明朗，那主旨的表达就是雾里看花，就会使人无所适从。所以，应用文必须用最简洁的语言，鲜明地将主旨表达出来，真正做到"达而勿多""贵在明理"。

3. 重点要突出

一篇应用文在写作时必须抓住一个主要问题，即主要矛盾，其他内容都要为主旨服务，这样才能突出重点、主次分明，不至于出现多个中心、产生多个头绪。

4. 立意要新颖

立意新颖是指立意时要有新观点、新看法，新颖别致、不落俗套。写应用文决不能东摘西抄、人云亦云，也不能废话连篇、陈陈相因，用旧材料、旧观点、旧框框来对待日益发展的客观事物，以免导致作者思路的闭塞和文章内容的僵化。

二、应用文的材料

材料是应用文的要素之一。有的人在写作应用文时常常感到材料匮乏、力不从心，想讲点什么、写点什么，总是囊中羞涩。解决这个问题的方法就是积累材料，建立自己的"材料宝库"。

（一）材料的含义

这里所说的材料是指作者为了应用文写作，从实际生活和书本中收集的，用来表现主旨或阐明事理的一系列事实或道理。在文艺作品中运用"素材"与"题材"来表达这个概念。应用文的材料主要有具体的事例、数据、引语等；收集的未加工整理的事实和道理，常称为资料，它是用于加工成材料的毛坯或半成品。

材料有直接材料和间接材料之分。所谓直接材料，是指人们在实践中通过自身的观察、体验、感受、实验、调查而获得的第一手材料，俗称"活材料"或原始材料；是形成主旨的前提和基础。所谓间接材料，是指人们通过阅读已有的文字材料（文献材料、格言警句、党的方针政策）、看电视、听录音等方式获得的第二手材料，俗称"死材料"。

（二）材料的获取途径

应用文主旨确定以后，需要材料为它服务，为它展开、说明，从而论证主旨观点。无主旨的材料是"一盘散沙"，有主旨无材料便是"孤家寡人"。所以，主旨和材料血肉相连、相辅相成，主旨靠材料体现，材料靠主旨统率；占有的材料越丰富、越全面，就越能得出正确的观点。没有主旨的文章就如同一个人失去了灵魂；没有材料的文章如同一个骨瘦如柴的人，没有力量。从这个意义上说，材料是文章的血肉。因此，在收集材料时，要像"韩信点兵"那样"多多益善"。材料的获取有以下几条途径。

1. 体会

有些文章的材料来自作者的亲身经历和感受，例如，实验报告来自科学工作者的科学实验，总结来自工作中积累的经验。可见，亲身经历和感受是获取材料的一个重要途径。当然，每个人都不可能事事亲自去实践，除自己的亲身经历、所见外，还必须注意获取书本知识，积累自己在生活中随时听到、看到的材料。

2. 观察

观察是认识客观事物的重要方法，是写作的基本功。所谓观察，是指用自己的感官和辅助工具去直接观察事物而获取第一手资料。可以说，我们天天在观察，但科学的观察和日常的观察是不同的。科学的观察具有目的性、计划性、系统性和重复性；日常的观察往往是自发的、偶然的，也不要求有严格的记录。

观察既要细心又要善于抓住事物的主要特征，容不得半点马虎。对于同一事物，有的人观察后收获大、印象深；有的人收获小、印象浅。这是因为前者能做生活的有心人，能从人们常见、易知、简单、表面的现象中看到其实质，从而获得基本的材料。只有细心观察，才能增强自己的洞察力，否则就会心不在焉、走马观花，即使有好的材料也会从眼前溜过去，也会"不识庐山真面目"。

美国有一个心理学教授为了培养学生的观察力，在做"糖尿病尿液实验"时，教授用食指碰尿液，把拇指放入嘴里尝味道。而学生则不细心观察，用食指碰尿液，用食指尝味道。教授说："可悲，尿液有毒，不能尝。"学生说："为什么你能尝而我们不能尝？"教授说："叫你们注意观察、细心观察，不听！我是用食指碰尿液、用拇指尝，未尝尿液。"同学们恍然大悟，从那以后，方才认真观察事物的本质。

3. 调查

进行有目的的、有组织的、周密的调查是获取材料的基本方法之一。毛泽东同志多次强调指出"没有调查，就没有发言权"。新闻界流行极广的一句格言是"新闻是用脚写出来的"。意思是说，记者要腿勤，要奔波出没于一切新闻的"现场"。这就充分揭示了调查访问的重要性。至于学术论文等文体就更离不开调查研究了。

4. 实验

实验是指实验者按照研究目的验证假设、探讨规律的过程。

5. 阅读

在收集和积累写作材料时，除了通过观察、调查、实验研究掌握大量的直接材料，还须通过阅读，从书籍、报刊、文献中获取大量的间接材料。阅读文献资料要坚持"五先五后"的原则：先读中文资料，后读外文资料；先读综述资料，后读专论资料；先读近期资料，后读远期资料；先读文摘，后读全文；先大概读，后仔细读。持之以恒地阅读，必然会使自己的"资料宝库"蔚然壮观。

（三）材料积累的方式

一个人的时间、精力是有限的，如果什么都想积累、不着边际，反而会"抓芝麻丢西瓜"，也就形不成文章。因此，要根据本人的情况，有目的、有计划、有方向、有选择地积累材料。具体积累方式如下。

1. 卡片式

卡片式积累是将有关资料记录在事先准备好的卡片上。

2. 笔记式

笔记式积累是用一个专门的本子记录有关内容。做笔记和做卡片有相同之处，都是对相关材料的摘录；不同的是笔记较卡片容量大。

3. 剪辑式

剪辑式积累是将有关内容从书籍、报纸、杂志上剪下来，编辑在一起。为防止遗失，可用专门的本子分门别类地粘贴上去。

（四）材料积累的要求

1. 真实

真实就是指材料所反映的内容在现实生活中是实实在在的。如果所选择的材料不真实、张冠李戴、添枝加叶，哪怕只有一个数字不真实，全文就会受到质疑。

2. 切题

切题就是指所选择的材料能够符合表达中心思想的需要；与表达中心思想关系不大的材料应剔除，以免喧宾夺主。

3. 典型

典型是指选择最能表现主旨、揭示事物本质、具有代表性、有强大说服力的材料，尽量做到精炼。通过典型反映一般，通过个性反映共性是应用文写作揭示事物本质的原则。选材时，在大量的材料中选真实的，在真实的材料中选切题的，在切题的材料中选典型的。

4. 新颖

新颖是指材料在内容上具有时代精神，是指刚刚发现的能带给读者新鲜感的材料。

（五）材料的整理

材料的整理就是通过观察、实验、调查及文献检索而获取的材料，必须分门别类归纳，使原来分散的、个别的、局部的、无系统的资料变成一个整体材料。否则，收集的信息资料会乱成一团，用时需要费时间查找。据统计，撰写一篇应用文，事先整理好材料与未整理好材料撰写时间相差 3 倍左右；若临时查找资料，则撰写时间相差 10 倍左右。

整理材料的方法有以下几种。

1. 勤裁剪

做衣服要量体裁衣，写作也要根据材料进行裁剪。有的可能只选一个数据，有的可能只选一个细节，有的可能选择整个过程，使材料尽可能做到繁简适度、浓淡相宜。

2. 勤鉴别

对收集的资料要进行鉴别，才能保存备用，不能"拣到篮子里都是菜"。获取的资料既丰富，又杂乱；既有"精材"，也有"粗材"。鉴别时，要把历史资料与近期资料，不同著者的论点、论据、结论，进行比较、分析、研究，"去粗取精""去伪存真"，随时补充新的材料，使积累的材料如潺潺的小溪，常流常新。

3. 勤翻阅

平时积累的材料，时间太长，容易遗忘，经常翻阅可以温习思考，对于过时的、价值不大的材料，要随时淘汰。

4. 勤归纳

要根据材料的类型整理归类,使其系统化、条理化,形成自己的观点。占有材料要把握"五宜详五宜略"原则：重要材料宜详，次要材料宜略；具体材料宜详，概括材料宜略；新鲜材料宜详,陈旧材料宜略；现实材料宜详,历史材料宜略；不知材料宜详,周知材料宜略。总之,占有材料要有所侧重、详略得当，要实事求是、贴切自然，绝不能牵强附会、机械占有。

三、应用文的结构

归纳了材料,确立了主旨,接下来要解决的就是"怎么写"的问题,也就是要解决"言之有物""言之有理""言之有序"的问题。要把内容表现得有条不紊、完整统一，就不能不讲究结构布局的技巧,也就是人们说的"谋篇布局"。

（一）应用文结构的含义

应用文的结构是指文章的整体构造，包括格式和内容安排两大方面；也就是指安排材料、组织成文的方式。具体来说是指对写作材料的精心安排，即先写什么、后写什么、再写什么，怎样开头、怎样结尾，分几个层次，如何过渡、如何衔接，哪里详写、哪里略写等。

有人针对主旨、材料、结构之间的关系打过这样的比方：主旨就如人的"灵魂"，材料就如人的"血肉",结构则像人的"骨架"。人没有一副坚实健壮的骨骼,血肉就无从依附,灵魂也无处寄托；没有完整、均匀的骨骼，或有头无足，或缺手少腿，或畸形变态，形象就不会端庄动人。清代文学家李渔认为：写作如同"工师之建宅",造房子前需有全面的设计安排，何处建厅，何处开门，栋需何材，梁需何木，必俟成局了然，始可挥斥运斧；否则，木材、石头、水泥、砖、沙、钢筋一大堆，是不能建成高楼大厦的。

（二）应用文结构的内容

文章结构的基本内容包括开头和结尾、层次和段落、过渡和照应等。

1. 开头和结尾

（1）开头

"良好的开端是成功的一半"。文章的开头是全文的开始，对全文起着引导、说明、控制的作用。开头写得好,就能突出中心思想、开启主旨思路,便于展开全文；开头写得不好,就会行文不畅、事倍功半。

应用文的开头方式不固定，常用的开头方式有如下几种。

①目的式和根据式开头。这种开头方式是将行文的目的或发文的依据放在文章的开头部分。目的式开头，如"为了贯彻全国职业教育工作会议精神，深化学校内部改革，特作如下规定"；根据式开头，如"根据全国职业教育工作会议精神，决定在学校进行深化内部改革的思想大讨论，现将有关事项通知如下"。

②概括式开头。概括式开头是指将全文的主要内容或中心在开头部分简要介绍出来。概括式开头，在新闻、总结、调查报告中经常用到。

③情况原因式开头。即开头部分交代行文的原因，或对文章内容、背景、基本情况作简要的介绍。

④规定式开头。这种开头常用于具体规定格式写法的文体中，如经济合同、章程等文种的开头部分常使用这种方式。

（2）结尾

文章结束即结尾，古人称为"收笔"。结尾对整篇文章起着深化、回应的作用。好的结尾，能使全篇增光添色；反之，就会使全文黯然失色。结尾常用的方法有如下几种。

①总结式结尾。在结尾部分对全文作总结，以概括总的观点、点明主题。常用于总结、调查报告中。

②说明式结尾。这种结尾方式是对未尽事宜做一些补充说明，或者对与内容有关的问题做一些交代。多用于通报、通告、规章制度等文体，如"本通告自发布之日起生效"。

③号召式结尾。在结尾部分提出希望和号召，鼓舞斗志。常用于总结、会议纪要等文体。

④自然收束式结尾。这种结尾方式主要是指事尽言止，自然收结。常用于通知、决议等简短应用文。

⑤规定式结尾。这种结尾常用于一些有具体规定格式写法的文体中，如"妥否，请审核批示""希望遵照执行"等，用带有期望意思的惯用语句作结尾。

总之，结尾的方式有多种，具体选用哪一种，要根据具体情况而定。需要指出的是，文章要善始善终，既不能草草收场、敷衍了事，也不能当断不断、画蛇添足，要做到简洁有力、恰到好处。

2. 层次和段落

所谓层次，是指文章内容的表现次序，其体现文章内容相互间的逻辑关系；有时也称"结构段""意义段"。

所谓段落，是指文章中的一个个自然段，它是文章中最小的可以独立的意义单位。一般来说，层次小于篇章，大于段落，段落是构成层次的基础。

层次的划分是有客观依据的，有时按照事物发展的时间来安排层次，有时按照文章的逻辑关系来安排层次。比如写"请示"，首先写缘由是一个层次，其次要求上级给予解决问题的部分又是一个层次，最后是结束语。

3. 过渡和照应

（1）过渡

所谓过渡，是指文章层次或段落之间的衔接与转换。过渡犹如桥梁，在文章中起着承上启下、穿针引线的作用，使全文浑然一体。常用的过渡方法有以下两种。

①使用过渡词

使用过渡词就是用关联词语过渡。常见的有"因此""总之""由此可见""综上所述""鉴于此"等表示顺接的关联词语，有"然而""但是""尽管如此""毋庸置疑""另一方面"等表示转折的关联词语。

②使用序号

如用一、二、三、四、……；（一）、（二）、（三）、（四）、……；1、2、3、4、……；（1）、（2）、（3）、（4）、……；首先、其次、再次、最后；第一、第二、第三、第四、……。

（2）照应

所谓照应，是指文章的前后呼应。平常所说的"前有交代，后有着落"就是一种照应。在应用文中，常见的照应有以下两种。

①首尾照应

首尾照应是指文章开头提出的问题，在收尾时做出回答，使人加深对文章的理解。

②题文照应

题文照应是指文章始终围绕题目展开叙述，并以点题的方式结尾，使文章中心更加突出，使人印象更加深刻。

（三）应用文结构的类型

应用文种类繁多，内容不一，写法不尽相同，归纳起来，常用的结构有以下几种类型。

1. 总分式

总分式是指开头先对全文的内容作简要的概述，然后依次分别对其展开论述。总分式通常用于篇幅较长的应用文，如总结、论文等。

2. 递进式

递进式是指或以时间为顺序，或由现象到本质，或从因到果等划分层次，使全文各层意思层层推进、层层深入、由浅入深、由表及里。比如开头提出问题，然后剖析问题、研究问题，再找出原因，最后找出解决问题的方法。

3. 并列式

并列式是指全文的各层意思并列安排，逐一表达。说明文多采用这种方式。

4. 条款式

条款式是指采用分条列项的方式来写，层次更加清楚，一目了然。

四、应用文的语言

一篇应用文有了明确的主旨、丰富的材料和巧妙的结构，最终必须用语言表达出来。语言是文章的细胞，因此，作者一定要有驾驭语言的能力。语言分文字语言和非文字语言两大类。

（一）文字语言

1. 文字语言的特点

应用文的文字语言特点是由应用文的性质决定的，主要体现在"三多三少"上。

（1）介词多修饰性词语少

在应用文中，为了说清事由、讲明道理、引用文件、表明目的等，常常使用较多的介词。常见的介词有：表示关联、范围的有"关于"；表示对象的有"对""对于""将"等；

表示依据的有"根据""依据""遵照"等；表示目的的有"为了""为"等；表示方式的有"按照""参照""依照""通过"等；表示方向的有"从""向""在"等；表示时间的有"自从""自""于""当"等；表示原因的有"由于""由"等；表示比较的有"比""跟""同"等；表示排除的有"除了""除"等。

一些修饰性的词语，如"红彤彤""热乎乎""朝霞满天"，很少在应用文中使用。

（2）专用词多语气词少

应用文的涉及面很广，各专业有其专业用语。如财经类的有"金融、保险、税收、资金、利润、负债"等。

语气词，如"吗、呢、啊、呀、哇"等，在应用文中基本不用。

（3）文言词语多口语少

如"接洽、函达、此复、恕不"等文言词语可适当用于应用文中。

口语，如"帮帮忙好不好""好得不得了"等有碍应用文的表达，在应用文中不使用。

2. 文字语言的要求

（1）准确

准确就是指使用最恰当的语言表达作者的思想，使读者正确无误地理解作者的意思。语言的准确体现在三方面：一是用字的准确。如"他们违反财经纪律，滥用扶贫资金建造商用大楼。"其中的"滥"用字不当，别人会误认为扶贫资金还可以适当用于建造商用大楼。应改为"挪"或"动"。二是用词的准确。如"××厂去年利润200万元，今年只有100万元，减少了1倍。"其中"减少了1倍"用词不当，因为在原数上减少了1倍，等于分文没有，所以在说明减少或降低时，不能用"倍"，只能用分数或百分数表达。故应把"1倍"改为"50%"或"1/2"。又如，"我们要尽量节约不必要的开支和浪费。"其中"节约"不能与"浪费"搭配使用，犯了动宾搭配不当的错误。再如，"王二尝到了苹果的气味。""尝到"不能搭配"气味"，因为"气味"是用鼻子嗅到的，犯了动宾搭配不当的错误，应把"气味"改为"味道"。三是用语句的准确。如"关于张三的揭发材料。"这句话的意思不够明确，是张三揭发别人，还是别人揭发张三呢？加上揭发对象，意思就明确了。又如，缺勤3天以上者，扣发当月奖金。其中"3天以上"意思不明确，若缺勤正好是3天是否扣发当月奖金呢？加上"含3天"，意思就明确了。再如，"爹在娘先走。"这句话意思也不够明确，是爹先走了，还是娘先走了呢？应改为"爹在，娘走了。"

语言准确，就是一个字、一个词、一句话只能表达一个意思，不含糊、不费解。

（2）简洁

简洁即用尽可能少的语言文字来表达尽可能丰富的内容，也即"言简意赅"。能用一个词说明的决不用两个词；能用一句话说清楚的，决不用两句话。如《人民日报》曾登过一则消息，报道武汉市人民政府对机关干部接待来访者的规定，规定只有15个字："一起身、二请坐、三倒水、四办事、五送客。"简洁明了，朗朗上口，易记易行。

要使文字简洁，首先要训练自己的思维能力。对要表达的内容，要有深刻的理解，抓住问题的关键，才能表达简洁、确切。如果作者对要表达的内容不甚了解、思维模糊、认识不清，抓不住材料的要害，语无伦次啰啰唆唆，让人看了绝不会有好感。其次要"忍痛割爱""删繁就简"，避免重复。在应用文的写作中，常使用"若……则……""只有……才……""虽然……但是……""即使……也……""因为……所以……"等句式。

（3）朴实

应用文以实告人，求真务实，解决实际问题，在笔法上要做到开门见山、直陈其事；在表达上多用叙述、说明、议论；在遣词造句上使用大众化、通俗易懂、朴实无华的词语，避免生僻晦涩的字句。

（4）得体

得体是指语言文字的使用要适合特定的文体、对象、身份、场合和关系。例如，文学语言要求"艺术性"；应用文语言要求"实用性"；科技语言要求"科学性"。

3. 文字语言的表达形式

应用文作为一种实用性的文体，主要是为了解决问题，其表达方式通常有叙述、说明、议论，使用数字。在文学作品中常用的抒情和描写除在广告语、讲话稿、日记、信件等文体中用一些之外，其他应用文中基本不用。

1）叙述

叙述就是把人物的经历和事物的发展变化过程表达出来。它是一种最基本、最常见的表达方式。例如，在议论文中，用叙述的方式概括某些事实，从事实中引出论点；在说明文中，用叙述的方式对一些功用进行举例说明；在应用文中，用叙述的方式交代事件的起因、发展、结果以及人物的经历。

（1）叙述的方法

在写作过程中，人们创造了多种叙述方法，现将常用的几种方法简要介绍如下。

① 顺叙。顺叙就是按照客观事物发生、发展的先后顺序进行叙述。采用这种方法的长处是可以将事情的发展有头有尾地叙述出来，脉络清楚、条理分明，便于组织材料和反映事物的本来面目，易于让读者理解和接受。如情况通报、会议纪要等常用这种方法。

② 倒叙。倒叙是先写事件的结局或最突出的论断，然后按事件的发展顺序进行叙述。采用这种方式的长处是形成悬念，引起读者强烈的阅读兴趣，使文章产生吸引力。如总结、调查报告等，常常是先叙述成绩、结果，然后叙述工作方法、取得的经验。

③ 插叙。插叙就是在叙述主要事件的过程中，由于某种需要，暂时把叙述线索中断，插入有关的另一事件。插叙使文章内容充实、富于变化。如撰写调查报告，常用这种方法。

④ 概叙。概叙就是概略叙述某一状况、某一过程的基本面貌，给读者以整体印象。概叙可让读者快速了解情节。如调查报告、总结等文体常用概叙。

⑤ 详叙。详叙就是详细叙述某种事物的基本面貌或某一事件的具体过程，使读者有细致的了解。如产品说明书、调查报告等。

（2）叙述的要求

① 线索清楚。应用文叙述的线索是作者组织材料的思路在文章中的反映。线索不能复杂，主线必须清楚，条理分明。

② 交代明白。叙述的要素包括时间、地点、人物、事件、原因、结果六个方面，在叙述时不一定在文章中一一写出来，但事情的来龙去脉一定要叙述清楚、交代明白。

③ 详略得当。叙述要抓住重点、分清主次。凡是能突出表现主题的部分要写得详细，凡与主题关系不大的应该略写。只有详略得当，主题才能鲜明。

2）说明

说明是对事物的发生、发展、结果、特征、性质、状态等进行解释、介绍的一种表达方式。例如：规章制度的制定，说明书、协议、合同等的写作，都是以说明为主要表达方式；

学术论文中的立场、观点、论据都需要说明；对湖泊、耕地、植物、动物等的介绍、阐述也需要说明。

说明与叙述不同。说明多为对"静"的介绍；叙述多为对"动"的陈述。说明侧重于知识性、科学性，多是为了解释说明事理；叙述偏重于反映事物的变化过程。

（1）说明的方法

①定义说明。这是用简洁明确的语言把事物的本质属性揭示出来，给人以明晰的概念。定义说明既能使人们对被说明的事物有一个明确、本质的了解，又能使人们把该事物与其他事物区别开来。

定义说明的表述要求严格，往往是一个判断句，是一言以蔽之的高度概括、准确地揭示事物的本质特征。由于概括性较强，比较抽象，对事物的现象、特点难以说得具体详尽，所以，常常需要用解释来补充定义说明。

②解释说明。这是对事物作具体的解释。它是对定义的补充说明，常常是位于定义之后用括号或破折号加以解释。

③分类说明。将被说明的对象根据其性质、形状、成因、关系、功用等，按照一定的根据分成不同的类别，然后逐类说明。如规章制度按其性质功能不同分为行政法规、章程、制度、公约。

④分解说明。这是把一个整体事物分解成若干部分，然后一个部分一个部分地分别加以说明，使读者对事物的特点有细致、具体的了解。例如，要说明某地居民的生活水平，可将其分解为衣、食、住、行等几个方面，分别加以说明。

⑤举例说明。这是列举有代表性的实例来说明事物。它是通过个别认识一般的方法，给人以真实感。举例说明往往是定义、解释或分类说明后的一种补充。在总结、调查报告、通报等文体中常用举例说明。

⑥引用说明。这是引用有关文献材料、名言、谚语等来补充说明内容。行文必须贴切、有针对性；引用资料要认真核实、注明出处，以便查考。

⑦比较说明。比较说明就是将两个或两个以上的事物或问题彼此相互比较，通过比较说明事物或问题的特征。这种比较可以是同类比较，也可以是异类比较。

（2）说明的要求

①抓住事物的特征，使说明具有准确性和科学性。抓住事物的特征，就是要着眼于事物的相似处，在差异性和本质特征上下功夫。

②把握事物的条理性，合理安排说明顺序。人们认识事物的过程往往是由表及里、由简单到复杂、由远及近、从现象到本质。所以，说明的顺序一般要与事物本身的条理性及人们的认识过程相一致。

③语言简明，通俗易懂。说明的目的是让读者明了事物的本质和特征，必须做到语言简明、通俗易懂、深入浅出，使人能正确了解、认识客观事物。

3）议论

议论即摆事实、讲道理来阐明作者观点的一种方法。议论，一般来说是由论点、论据、论证三个要素构成。论点是作者对所论述的问题提出的主张、看法和态度；论据是作者用来证明论点的事实材料；论证是以论据证明论点的过程和方法。

（1）议论的方法

①事例论证。事例论证即将典型的具体事实作为论据来证明论点的方法，也就是人

们常说的"摆事实，讲道理"的方法。

② 对比论证。对比论证是将论据中截然相反的两种情况进行比较，形成鲜明的对照。

③ 类比论证。类比论证即将性质、特点相近的事物放在一起进行比较，从而达到准确认识事物的目的。

以上三种是最基本的论证方法，此外，还有引证法、反证法、分析法、归纳法、演绎法等，这里不再赘述。

（2）议论的要求

议论要以事实为依据，以法律为准绳，就事论事，简明扼要。

4）使用数字

在应用文写作中，恰当、精确地使用数字，可收到准确可信、科学可靠、清楚醒目的效果。

（1）时间

① 年份。年份一般用阿拉伯数字表示，如 2003 年 10 月 1 日。在图或表里可简写成 2003.10.1，但 2003 年不能简写成 03 年。

② 公历。公历用阿拉伯数字表示，如 2001 年 9 月 1 日、20 世纪 80 年代。

③ 农历。农历用汉字表示，如九月初九。

④ 历史朝代。历史朝代要加公历，如"光绪三十一年"要写成 1905 年（光绪三十一年）。

⑤ 时刻。时刻用阿拉伯数字表示。如上午 8 时 45 分。在图或表里可采用非正式写法，如 8∶45。

（2）图表序号、证件号码、部队番号、文件编号

以上几项编号用阿拉伯数字表示。如表 1、表 2，图 1、图 2，93 号汽油。

（3）计数

① 整数一到十，不是出现在一组表示科学计量和具有统计意义数字中的一位数，可用汉字表示。如"一辆自行车""一个人""三本书""读了十遍""这个百分点""几千年""十几天""三点建议"。

② 数字作为词意构成定型的词、词组、惯用语，用汉字表示。如"二倍体"、"三叶草""十滴水""四面八方""十月革命""十六大""九五目标""第二季度""白发三千丈"。

③ 邻近的两个数并列连用，表示概数时用汉字。如"二三米""三五天""十五六吨""七八十种"。

④ 表示星期几的数字用汉字。如"星期一"。

⑤ 表示计量或具有统计意义的数，用阿拉伯数字表示。如"我在曲靖工商学校统计 10 名中职一年级学生的平均身高为 1.56 米"。

⑥ 用阿拉伯数字书写的多位数不得转行，每两个阿拉伯数字占一格。

⑦ 在一组数字里不得有两个以上单位名称出现。如"84000 万"不能写成"8 亿 4000 万"。

⑧ 凡是一个句子的头一个字是数字时，应设法措辞，使头一个字不是数字。如"1 克蛋白质可释放热量 4.1 千卡"，可改写为"蛋白质 1 克可释放热量 4.1 千卡"。

⑨ 百分数。用阿拉伯数字表示。如 18%。但不能写成百分之 18。

⑩ 分数。用阿拉伯数字表示。分数线用斜线表示，分子、分母、分数线占一格。如"$\frac{1}{2}$"应写为"1/2"。

（4）引文标注版次、卷次、页码

除古籍应与所持版本一致外，一般均使用阿拉伯数字。

例如：许慎．说文解字．四部丛刊书，卷六上，九页。

李秋．大学应用文写作新编 [M].杭州：浙江大学出版社，2007.

（5）数字变动的表示方法

在数字变动过程中，如果不注意使用正确的表达方式，就会造成科学数据的差错。正确的表达方式如下。

- 增加过去的 2 倍，即过去是 1，现在是 3。
- 增加到过去的 2 倍，即过去是 1，现在是 2。
- 增加 2 倍，即过去是 1，现在是 3。
- 超额 80%，即过去是 100，现在是 180。
- 降低了 80%，即过去是 100，现在是 20。
- 降低到 80%，即过去是 100，现在是 80。

（二）非文字语言

应用文中常出现一些非文字语言的应用，它代表文字，发挥着叙述、阐明、集中表达文章内容的作用。非文字语言和文字语言应用的有机结合，是应用文写作的重要手段。

1. 公式和化学式

重要的公式和化学式要居中书写，简单的、叙述性的式子可串文书写。长式转行时，首先在"＝""＞""＜"等符号处转行；其次在"＋""－""×""÷"等运算符号处转行；最后是化学式在"——→""＝＝"等处转行，不得在"＋"处转行。

2. 表格

表格是一种按需要制成的表，并分别填上信息（文字、数字、单位、符号）；它可使大量数据或问题系统化，便于阅读和比较，起着文字叙述难以起到的作用。在应用文中出现 3 种或 3 种以上的数据时，方可应用表格的形式表达。使用表格的要求如下。

① 表中的数字书写要规范，要一律用阿拉伯数字表示，小数点的精确度要一致，位次对齐。若遇上下栏或左右栏内容相同时，要逐项重复填写，不能使用"同上""同左""—"或其他类似词语或符号；如果由计算或实验测得的数据是"0"的情况，应该写"0"；对没有数字的地方要填写"—"；对没有测量或没有测出数据的空格不填写。

② 表序与表名之间不用标点符号，空一个字距，写于表格的左上方。表名末尾不加标点符号。

③ 表中最后一句话的末尾不使用标点符号。

④ 表内单位相同时，可把单位提出来标注在表格上面的右端。

⑤ 若表格需要补充说明，可用注脚形式在下方列出。每一注脚单独为一行或一段。

⑥ 表的位置一般随文走，并紧接在涉及的文字下面。有时限于文章结构或表格容量较大时，也可把表格放在涉及文字段落稍后的地方，并尽量与涉及的文字段落放在同一章节中。

⑦ 研究成果列表，一个表格只用三条线，称为"三线表"。对于某些比较复杂的表格，若仅用三条线无法表达时，可添加辅助线。

3. 插图

在应用文中常用插图来增加文章的说明和论证作用，方法直观，既可以节约文字和篇章，又可以达到生动形象、使人一目了然的目的。使用插图的要求如下：

① 图序与图名之间不用标点符号，空一个字距，居中写在图的左下方。

② 图名末尾不加标点符号。

③ 图注位于图的底线之下，注解的字数不宜太多。

④ 图的位置，一般是先见文、后见图，不能脱节。

⑤ 插图不得粘贴在稿纸上，应在正文相应处留出适当的空白位置，另在稿纸上绘图。

4. 照片

应用文中的照片对增强说明和论证有强有力的作用。照片要求图像清晰、层次分明、反差适中，不得有污迹或折痕。如果照片中要标注符号，不能直接写在照片上，而应该在照片背面贴上透明贴纸，然后折到前面，把照片上要说明的地方在白纸上相应处标记；寄照片时，应连底片寄出。

5. 标点符号

常用的标点符号有 16 种，分点号和标号两大类。点号的作用在于点断，主要表示说话的语气和停顿。点号又分句末点号和句内点号。句末点号用在句末，有句号、问号、叹号 3 种；句内点号用在句内，有逗号、顿号、分号、冒号 4 种，表示句内各种不同语气的停顿。标号的作用在于表明语句的性质和作用。常用的标号有 9 种，即引号、括号、书名号、省略号、破折号、连接号、间隔号、着重号和脚点号。

（1）句号

① 句号的形式：句号的常见形式为"。"；特殊形式为一个小圆点"."，一般在科技文献中使用。

② 句号的使用技巧：表示陈述句末的停顿，用句号。如"虚心使人进步，骄傲使人落后。"语句舒缓的祈使句末尾用句号。如"我们要沉着，别慌张。"

③ 句号的书写格式：占一个字的位置，置于格子的左下侧，不得用在一行的开头。

（2）问号

① 问号的形式："？"。

② 问号的使用技巧：疑问句末的停顿都用问号，如"他叫什么名字？"反问句的末尾用问号，如"难道你还不了解我吗？"

③ 问号的书写格式：与句号相同。

（3）叹号

① 叹号的形式："！"。

② 叹号的使用技巧：感叹句末的停顿用叹号，如"为实现中华民族的伟大复兴而努力奋斗！"语气强烈的反问句句末用叹号，如"我哪里比得上他呀！"

③ 叹号的书写格式：与句号相同。

（4）逗号

① 逗号的形式："，"。

② 逗号的使用技巧：句子内部主语与谓语之间的停顿用逗号。句子内部动词与宾语间的停顿用逗号。句子内部状语后边的停顿用逗号。中文数字、阿拉伯数字、百分数及外文的并列之间的停顿用逗号，如"首先，""其次，""$N=1，2，3，…$"等。

③ 逗号的书写格式：与句号相同。

（5）顿号

① 顿号的形式："、"。

② 顿号的使用技巧：表示句子内部并列的词或词组之间的较小停顿用顿号，如正方形是四条边相等、四个角为直角的四边形。中文数字的后面用顿号，如"一、二、三、四、"。

③ 顿号的书写格式：与句号相同。

（6）分号

① 分号的形式："；"。

② 分号的使用技巧：复句内部并列分句之间的停顿用分号，如"你想提高运动速度时，摩擦力是有害的；你想使物体得到稳定时，摩擦力就是有益的了。"

③ 分号的书写格式：与句号相同。

（7）冒号

① 冒号的形式："："。

② 冒号的使用技巧：用在称呼后边表示提起下文用冒号，如"同志们、朋友们："。用在"说、想、是、证明、宣布、指出、例如、如下"等词语后边表示提起下文用冒号，如"邓小平同志指出：'科学技术是第一生产力。'"需要解释的词语后边用冒号，如"课题申报单位：曲靖工商学校"。

（8）引号

① 引号的形式：双引号""和单引号''。

② 引号的使用技巧：行文中直接引用的话用引号，如鲁迅先生说："写完后至少看两遍，竭力将可有可无的字、句、段删去，毫不可惜。"需要着重论述的对象用引号标示，如古人写文章有个基本要求，叫作"有理有序"。具有特殊含义的词语用引号标示，如这样的"精明"还是少点好。

引号里面还要用引号时，外面一层用双引号，里面一层用单引号。例如，一个学生站起来问："老师，'有条不紊'的'紊'是什么意思？"

这里还要注意引文末尾符号的使用。引用的话如果是完整独立的，句末的标点符号应放在引号内。如前面所举的引鲁迅先生话的例子。引号里的话如果只是句子的一个成分，末尾的标点符号要服从现有句子结构的需要作适当的调整，而且引文末尾的标点要放在引号之外。如鲁迅的"横眉冷对千夫指，俯首甘为孺子牛"是我们的座右铭。又如许多著名作家提出："写作要十步九回头"。

③ 引号的书写格式：引号的前引号和后引号分别占一个字的位置，前引号标在空格的左上侧，后引号标在空格的右上侧。前引号可用在一行开头，但不能用在一行的末尾一个字的位置，如遇特殊情况，可把下一行的第一个字提上来；后引号不能放在一行的开头，若句子的最末一个字在行末时，应将最末一个字向前一个字紧靠一点，再把符号紧靠在其右边。

（9）括号

① 括号的形式：常见的有圆括号"（　）"、六角括号"〔　〕"。

② 括号的使用技巧：若括号里的话是注释句子或某些词语的，这里括号叫句内括号，句内括号内部不能有句号。如"我们仅用了一年时间（2000年3月至2001年3月）就完成了这个课题。"若括号里的话是注释整个句子的，这种括号叫作句外括号，要放在句末标点的后面，句外括号内部可以有句号。如"写研究性文章与文学创作不同，不能推开稿纸搞'即兴'（其实文学创作也要有素养才能有'即兴'）。"

③ 括号的书写格式：前括号和后括号分别占一个字的位置，前括号标在空格靠右侧，

后括号标在空格靠左侧。其他书写格式与引号的书写格式相同。

（10）书名号

① 书名号的形式：双书名号"《 》"、单书名号"〈 〉"。

② 书名号的使用技巧：书名号标明书籍、报刊、篇名、报刊名、乐曲等名称，如"《人民日报》"。书名号里边还有书名号时，外面一层用双书名号，里面一层用单书名号。如"他撰写的《〈闪闪的红星〉观后感》，在《会泽教育》杂志上刊登了。"

③ 书名号的书写格式：与引号的书写格式相同。

（11）省略号

① 省略号的形式：省略号在中文里为六个小圆点"……"，在外文里或公式中间为三个小圆点"…"。

② 省略号的使用技巧：标明行文中省略了的词语，如"那时，我心中诵读的是：天高云淡，望断南飞雁，不到长城非好汉。……"标明语言的断断续续，或说话人的沉默思索，或说话人情绪激动、欲言又止。如"你……怎么……又来了？"在外文中间用省略号，如"a_1, a_2, …, a_{n-1}, …"。

③ 省略号的书写格式：省略号占两个字的位置，可在一行的中间、开头、结尾，但不能拆开首尾各占一半。在外文里或公式中的省略号占一个字的位置。

（12）破折号

① 破折号的形式："——"。

② 破折号的使用技巧：行文中解释说明的语句用破折号标明，如"为了全国人民——当然也包括自己在内——的幸福。"语意的跃进用破折号，如"'那女教师怎么把他——'，我指着一位优等生，'把他给叫去了？'"行为引申用破折号，如"实践——认识——再实践——再认识是认识发展的普遍规律。"文章的副标题用破折号，如："战士的豪情——刘白羽散文的风格"。

③ 破折号的书写格式：与省略号的书写格式相同。

（13）连接号

① 连接号的形式：常用形式是半字线"-"、一字线"—"、浪纹"～"、长横线"——"。

② 连接号的使用技巧：两个相关的名词构成一个意义单位，中间用连接号，如"我国秦岭—淮河以北地区属于温带季风气候区。"相关的时间、地点、数目之间用连接号表示起止，如"北京—上海""1976—1999年"。连接两种物质、图表的编号用连接号，如"针叶—阔叶林""表3-4"。

连接号与破折号的区别是：连接号起连接作用，破折号起停顿作用。即连接号是"连"，破折号是"断"。

③ 连接号的书写格式：长横线占两个字格，波浪线占一个字格，半字线放在两个格子之间，不占格。连接号可放在一行的开头、中间或结尾。

（14）间隔号

① 间隔号的形式："·"。

② 间隔号的使用技巧：书名与篇（章、卷）名之间的分界用间隔号标示，如《中国大百科全书·生物学》。外国人和某些少数民族人名内部的分界用间隔号标示，如"列奥纳多·达·芬奇"。涉及一月、十一月、十二月的简称表示事件，月和日之间用间隔号。如"一·二八"事变（1月28日）、"一二·九"运动（12月9日）。涉及其他月份时间，不

用间隔号，如"五四"运动。是否使用引号，视其知名度而定。

③ 间隔号的书写格式：间隔号占一个字的位置，设于格子中间。

（15）着重号

① 着重号的形式："．"。

② 着重号的使用技巧：文章里重要的词语和句子用着重号标示，如"应用文章必须突出实用性。"

③ 着重号的书写格式：着重号在强调文字的下方，不占格。

（16）脚点号

① 脚点号的形式："．"。

② 脚点号的使用技巧：用于阿拉伯数字序码层次停顿的标示，如"4.3.2"，表示第四章第三条第二款。

③ 脚点号的书写格式：脚点号标注在阿拉伯数字右下角，不占格。这里要说明的是：数字用括号后，不用标点符号，如"（一）"。

知识链接

　　应用文写作的人称是指作者在文章中的地位，这是在应用文写作中必须处理好的问题。一般采用第一人称（我、我们）和第三人称（他、他们），使用时根据需要决定。使用人称要始终如一，不得混用。在应用文写作中，切忌用第二人称（你、你们）。

拓展训练

1. 拓展训练项目

情景剧：乡村振兴

2. 拓展训练流程

（1）分组：每组 3 个学生，分别扮演乡村振兴第一副书记、村主任、农户。

（2）编排情景剧：教师指导每组学生编排一个乡村振兴情景剧。

（3）师生一起观看情景剧。

（4）为了使情景剧更加完整，给剧中的三个扮演者提意见、建议。

3. 拓展训练评价

序号	评价指标	评价标准	效果评价（优秀/良好/合格）
1	活动准备	准备充分	
2	活动态度	积极参加	
3	基本要素	主旨鲜明、材料典型、结构完整、语言规范	
4	感染力	声情并茂、打动学生	

4. 拓展训练反思

（1）乡村振兴给我哪些启示？

（2）我对本次活动感到：

满意 ☐　　　　一般满意 ☐　　　　不满意 ☐

巩固新知

一、名词解释

主旨　材料

二、填空题

1. 应用文的四个基本构成要素是_____、_____、_____、_____。
2. 应用文主旨的表现要做到_____、_____、_____、_____。
3. 应用文材料的获取途径有_____、_____、_____、_____。
4. 应用文的结构是指文章的整体构造，包括_____和_____两大方面。
5. 文字语言的要求是_____、_____、_____、_____。

1-4
应用文写作的要求

第四节　应用文写作的要求及提高写作水平的途径

学习目标

• 理解应用文写作的要求。
• 领悟提高写作水平的途径。
• 养成勤读勤写的良好习惯。

案例引导

捐款济困　奉献爱心

2021年5月14日，××学校党总支发出号召，积极响应中共曲靖市委、曲靖市人民政府《关于积极向四川地震灾区捐款的紧急通知》精神，并于5月15日下午举行捐款仪式，全体党员同志和师生员工共捐款136284.4元，尽微薄之力去帮助灾区人民重建家园，早日走出困境。

【议一议】
该文是否凸显了扶贫济困的人文关怀？

知识探究

一、应用文写作的要求

应用文写得好，就能指导实践、解决问题，推动工作的发展，起到事半功倍的效果；

反之，则浪费人力、物力、财力，甚至错失良机。所以，要认真对待，从主题的鲜明、材料的选定、格式的规范到语言的表达都必须慎重从事。具体来说，应注意以下四点要求。

（一）主旨单一、新颖、鲜明

主旨是指文章的中心思想，是作者的意图、主张或看法在文章中的体现，是文章的灵魂、论点。

单一：一篇文章只有一个中心，这个中心是全文的统帅，在行文时，字字句句围绕主旨，紧扣中心，不枝不蔓，"花开千朵，一本所系"。多主旨则无主旨，多中心则无中心。"一文一旨"是撰写应用文必须遵循的原则，也是应用文生效的保证。

新颖：主旨立意的观点要新、看法要新，给人以新的启发；绝不是他人的翻版，绝不是开头戴个帽、中间抄段报、结尾喊口号的"陈年老醋"。只有不断推陈出新、捕捉新问题、找出新观点，才会有影响力。

鲜明：文章的中心思想，作者主张什么、反对什么，弘扬什么、抛弃什么，肯定什么、否定什么，使读者一看便知，不模棱两可、废话连篇。

（二）材料典型、真实、有力

材料为主旨服务。如果把主旨比喻为"果核"，那么材料就是"果肉"。材料是形成、支撑并表达主旨的事实与理论，是文章的论据。只有用材料说话，才能言之有据、言之有物、言之有理、言之有质、言之有效，写出内容充实、丰富，有较强说服力的文章。

典型：材料要集中、深刻地表明事物的本质、共性及发展规律。对关键问题在调查中挖掘要深、观察要细，在分析道理时要透彻，从而得到典型、宝贵的第一手材料。

真实：应用文是办实事、解决问题、讲求实效的文章，最讲究真实性，而材料的真实又是文章具有真实性的首要条件。选用第一手材料，要符合客观实际，而不能道听途说，更不能随意编造。选用第一手材料，要在正确全面地理解材料内容的基础上，按其本身的内涵使用，不能断章取义。

有力：材料应具备的另一个特点。首先是材料要为主旨服务，而不是游离于主旨之外，或同主旨相悖；其次是要求材料为主旨的表达所必需，以"以一当十、以少胜多"，增加文章的力度，提高应用文的时效性。

（三）结构合理、规范、严谨

写应用文在明确主旨、选定材料后，要构建一个把相关内容有机结合在一起的框架，这个框架就是文章的结构。简单地说，结构就是根据主旨表达的需要，合理组织材料。

合理：应用文的结构脉络符合主旨表达的需要，材料的取舍、排列都要凸显主旨，从而有助于读者读以致用。

规范：应用文的每一种文体都有统一的格式，一篇应用文包括哪几部分，各个部分应该如何排列，都有固定的模式。撰写应用文时，一定要遵守格式，并要求首尾完整，符合行文标准，做到行文自然。

严谨：首尾照应、衔接紧密、过渡自然、层次清晰、段落分明是应用文结构严谨的基本条件，也是应用文结构的基本要求。松散无序、前后矛盾、层次混乱都是文章结构不严谨的表现。

（四）语言准确、简明、平实

语言是思想的外衣、信息的载体、交流的工具，离开语言，写作就无法进行。俗话说："语言不上蜜，却可粘住一切"。语言不仅有把无形的构思变成有形的文章的功用，而且有帮助作者梳理思维的作用，语言运用得好坏，直接关系到文章质量的高低。

准确：语言准确无误与实事求是是一脉相承的。除用词恰当、贴切、得体外，不要使用范围词，如"大约""大概""可能""也许"等。

简明：所谓"简"就是语言简洁、表达简捷、篇幅简短。所谓"明"就是表达明了，把情况说得清清楚楚、明明白白。语言简明，就是用尽可能少的语言材料，把尽可能多的信息明明白白地告诉读者。应用文语言虽然也可以生动、形象，但更注重开门见山、言简意赅，剔除同主旨关系不大的语句，避免空话等。

平实：即朴实自然、明白易懂。应用文语言不能像文学创作那样极力含而不露，而要直陈其事，一是一、二是二，明明白白地把事情说清楚，不能用夸张、修饰的词语，无须深情和细腻的描绘，更不用激动人心的抒情。我们推崇和提倡的毛泽东同志的文风，就是我们学习的典范。

二、提高应用文写作水平的途径

应用文写作是一种综合性知识的应用，是脑力劳动的具体体现，而非一蹴而就，也没有什么"秘诀"可循。要写好应用文，是作者政治思想水平、生活阅历、知识水平和写作能力的综合反映。不少人说话口若悬河，要用文字表达出来，总是望而生畏。要提高写作水平，在这里针对中职学生提出"综合治理"的五点建议。

（一）明确目的，树立自信是前提

古人云："意在笔先"，意思是作者文章中所要表达的基本观点，在下笔之前，必须明确。应用文是务实的，"务"什么"实"，如何去"务"，在动笔前就必须清楚。也就是说，写作时的目的要明确，要以提高经济效益和社会效益为目的，这是写应用文的宗旨。

作为一名中职学生，能读会写是"看家本事"。假若我们在工作中，满脑子的经验、创新就是写不出来，无法得以推广应用，那再好的经验又有何用？可见，不重视应用文写作水平的提高，是短视且不明智的。因此，作为一名中职生，必须树立写作的自信心，熟练掌握应用文的写作技巧。

（二）领会政策，熟悉业务是基础

为指导工作的顺利进行，党和国家经常要制定并发布一些新的方针、政策。正确的方针、政策是对工作规律深刻认识的产物，代表着广大人民群众的愿望和需要，预示着社会发展的方向，是社会各行业或部门在一定时期内做好各项工作的指针。正因为如此，领会政策精神，是写好应用文不容忽视的一项准备工作。

"无本不立，无文不行"，应用文的写作同业务工作有着密切的联系，这里所说的业务，既包括专业知识的钻研，也包括对实际工作的了解，即"一专多能"。如果作者对业务不够熟悉，那应用文的写作就漏洞百出，是写不出高质量应用文的。

（三）掌握规律，了解规定是着眼点

"思无定契，理有恒存。"文思无定法，规律却是永远存在的。探寻写作规律，是写作

理论研究的任务，务必从理论上认识规律，把握各种文体的特点和写法，了解应用文的写作规定，才能在写作中有所依据、对号入座，把文章写得规范，避免蜻蜓点水。

（四）锤炼思维能力，加强语言修养是关键

应用文是客观实际的反映，但不是消极、被动、机械的反映，而是人脑对客观实际进行深入思考的结果，是作者的思维同外界事物相互作用的产物。人是写作的主体，人的主体作用又恰恰集中体现在思维的作用上，从资料的收集到选取，从观点的形成到表达，每一个环节都离不开作者的思维活动。因此，提高写作水平，最终应着眼于思维水平的提高。

语言修养是一种较高的利用材料表情达意的能力，那些可有可无的字句要一律予以删除，做到句内无余字、篇内无闲话，有话则长、无话则短。

（五）善于借鉴，勤于实践是切入点

1. 多读书

应用文写作涉及各方面的知识，这些知识的获得，主要来自前人留下的文化遗产。唐代杜甫说："读书破万卷，下笔如有神"。人们也常说："熟读唐诗三百首，不会作诗也会吟"。这是古人的经验之谈，它说明多读优秀的范文，不仅能掌握文章的写作格式，更重要的是可以学到各种文体的表达方式，收集到最新的工作动态，了解到最新的信息，动起笔来，语句自然流于笔端、运用自如，从而丰富写作内容，提高文章质量。这就是"他山之石，可以攻玉"的内涵。

2. 多实践

这里所说的实践，是指社会性实践。陆游说："纸上得来终觉浅，绝知此事要躬行"，这里的"躬行"就是指亲自实践。俗话说："实践出真知"。人们也常说："巧妇难为无米之炊"。撰写应用文，如果没有实践这一环节，就形不成新的见解，无论写作水平有多高，也写不出好的文章来。如学游泳，先看游泳的书，什么蛙式、自由式都知道了，可是初下水的时候却很勉强，一次勉强，二次勉强，勉强游起来，一个不小心又沉下去了。反复地练习，勉强阶段过去了，不用再想手脚怎么样，自然而然地在水面上游，往前游。这才叫掌握了游泳的技术。写作和游泳一样，要提高写作能力，首先要热爱生活，投身到实践中去，才能把自己所掌握的写作知识内化为写作能力，形成良好的写作习惯和熟练的写作技巧。

3. 多写作

学习应用文，固然要有理论知识的指导，要反复实践，但要熟中生巧，必须通过多写、多练才能实现。写作是"行"的事情，不只是"知"的事情，要动脚才会走，要举手才会取物，要执笔，才会写作。写作能力的提高不会是"立竿见影"的，它是一种"慢"功，短时间很难见到效果。宋代文学家欧阳修在被问及怎样才能写好文章时回答道："无他术，唯勤读而多为之，自工。""勤读"指多读书，"多为之"则是指多写多练，整句话的意思是说只要多读多练，文章自然就能写好。人们常说："写作不怕功底浅，勤学苦练能过关"，从中悟出了写作能力是"写"出来的。那么，如何练习写作呢？

首先，练习写作与练习写字一样，可用现成的文章作为"字帖"去模仿，也叫"依葫芦画瓢"。以后逐渐丢掉"字帖"，独立完成，体现自己的写作风格，做到水到渠成、火候到时露真意，成为写作的能手。

其次，练习写作要有韧劲儿，不骄不躁。写作是一种艰苦的劳动，缺乏意志的人是无

法登上写作高峰的。功夫不负有心人，只有决心高，养成一丝不苟的习惯，反复磨炼、持之以恒，写作能力才能不断提高。

知识链接

凡作者一定要有驾驭语言文字的能力，务必在字、词、句上下功夫。据统计，汉字约10万个，但应用文写作，掌握3000个常用汉字就基本可以了。毛泽东选集1~4卷用字2981个，老舍的长篇小说《骆驼祥子》用字2413个，曹雪芹的名著《红楼梦》用字4200个。

拓展训练

1. 拓展训练项目

向创建文明校园志愿者致敬采访活动。

2. 拓展训练流程

（1）宣传。让学生了解本次活动的意义。

（2）分组。在该活动开始前分小组，明确组长，承担任务。

（3）采访。在校园内采访创文明校园志愿者，并写下采访记录。

（4）在班上以"向创文志愿者致敬"为主题开展评比活动。

3. 拓展训练评价

序号	评价指标	评价标准	效果评价（优秀/良好/合格）
1	活动准备	准备充分	
2	活动态度	积极参与	
3	采访效应	树立写作自信心	
4	团队收获	有成功感、幸福感	

4. 拓展训练反思

（1）我在这次活动中遇到什么困难，如何解决？

（2）我在本次活动中感到：

满意 □　　　　一般满意 □　　　　不满意 □

巩固新知

一、名词解释

主旨单一　材料典型

二、填空题

应用文的写作要求是指主旨_____、_____、_____，材料_____、_____、_____，结构_____、_____、_____，语言_____、_____、_____。

第五节　应用文的写作过程

1-5
应用文的
写作过程

学习目标

- 领悟应用文的写作步骤。
- 把握应用文的修改定稿。
- 进一步增强学习应用文写作的自信，提高写作能力。

案例引导

温家宝在记者招待会上的开场白

女士们、先生们：

上午好！

现在面对我的是记者，是少数，但是会场外听我谈话的群众是多数，我必须向群众讲几句话。

两会受到广大群众的关注，他们通过代表委员、新闻媒体和信息网络，给政府工作提出许多意见和建议。据人民网、新华网、搜狐网、新浪网和央视国际网不完全的统计，对政府工作提出的意见和给总理本人提出的问题，多达几十万条。我从群众的意见中感受到大家对政府工作的期待和鞭策，也看到了一种信心和力量。我们的国家和民族站在历史的新起点上，面对新的任务，需要更加清醒，更加坚定，更加努力。

清醒，就是要认识我们已经取得的成绩只是在现代化进程中迈出的第一步，今后的路还更长，更艰苦。形势稍好，尤须谨慎。思所以危则安，思所以乱则治，思所以亡则存。

坚定，就是要坚定不移地推进改革开放，走中国特色社会主义道路。前进中尽管有困难，但不能停顿。倒退没有出路。

努力，就是要准备应对各种困难和风险，有些事可以预料到的，有些事难以预见的。我们的民族生生不息，就在于她的刚健自强、百折不挠、艰苦奋斗。我们必须做长期努力奋斗的准备。

谢谢大家！

【议一议】

该文是温家宝同志于 2006 年 3 月 14 日在中外记者招待会上的开场白。文章用实例和数据说明问题，条理非常清楚，主旨十分突出，语言平实、自然，不仅体现了温家宝同志亲民求实的作风，还体现了其高屋建瓴的思路和自强不息的决心，表达了对人民的尊重与热爱，最后号召人们弘扬刚健自强、百折不挠、艰苦奋斗的民族精神。你对此有什么感悟？

知识探究

在应用文写作中，其写作过程大致包括以下几个步骤。

一、写作动机的产生

写作动机一般都有较强的针对性。例如，一年一度的工作总结，其写作目的很明确，就是为了肯定成绩、总结经验、查找不足，提出下一步的工作措施，推进下一年度的工作。这与文学写作由形象或情感激发创作动机的情形是截然不同的。

二、文体的选择

应用文写作强调一文一事和依事行文。在处理具体事务时，选用何种文体是很有讲究的。例如，公文中的报告和请示，当需要向上级汇报工作时，用报告；当需要请求上级答复和解决问题时，用请示。在文学创作中选用文学体裁多半只考虑自己的专长，因而，文学体裁的表现是多种多样的。

三、立意定题

立意定题就是确定文章的中心思想，即主旨。主旨是文章的灵魂、是统帅、是主导，是作者的思想、态度和观点的集中反映。

四、选择材料

材料在应用文中的任务是表现主旨，为主旨服务。因此，对表现主旨的各种事例、各种数据等材料的选择务必做到"去粗取精、去伪存真，由此及彼、由表及里"，紧扣主旨、服务主旨。

五、谋篇布局

这一步的任务是设计文章的结构，确定层次顺序。通俗地讲，就是先写什么、后写什么、再写什么，即拟订提纲。

（一）拟提纲的作用

（1）能合理展现应用文体的结构。在撰写内容复杂、篇幅较长的文章时，拟出提纲，能使文章结构合理、条理清楚，所写内容不会遗漏，同时，也避免写进无关内容。

（2）利于瞻前顾后，综观全局，通盘考虑，详略得当。

（二）拟提纲的方法

用简短的词语构成标题形式，把文章的中心内容概括出来。提纲拟订得好与坏、完整与否，对写好应用文起着关键作用。因此，拟提纲要花时间、下功夫，可谓"磨刀不误砍柴工"。

撰写字数少的应用文不一定都拟提纲，但必须构思好"腹稿"，撰写时方能一气呵成。

六、撰写初稿

在拟订好提纲或构思好"腹稿"之后，便可按应用文体的格式和写作要求撰写初稿。

七、修改定稿

（一）应用文修改的意义

修改是文章写作的有机组成部分，也是应用文写作进程中非常重要的一个环节。许多好文章都是经过反复修改、多次加工而得出的结果。有人说"好文章不是写出来的，而是改出来的"，这话颇有道理。

（二）应用文修改的方法

1. 趁热打铁法

趁热打铁法也叫热修改法。此法是指初稿完成后，马上修改文章的方法。这个时候修改文章，作者对文章的全貌和内容比较熟悉，对主要材料、结构、层次等记忆犹新。因而对初稿中的毛病，如何处陈旧、何处平淡、何处不妥、何处多余、何处遗漏等都比较容易发现。同时，对文章撰写过程中感觉有问题的地方因忙于行文而未作处理的，记忆清晰、印象深刻，改动起来不会遗漏。此法的不足之处是作者初稿刚定就修改，还处在初稿的兴奋状态，跳不出原来的逻辑思维与模式，难以"删繁就简""忍痛割爱"。

2. 冷处理法

冷处理法也叫冷修改法。是指初稿完成后，放置一段时间后再修改的方法。这种方法可以避免趁热打铁法中的不够冷静的弊端。

毋庸置疑，写好的初稿放置一段时间后，再读时，有一种新鲜感，这样就容易摆脱原来的思维模式，修改时易发现一些不完善和不妥当之处。但是冷处理法也有不足之处，即可能忘记一些临时闪现的思维火花；有时候，因时间限制，不允许把稿子搁置，也就无法"冷处理"了。

3. 诵读修改法

诵读修改法是指初稿完成后，边诵读边修改的方法。一般来说，初稿中的一些问题，诸如字词搭配不当、衔接不好等语言表述方面的毛病，只看不易发现，但一诵读就发现了，甚至有时仅凭"语感"也能发现不妥之处。古人写诗作文，总要反复咏唱，直至顺口为止，就是这个道理。

4. 以文会友法

以文会友法也称求助法。就是初稿写完后，请别人帮助修改的方法。俗话说："旁观者清，当局者迷"。自己写的文章自己修改往往有局限性，虚心请教他人，吸收他人的真知灼见，就能使自己的文章臻于完善，达到理想的目的。此法也包括主动征求领导意见、召开会议讨论。

（三）应用文修改的范围

一篇应用文要修改多少次，很难预料。一般来说，第一次通读时，注意修改文章的结构；第二次通读时，侧重修改文章的内容；第三次通读时，侧重修改文章的题目；第四次通读时，侧重修改文章的语句、叙述、错别字、标点符号、公式、图、表格。修改时，要反复推敲，细心琢磨。

1. 应用文结构的修改

（1）应用文结构的修改范围

①检查格式是否符合文体规范，详略安排是否得当。

②各主标题与分标题排列次序的过渡是否自然，是否符合逻辑推理。

③各分标题是属于其主标题之下，还是归到其他主标题之下较为恰当。

④各主标题之下是否需要分标题，分标题的内容是否与主标题相符合。若不需要分

标题，则把主标题之下的分标题全部删去；如果要有分标题，至少要有两个。

⑤ 每一个分标题中的句子，是否符合该标题的意思。如果有些句子在这个标题中不妥当，就思考将其归在其他标题里是否恰当；若不恰当，则应删去。

（2）应用文结构的修改方法

① 在修改过程中，若标题及内容的前后次序移动很少，可采用圈勾标记法来修改。即把需要移到其他地方的标题、内容或句子用红笔圈好，打箭头引出稿子至边缘，注明移往某页某处，并在要移到的页数位置作出同样的标记，写明由何页何处移来插入。

② 如果标题及内容的前后次序移动较多，可采用剪裁法。具体做法是等到把全文看完后，把现有标号的标题、内容或句子剪裁下来，按次序归并在一起。

2. 应用文内容的修改

（1）应用文内容的修改范围

① 应用文在内容布局上是否符合"提出问题、分析问题、解决问题"的逻辑关系。

② 全篇的布局、层次和段落的安排是否眉目清楚、有条有理。

③ 内容的每一个方面是否有足够的材料来支持自己的论点，如果材料不足，致使论点缺少骨肉、苍白无力，就要增补有代表性的、有普遍意义的新材料，使论证变得充分有力。

④ 所选用的材料是否真实可靠、符合要求。如不恰当，就需要把失实的材料改为翔实的，空泛的材料改为实在的，陈旧的材料改为新颖的，分散的材料整理集中，游离于主题之外的材料坚决删除，零乱脱节的材料加以串联统一。

⑤ 文章篇幅是否恰当。如果篇幅过长，首先应把无关紧要的语句删去，否则材料堆积便是画蛇添足。其次考虑删去不必要的内容，或是考虑把该文内容的几个主题分开写成2~3篇。清代著名书画家郑板桥说的："删繁就简三秋树，立异标新二月花"，就是告诉人们修改文章时，对文章的材料要"删繁就简"，像秋天的树木一样，杂枝枯叶被秋风扫尽，留下的枝干显得层次清楚、俊俏挺拔。对文章的主题要"立异标新"，像初春的花朵吐露芳姿玉色、芳香宜人，格外地引人注目。

（2）应用文内容的修改方法

① 如果在应用文内容的某些字句之间增加2~3句语言作为内容补充，那么可以补在该行上面的空白处，并作插入记号。如果增加的内容较多，不便写在上行的空白处，可写在稿纸边上或另一页纸上，并作好增插标记。

② 对应删去的部分用删除号删去。

3. 应用文题目的修改

在平时写应用文时，拟定的题目往往在用字、措辞方面不一定恰当，这就必须根据文章内容来重新仔细考虑、反复推敲，再把标题确定下来。应用文题目的修改范围和方法如下。

（1）大题小做。题目涉及面宽，而文章内容却较窄，这就叫"大题小做"。这种现象在初学写作的新兵中占有相当大的比例。如有一篇论文，写的是对素质教育考试命题的改进意见，论文题目却是"对素质教育考试改革的思考"。考试改革包括很多方面的内容，诸如考试制度、考试频率、考试形式、考试命题、考试结果等，而考试命题只是考试改革的一部分。因此，这个题目就应改为"对素质教育考试命题的思考"。

（2）题目过旧。好的文章题目，应该是在一定程度上反映出作者的观点和新意，让别人一看到题目，就能引起对文章的注意。文章题目的陈旧主要表现在重复别人用过的标题。

如"小学校长在学校管理中的作用"这个题目虽然本身没有问题，但随处可见，缺乏新鲜感。如将这个题目改为"小学校长在学校管理中的影响力"就能吸引读者的注意力。

4. 应用文语句的修改

语言是表意的工具，只有字、词、句、数据、标点、公式、表格、图、参考文献准确无误，才能表达作者的思想。其修改范围和方法如下。

（1）结论是否过头。因所下结论过头将使可贵的观点或真实的成绩减少光彩。如任意标榜"填补国内外空白""达到国内领先水平"等，就会在读者中造成不良影响。

（2）把似是而非的语言改为确切的，把生涩、含混、笼统的词语改为通俗易懂、清晰明了的，把用错的字、数据、公式等改为正确的。

5. 定稿

修改好的文稿如用计算机编排打印，应使用统一规范的 8K 纸或 A4 纸，打字时，行间应留有一定空隙。一般题目用"2 黑"，姓名用"4 宋"，地址、摘要用"小 5 宋"，正文用"5 宋"，图表题用"小 5 黑"，表内文字用"小 5 宋"，参考文献用"小 5 宋"，文内一级标题为"小 4 黑"。

知识链接

许多好文章、好作品都是反复修改、多次加工得出的结果。曹雪芹写《红楼梦》曾"批阅十载，增删五次"。

拓展训练

1. 拓展训练项目

辩论赛：正方，主旨是应用文的灵魂；反方，主旨未必是应用文的灵魂。

2. 拓展训练流程

（1）准备场地。

（2）分组：包括正反方辩手。

（3）工作人员：包括主持人、计时员、计分员、统分员、策划人等。

（4）确定比赛坏节。

（5）准备评分表。

（6）教师给出辩题，比赛开始。

（7）教师归纳总结。

3. 拓展训练评价

序号	评价指标	评价标准	效果评价（优秀 / 良好 / 合格）
1	自我评价	1. 积极参与、主动学习相关知识技能 2. 有辩论赛方案，能在规定时间内按要求完成任务 3. 成果显著并有创意	
2	评委评价		
3	综合成绩	合格以上等级	

4. 拓展训练反思

（1）我在本次活动中的收获有哪些？

（2）我对本次活动感到：

　　　满意 □　　　一般满意 □　　　不满意 □

巩固新知

简答题

1. 应用文写作过程包括哪几方面？
2. 应用文修改的范围有哪些？

第二章

事 务 文 书

第一节　事务文书概述

📖 **学习目标**

- 掌握事务文书的概念、特点、作用、写作要求。
- 了解事务文书的分类。
- 通过对本节的学习，提高沟通协调能力，树立实事求是、一丝不苟的文风。

📖 **案例引导**

一份会议记录　见证伟人贡献

武汉市鄱阳街 139 号，一栋黄色三层西式建筑一楼展厅的玻璃展橱中，陈列着 5 张纸张泛黄、蓝色字迹、字体清秀的八七会议的会议记录，这些珍贵的史料向后人诉说着那段风云突变、力挽狂澜的革命历史。

八七会议是大革命失败以后，在关系党和革命事业前途和命运的严重危急时刻，中共中央于 1927 年 8 月 7 日在湖北汉口召开的紧急会议。会议批判和纠正了陈独秀右倾机会主义错误，撤销了他在党内的职务，选出了新的临时中央政治局，确定了土地革命和武装斗争的总方针。毛泽东出席了这次会议，并提出了著名的"枪杆子里出政权"的论断。八七会议后，中共中央决定派毛泽东以中共中央特派员的身份前往长沙，领导湘赣边界的秋收起义。会议通过了《中国共产党中央执行委员会告全党党员书》等议案。八七会议在中国革命紧急关头及时地为党和全国人民指明了斗争方向，反对政治上的右倾机会主义，使党在革命路上前进了一大步。

这次会议具有重要的历史地位，给正处于思想混乱和组织涣散的中国共产党指明了新的出路，为挽救党和革命做出了巨大贡献。

【议一议】

如果没有这份会议记录，后人能不能知晓会议的基本情况？

知识探究

一、事务文书的概念

所谓事务文书，就是国家机关、社会团体、企事业单位用来处理日常事务、沟通信息、总结经验、研究问题、指导工作、规范行为的实用性文书。

二、事务文书的特点

（1）针对性。一份事务文书是为哪些人撰写的，要求哪些人了解并使用，均有其针对性。

（2）规范性。各种事务文书在长期的应用文写作中，大都形成了比较固定的惯用格式。

（3）真实性。事务文书力求做到信息准确、情况真实、材料无误、典型经验符合规律。

（4）时效性。为完成工作或解决问题而撰写的事务文书，只有在限定的时间内及时完成，才能发挥其应有的作用。比如：工作计划必须在工作开展之前写出，否则它就会失去意义；工作总结必须在工作结束之后马上写出，否则它的价值就会大大降低。

三、事务文书的作用

事务文书的应用范围极其广泛，其作用是多方面的，归纳起来，主要体现在以下三个方面。

（1）贯彻政策，指导工作。大部分事务文书是体现党和国家的方针、政策，指导人们做好工作的重要工具，如计划、规章制度等。

（2）沟通情况，联系工作。由于时间和空间的制约，许多经验、情况、设想，人们不可能都面对面地进行口头交流，这就需要借助像事务文书这样的文字材料来沟通情况、交流经验、联系工作。如简报具有上情下达、下情上传的作用。

（3）宣传教育，检查督促。事务文书通过介绍经验、表彰先进、抨击丑恶，可以起到宣传教育群众，检查督促工作，统一人们思想、提高认识，激发工作热情的作用。

四、事务文书的种类

事务文书种类繁多，使用频率极高，对事务文书的分类，至今尚无一个明确的规定。本书按事务文书的作用将其分为条据、书信、启事、海报、计划、总结、述职报告、调查报告、简报、讲话稿、规章制度、会议记录等文体。

五、事务文书的写作要求

（1）实事求是，切实可行。撰写事务文书是为了解决生活、学习、工作中的实际问题，因此，必须有实事求是的写作态度，容不得半点虚假和浮躁。

（2）行文格式约定俗成，语言准确。事务文书的格式长期约定俗成，要按俗成格式写作；同时，用语要准确、贴切。

知识链接

2-1 知识链接

语体与文体的区别

语体，是人们根据不同的交际领域、不同的交际目的、不同的交际方式对语言材料的选择和组织所形成的体系。文体，是指文章的体式，文章体式的性质是对语言材料的选择和组织的表现形式。因而一定的文体，使用一定的语体。人们常说的"什么山上唱什么歌，什么场合说什么话"，指的就是语体的运用能力。

拓展训练

1. 拓展训练项目

调查事务文书使用情况。

2. 拓展训练流程

（1）分调查小组，明确小组长，确定任务。

（2）拟定使用事务文书情况调查计划。

（3）准备记录本。

（4）随意调查校园内的师生员工。

3. 拓展训练评价

序号	评价指标	评价标准	效果评价（优秀/良好/合格）
1	调查数据	真实可靠	
2	整理调查效果	格式正确，语言准确	
3	拓展训练体会	提升事务文书写作能力十分重要	

4. 拓展训练反思

（1）通过这次调查，认识到加强事务文书写作教学十分必要。

（2）我对本次调查感到：

　　满意 □　　　　一般满意 □　　　　不满意 □

巩固新知

一、填空题

1. 事务文书的特点有_____、_____、_____。

2. 事务文书是国家机关、社会团体、企事业单位用来处理_____、_____、_____、_____、_____、_____的实用性文书。

二、简答题

1. 事务文书有哪些作用？

2. 事务文书有何写作要求？

第二节　条　据

学习目标

- 理解条据的含义、作用、分类。
- 掌握条据的写作格式和写作要求。
- 通过对本节的学习，使学生认识条据在处理事务中的重要性。

2-2
条据

丢失的利息

李某与孙某商量借款 10000 元，约定利息为年息 2%。在出具借据时李某写道：今借到孙某现金 10000 元。孙某考虑双方都是熟人，也没有坚持要求把利息写在借据上。后孙某以李某出具的借条起诉要求还本付息，人民法院审理后以合同法第 211 条"自然人之间的借款合同对支付利息没有约定或约定不明的，视为不支付利息"的规定，驳回了孙某关于利息的诉讼请求。

【议一议】

该案例叙述了借条不规范导致得不到利息的情况，请同学们联系该案例说说规范条据的重要性。

知识探究

条据是人们在日常生活、学习、工作中，办理某些事务或发生财务往来时常用的一种简便文体。条据分为两大类：一类是说明性条据，如请假条、便条；一类是凭证性条据，如借条、领条等。条据虽然简单，但也有其一定的写作要求和格式，不能随便写，否则会引起纠纷。

一、说明性条据

说明性条据是人们在日常生活中一方向另一方有所说明时所写的简明条据，实际上是一种简单书信。常见的说明性条据有请假条和便条两类。

（一）请假条

1. 请假条的概念

当因有事、有病不能按时上班、上学或参加某项活动时，为向有关人员请假而写的字条就是请假条。请假条一般由本人书写，必要时也可由他人代写。请假条可分为事假条、病假条、丧假条等。

2. 请假条的写作格式

请假条通常由标题、称呼、正文、结语、落款五部分组成。

（1）标题。标题即在首行居中写上"请假条"字样。

（2）称呼。要求在标题下一行顶格写上对对收假条人的尊称，并加冒号，如张老师、王经理、陈班长等。

（3）正文。另起一行空两格写正文，把请假的理由和起止时间说清楚即可。正文结束时，常常写上"望准假""请领导批准"等字样收尾。

（4）结语。在正文后另起一行空两格写"此致"，再另起一行顶格写"敬礼"，不加标点符号。

（5）落款。包括署名和日期，写在正文下一行的右边，署名要写请假人的姓名，姓名之下的年月日不可简写，必要时可写上地点。

3. 请假条的写作要求

（1）称呼明确，语言简洁明了。

（2）请假理由实事求是，不夸大。

（3）最好在请假条后附证明。

📝 **例文：**

请　假　条

李老师：

　　我因要去参加市委宣传部举办的珠江源大合唱彩排，今天（4月1日）下午的团支部活动不能参加，特此请假半天。

　　敬请批准。

　　此致

敬礼

学生：×××

××××年××月××日

评析：

　　该例文为事假条，格式规范，在行文中首先写上对收假条人的称呼，正文所写的请假理由简明充分，请假时间具体，语气礼貌亲切，落款处写明请假人的姓名和日期。

（二）便条

1. 便条的概念

便条，顾名思义，就是简便的字条。当人们有事要告诉对方，而对方不在，或者不便当面说时，往往留下字条给对方，或托人代交，这样的字条就是便条。便条分留言条、托事条、约会条三种。

2. 便条的写作格式

便条一般包括五部分：标题、称呼、正文、结语、落款。

（1）标题。位于正文上方的中间，由内容性质和文种组成，如"留言条"。便条的标题可写也可不写。

（2）称呼。在标题下第一行顶格写上对方的称呼，后加冒号，称呼可以根据双方的熟悉程度来写，如小王、李主任、陈师傅、陈兄、张先生等。给家庭成员留便条时，一般以成员间的关系称呼，也可用爱称、小名，如爸、妈、毛毛等。

（3）正文。另起一行空两格写需要告知对方的具体内容。这部分内容既要语言简洁，又要把事情交代清楚。

（4）结语。因便条在于简便，祝颂语，如"此致　敬礼"，常常省略不写。但可视具体情况写礼貌性的话语，如"谢谢""拜托了"等。

（5）落款。在正文右下方写上署名和日期。署名可只写姓，或只写名，或写爱称、小名等。署名下面是日期，由于是便条，日期可简写为 ×× 月 ×× 日；如对方一时走开且能马上回来，日期可简写为"即日"几点几分。

3. 便条的写作要求

便条要求文字简短，写清楚事情即可。

📄 **例文：**

留 言 条

小李：

　　我有急事外出一会儿，约三十分钟后回来，你来后请稍等。

×××

××××年××月××日

评析：

该留言条称呼恰当，正文写明留言原因，表述清楚、用语礼貌、落款明确。

二、凭证性条据

（一）凭证性条据的概念

凭证性条据是单位之间、个人之间或单位与个人之间发生财务往来时，一方写给另一方的字据凭证，又称凭证或单据。凭证性条据分为借条、欠条、领条、收条、契约。

（1）借条，又叫借据，它是人们在日常生活中借钱或借物时写给对方的字据，以此作为日后偿还的凭证。待钱物归还，方可收回或销毁借条。

（2）欠条，是指一方未付清或未全部付清另一方的钱和物品时写给对方的字据，以此作为日后偿还的凭证。

（3）领条，是指一方到另一方领取所需钱或物品时，交给对方的字据，以此作为凭证。

（4）收条，又叫收据，指一方收到另一方的钱或物品时，交给对方的字据，以此作为凭证。

（5）契约，是以文字的形式把双方或多方商定并达成共同意见的有关事项记载下来，作为发生纠纷时解决的凭证。

（二）凭证性条据的写作格式

一个完整的凭证性条据包括标题、正文、结语、落款四部分。

（1）标题。首行居中写明凭证的名称，如"领条""借条""收条""欠条"或"今收到""今领到"等标题字样。

（2）正文。在标题下第一行，空两格写明字据的事由和具体钱物的数量。如果是欠条或借条还应写上还款日期、还款方式、利息支付等事项。

（3）结语。正文后另起一行空两格写"此据"字样，不加标点符号。

（4）落款。在姓名前写上"借款人""领款人"或"经手人"等名称，并在下面注明年月日，重要字据应加盖印章。如果是代别人收的，则要在姓名前加上"代收人"字样。

（三）凭证性条据的写作要求

（1）钱物数额要清点，具体数额要大写，前不留空格，后加"整"字，若出现转行加"计"字，以防被人添加数据。

（2）单据不宜涂改，若有涂改需在涂改处加盖印章。

（3）书写要端正清楚。要用蓝色钢笔或碳素笔书写，不能用铅笔或圆珠笔书写。

📄 **例文：**

欠　条

　　原借×××同志人民币叁仟元整，已还贰仟元整，尚欠壹仟元整，××××年××月××日前还清。

　　此据

借款人：×××　　　
××××年××月××日　

评析：

　　该欠条具体交代了原借钱的数量，以及现在欠钱数量和归还的具体时限。清楚明白，不会引起人们的误解。

知识链接

条据中大写数额的书写

　　条据中涉及财务的数额必须大写，应用汉字壹、贰、叁、肆、伍、陆、柒、捌、玖、拾、佰、仟、万、亿。

拓展训练

1. 拓展训练项目

校园地摊销售

2. 拓展训练流程

（1）确定摆摊时间、地点：周六19：00—21：00，学校明德广场。

（2）向学校相关部门提交摆摊申请。

（3）确定销售人员。

（4）准备要销售的物品，例如，自己做的手工品、旧衣物、多余的文具用品等。

（5）开始摆摊，推销宣传自己摊位物品。

（6）摆摊结束，收拾各自摊位，不得遗留垃圾。

3. 拓展训练评价

序号	评价指标	评 价 标 准	效果评价（优秀/良好/合格）
1	活动准备	准备充分	
2	活动态度	积极参与	
3	活动效果	达到这次实践活动的目的，学生的语言表达能力明显增强	

4. 拓展训练反思

（1）通过摆摊活动，我有哪些收获？

（2）在活动中自己的语言表达能力是否有所提高？

（3）我对本次活动感到：

　　满意□　　　　一般满意□　　　　不满意□

巩固新知

一、名词解释

说明性条据　凭证性条据　借条　欠条　领条

二、填空题

1.条据可分为_____条据和_____条据两大类。

2.请假条正文内容必须写明请假的_____和_____。

3.说明性条据包括_____、_____、_____、_____和_____五部分。

4.凭证性条据包括_____、_____、_____和_____四部分。

三、判断题

1.便条的标题可写可不写。　　　　　　　　　　　　　　　　（　　　）

2.请假条一般由本人书写。　　　　　　　　　　　　　　　　（　　　）

四、改错题

1.

请　假　条

李老师：

我因生病，请准假为盼。

学生：王小刚
4月5日

2.

收　条

今收到园艺1班学生××补交学费100元。

财务科：×××
10月20日

第三节　书　信

学习目标

- 了解各种书信的概念、种类以及各种书信在处理事务、沟通联系中的重要作用。
- 掌握各种书信的特点、写作格式和写作要求。
- 通过对本节的学习，形成尊重他人、彬彬有礼的良好习惯。

案例引导

春　望

唐·杜甫

国破山河在，城春草木深。

感时花溅泪，恨别鸟惊心。

烽火连三月，家书抵万金。

白头搔更短，浑欲不胜簪。

　　肃宗至德二载（757年）三月，安史叛军攻进长安，"大索三日，民间财资尽掠之"，又纵火焚城，繁华壮丽的京都变成废墟。先一年八月，杜甫将妻子安置在鄜州羌村，于北赴灵武途中被俘，押送到沦陷后的长安，至此已逾半载。时值暮春，触景伤怀，创作了这首历代传诵的五律。

【议一议】

"烽火连三月，家书抵万金"的含义。

知识探究

　　书信是个人与个人之间、个人与组织之间、组织和组织之间用来传递信息、交流思想、表达情感、办理一定事务时所使用的一种应用文体。唐朝诗人杜甫曾说："烽火连三月，家书抵万金"，就是这个意思。书信分为一般书信和专用书信两大类，其具有以下特点。

　　（1）针对性。书信写给谁是明确的，也就是阅知对象是事先知道的。

　　（2）丰富性。书信内容丰富，可涉及学术、艺术、文学、社交、家务、人情世故等。

　　（3）多样性。书信表达形式灵活多样，可叙事，可描绘，可抒情，可议论。

　　（4）规范性。书信一般有约定俗成的格式，语言朴实、准确、简明。

一、一般书信

（一）一般书信的概念

　　一般书信是指人们在日常生活和工作中，亲友之间、同事之间来往的书信。一般书信的作用是互相问候、交流思想、讨论问题。

（二）一般书信的种类

一般书信按照投递对象的不同可以分为家书、情书、致友人书等。

（三）一般书信的构成要素

一般书信由信文（又称信瓤）和信封两个要素构成。

1. 信文的写作

信文通常由称呼、问候语、正文、祝颂语、署名和日期、附言和附件六部分组成。

（1）称呼

在首行顶格写对对方的称呼，称呼后面加冒号，表示下面有话要说。称呼单位时一般写全称，以示严肃和礼貌；也可以用规范的简称，如"××市经济委员会"简称为"市经委"（本地用）。称呼个人时，平时对收信人如何称呼，信上就如何称呼。一般有以下几种情况。

① 对亲属、家人的称呼：常直接用关系称呼，如爸爸、岳父、岳母、大哥、二弟、三姐、三妹等。对晚辈可直呼其名或爱称，有的在名后加上"儿""女"等称呼。

② 对朋友、同事、同学或其他平辈的称呼：一般需在名后加"兄""妹""友"等，对并不十分熟悉的平辈，一般在其姓名后加"先生""女士""同志"等词语。

在称呼上要注意的是，一些称呼随着社会的发展，其意义已经悄然发生了变化，在使用时要多加注意。如"小姐"一词，在过去是对富贵人家姑娘的称呼，但由于现在的舞厅、酒吧、发廊等娱乐休闲场所的女士都称呼"小姐"，故对女士称呼"小姐"，女士会不高兴。

③ 对师长和尊敬者的称呼：一般只称姓而不道名，并在姓后根据不同的身份给予不同的称呼，如"李校长""王书记""赵经理"等。对德高望重的人，常在其姓后加"老"字，如"张老""李老"等。

（2）问候语

问候语在称呼之下，另起一行，空两格。常用的问候语是"你好""近好""节日好"等，问候语后面一般用感叹号。

（3）正文

正文另起一段空两格。正文是信的核心部分，寄信人向收信人询问、叙述的具体内容都在这里表达。如果写的是回信，首先说明什么时间收到对方来信，以免对方挂念，再询问对方情况或回答对方的问题，以表示重视对方。然后谈自己想说的事情，一件事一件事陈述，尽量做到一件事一个自然段，使对方一目了然。

（4）祝颂语

祝颂语是在正文结束后，对收信人表示祝愿或敬意的短语，如"此致 敬礼"。在正文结束后另起一行空两格写"此致"（"此"在这里指书信，"致"是给予寄达），再另起一行顶格写"敬礼"。除此之外，还可以写祝福的短语。常用的祝颂语有如下几种。

① 给长辈的祝颂语：此致 敬礼；敬祝 安好；敬祝 健康；敬祝 福安；恭祝 尊安；恭祝康安（病愈）；恭祝 撰安；敬祝 教安。

② 给平辈、同仁的祝颂语：此致 敬礼；祝 工作顺利；祝 安好；祝 愉快；祝 俪安；祝幸福；祝 成功。

③ 给晚辈的祝颂语：祝 学安；祝 进步；祝 快乐；望努力学习；望步步高升。

（5）署名和日期

① 署名：写在祝颂语的下一行右边，署名和前面的称呼是对应的。如称呼是"爸爸

妈妈"时，署名前可加"儿"或"女"。为了表示礼貌，署名后可加敬语。对长辈常用"叩上""谨上""谨呈""顿首"；对平辈常用"手札"，对晚辈常用"手谕"等。

② 日期：在署名的下一行写明写信的年月日，以让收信人知道写信时间。

（6）附言和附件

① 附言：信写完之后，尚有未尽之言、遗漏之事告知时，可在信末空白处补上，常用"又言""又及""再者"等词语过渡。

② 附件：是指随信所附材料，如"附上近照 3 张"等。

附言和附件，若没有，则可不写。

2. 信封的写法

信封上的内容包括收信人的地址、收信人的姓名、寄信人的地址、寄信人的姓名，收、寄信人的邮政编码。

（1）收信人的地址

要写清楚收信人所在地的详细地址。

（2）收信人的姓名

写在收信人地址的下一行的中间，字迹可略大一些。姓名后空两格可写上"同志""先生"等字样，也可不写。最后写"收""亲收""启""亲启""谨启"等字样，这是要求收信人如何收信和如何打开信封的动作状态用词。"收"是指可由他人代收；"亲收"则要求收信人亲自收启；"启"是拆信时可由他人代拆或代念；"亲启"要求收信人亲自收信亲自拆阅；"谨启"是要求收信人亲自收信并小心谨慎地拆阅。

（3）寄信人的地址

要写清楚寄信人所在地的详细地址。

（4）寄信人的姓名

挂号信和快件信需在寄信人地址后空一个字写上姓名，以表示挂号信和快件信的严肃性。同时，寄信人的姓名可让收信人知道信的来由，以及在信件无法投递时可将信件退回原地。普通信可不写姓名。

（5）收、寄信人的邮政编码

要在信封的左上角填写收信人的邮政编码，右下角填写寄信人所在地的邮政编码，示例如下：

（四）一般书信的写作要求

① 称呼得当。信封上的称呼用语常用"同志""先生""女士"或者职务称呼，如

"××同志""××老师""××经理""××校长"等。

②事明情真。信中所说的事一定要说清道明，真诚坦率。

③语言得体。语言简明扼要，不写无关紧要的话。

④忌用红笔。按传统习惯，用红笔写信隐喻绝交，故写信只能用蓝、黑色钢笔或碳素笔来书写。

📝 例文：

给父母的信

亲爱的爸爸、妈妈：

　　近来家中的情况都好吗？二老的身体怎么样？小弟小妹学习刻苦吗？他们一定还是那么调皮好动吧？由于近段时间，我正准备参加省里组织的技能大赛，时间紧，未给二老写信，请原谅我。

　　为了搞好学习，我现在的生活很有规律，每天就是上课、吃午饭、午休、上课、吃晚餐、上晚自习、晚休，我的学习情况很好，请二老放心。

　　今年的×月×日，是父亲的六十岁寿辰，很遗憾，我不能回家庆贺了。不过，我一定会在学校默默祝福的，我不会忘记父亲的教导和养育之恩的。爸爸，生日快乐！请接受儿子在这里的真诚祝福。

　　爸妈，还有一件事情要告诉你们，今年的春节我不回去了。原因是：我是班上的学习委员，学校决定派我到北京实习，返校后，于正月十六参加省技能大赛，为了不辜负老师们的厚望，我不得不舍弃今年回家过春节的机会了。好男儿志在四方，我一定用优异的成绩来向爸爸妈妈报喜！就写到这里。

　　恭祝

春安！

儿：××谨上
××××年××月××日

又及：二弟所需的《全国中学生优秀作文汇编》已买到，并随信寄出，望查收。

评析：

　　该文是儿子在学校读书，写给爸爸、妈妈的一封家书，信中告诉不能参加爸爸六十岁寿辰和春节不能回家的原因，写作格式规范、语言得体、事明情真。

二、专用书信

　　专用书信是专门用于一定事务，能发挥特定作用与功能的信件。专用书信的种类很多，有介绍信、证明信、表扬信、感谢信、慰问信、贺信、求职信、自荐信、申请书、保证书、倡议书、挑战书、应战书、检讨书等。下面分别介绍。

（一）介绍信

1. 介绍信的概念

介绍信是本单位人员到有关单位接洽事情、联系工作、学习经验、出席会议等所使用的一种专用书信。

2. 介绍信的作用

介绍信可以起到介绍和证明的双重作用。

3. 介绍信的种类

介绍信有书信式介绍信和带存根的表格式介绍信两类。

4. 介绍信的写作格式

介绍信一般包括五个部分：标题、称呼、正文、致敬语、落款与印章。

（1）标题。在首行居中写"介绍信"三个字。带存根的表格式介绍信一般在标题右下方有编号，如"×字×号"。

（2）称呼。在标题下一行顶格写联系单位名称或负责人的身份、称呼，然后加上冒号，以引起正文。

（3）正文。①说明被介绍者的姓名、性别、年龄、政治面貌、职务等。如果介绍者不止一人，需注明人数。②写明接洽或联系的事项，以及向接洽单位或个人提出要求等。

（4）致敬语。用"此致 敬礼"等词语表示祝愿和敬意，也可不写。

（5）落款与印章。介绍信的单位名称写在正文右下方，并署上成文日期，加盖单位公章。介绍信应放入公文信封内，公文信封写法与普通信封的写法相同。

5. 专业介绍信的写作注意事项

（1）介绍信必须经主管领导批准，否则不得填写。

（2）一封介绍信只能写一个单位，严禁开具称呼为"各有关部门"的通用介绍信。

（3）书写工整，不许涂改。

（4）注明有效期限。

（5）禁止用铅笔或红水笔书写。

📝 **例文：**

介 绍 信

×××公司负责同志：

    兹介绍我校×××、×××两名同志，前往贵处联系×××事宜，敬请接洽，并予以协助。

    此致

敬礼

（有效期：15天）

×××学校（章）

××××年××月××日

评析：

    题目直接写"介绍信"字样，顶格写称呼，在正文中直接写明前往贵公司的目的，最后用"此致 敬礼"的致敬语结束，最后落款并加盖公章。格式规范、语言简明。

（二）证明信

1. 证明信的概念

证明信是用以证明有关人员的身份、职务、经历以及有关事项的真实情况时所写的专用书信，又称证明。

2. 证明信的作用

证明信可以用来证明真实情况，也可作为外出工作的证件。

3. 证明信的写作格式

证明信包括五个部分：标题、称呼、正文、结语和落款。

（1）标题。在首行居中写"证明信"三个字或"证明"两个字。

（2）称呼。第二行顶格写送达机关的名称，加冒号引起下文。

（3）正文。是证明信的主体部分，另起一行写证明的事项，包括被证明人的单位、姓名、性别、年龄、职务、经历、工作情况等，并表明态度。

（4）结语。正文后另起一行空两格写"特此证明"四个字为结语。

（5）落款。在正文的右下方，写上开证明信的单位名称或个人姓名，在名称下面写上日期。如果是单位出具的证明信，须加盖公章。

4. 证明信的写作要求

（1）认真负责，实事求是。

（2）用语准确，不能涂改。

（3）应保留存根备查。

📝 例文：

证　明

×××：

　　来函收到，根据函中要求，将×××同志的情况证明如下：

　　×××同志，我校高级讲师，1986年入党，业务熟悉，工作能力强，任劳任怨，多次被评为市先进教育工作者。

　　特此证明

　　（以上材料据个人档案所得）

×××学校（章）

××××年××月××日

评析：

该证明信属于单位出具的，标题直接写"证明"二字，正文中直接介绍了×××同志在学校的情况，并注明该证明材料是根据个人档案所得，说明了其真实性、可信性。

（三）求职信

1. 求职信的概念

求职信是个人写给用人单位谋求职业、申请某种职位的一种专用书信。它是申请书中特殊的一类，是为了申请得到一份工作而写的申请书。

2. 求职信的作用

劳动力是一种特殊商品。在求职的特定环境下，求职信可以把自己推销出去，谋求一份工作，尤其是理想的工作，并让用人单位乐意聘用。

3. 求职信的特点

（1）自荐性。求职信要求对自己的成绩、专业、兴趣和爱好作自我介绍，属于自我推荐。

（2）申请性。求职信具有表达愿望、提出要求、申请批准接纳的作用。

（3）竞争性。当今社会，职业竞争激烈，求职信应表现出强大的竞争力。

4. 求职信的写作格式

求职信由标题、称谓、正文、致颂语、附件、联系地址和电话、落款七部分组成。

（1）标题。一般用文种作标题，如"求职信"。

（2）称谓。求职信的称谓写法有两种：一种是知道对方单位名称的，一般写上单位名称，有的还加上负责录用的部门名称，如"××厂人事处"。另一种是不知道对方名称的，往往写"尊敬的领导""贵公司领导"等。

（3）正文。正文是求职信的主要内容，包括基本情况介绍、业务情况介绍、实践经验及成就介绍、其他情况介绍、求职意向等。

① 基本情况介绍。主要内容有姓名、性别、出生时间、籍贯、学历、职称（务）；如还未毕业，则应写明目前就读学校、专业及毕业时间等。

② 业务情况介绍。一是介绍所学专业知识和主要学习课程。二是介绍对受聘岗位相关知识的掌握情况，如会计专业的学生应聘保险工作岗位，则应介绍对保险行业知识的掌握情况，以便对方考虑是否录用。三是介绍有关技能掌握情况，如计算机应用能力、普通话水平等。

③ 实践经验及成就介绍。主要包括以往从事的工作、担任的职务、取得的成绩、所获奖励等。

④ 其他情况介绍。主要包括特长爱好、性格特征、是否友善、工作态度等，比如：热爱绘画、篮球、书法、摄影等；性格温和、开朗大方；为人友善、乐于助人；对工作认真负责、任劳任怨等。

⑤ 求职意向。指到什么单位、什么部门，做什么工作等。

（4）致颂语。常见的致颂语有"此致 敬礼"等。

（5）附件。随信附上自己有关的证明材料，如毕业证、专利证书、论文等的复印件，以证明自己的资历和能力。

（6）联系地址和电话。即住址、邮编、电话等。

（7）落款。在右下方署上姓名，如"求职人：×××"，并在其下面注明日期。

5. 求职信的写作要求

（1）针对性强。求职信内容应与用人单位招聘岗位的要求相符合，即使所学专业与应聘的岗位要求不一致，也要写出自己所能胜任该项工作的理由。古人说："知己知彼，百战不殆"，用在这里再恰当不过了。

（2）用语恰当。在介绍自己的情况时应实事求是，不能夸大其词、过分吹捧自己，否则会给人留下不好的印象。当然，也不能过分谦虚，明明自己能胜任，却说自己不行，会影响对自己的录用。

（3）内容简洁。在表达中，要条理清晰，宜简不宜繁，便于审阅。

例文：

求 职 信

尊敬的领导：

　　您好！

　　感谢您在百忙之中抽空阅读我的求职信。我于 2022 年 6 月 16 日在《××日报》上见到贵公司的招聘启事，得知贵公司因业务发展需要招聘会计 1 名，我特来应聘。

　　会计在单位起到管财、理财，向领导提供财务咨询的作用，是辅助领导管理财务的重要助手。忠于职守、忠于事业的高度责任感，是对会计思想品德的最高要求，也是我终生不渝的追求。我热爱会计工作，在三年的中专学习中，我的专业就是会计电算化。毕业前夕，我在××单位进行了两个月的会计实习，有了一定的会计实践经验。现即将毕业走向社会，我盼望能找到一个学有所用、用有所长的工作岗位。贵公司的事业欣欣向荣，如能在贵公司工作，我将感到十分幸运，我会与贵公司的同仁一起尽心尽力地工作，共谋公司的发展。

　　我的简历、学历证明、身份证、实习鉴定、会计证、计算机等级证明及有关证件、奖状的复印件随信奉上，请查验。如能给我一次面试的机会，对我进行全面的考察，我将十分感谢！

　　此致

敬礼

　　附件：×××××××

　　联系地址：×××××××

　　邮编：×××××

　　联系电话：××××××

求职人：×××

××××年××月××日

评析：

　　这篇求职信中介绍了求职者在三年中专学习中所取得的成绩、求职意愿，并写出自己渴望得到这份工作的心情，以及得到这份工作的态度和决心，最后是致颂语，并附相关证件、自己的联系方式。内容简洁、重点突出、语言平实、态度诚恳。

（四）申请书

1. 申请书的概念

申请书是个人或集体出于某种需要，向组织、团体、单位说明情况，提出书面请求的专用书信。申请书在日常生活、工作中使用范围广泛，诸如个人向党组织、团组织或其他党派、群众性组织、团体申请加入时，都要写申请书。

2. 申请书的作用

申请书可以加强个人与组织、下级与上级的沟通。

3. 申请书的写作格式

申请书由标题、称谓、正文、致敬语和落款五部分组成。

（1）标题。申请书的标题位于首行正中位置，有两种形式：第一，事由＋文种，如"入团申请书"。第二，文种，如"申请书"。

（2）称谓。另起一行顶格写接收申请的单位、团体、组织名称或负责人的姓名、职务，后加冒号。

（3）正文。①申请内容：开篇就要向领导、组织开门见山、直截了当地提出申请内容。②申请原因：说明为什么申请，也就是说明申请书的目的、意义及自己对申请书事项的认识。③决心和要求：表明自己的决心、态度和要求，以便组织了解申请人的认识和情况，应写得具体、详细、诚恳，语言要朴素准确、简洁明了。

（4）致敬语。致敬语一般是表示敬意的话，如"此致敬礼"。也可写表示感谢和希望的话，如"请组织考验""望领导批准"等。

（5）落款。在正文右下方署上"申请人"三个字后加冒号，再署上申请人的姓名或申请单位的名称，并在下一行注明日期。集体申请书要加盖公章。

4. 申请书的写作要求

（1）语言准确，行文朴实。

（2）态度恳切，表意集中。

（3）有话则长，无话则短。

例文：

入学申请书

××××教务处：

我是×××，今年××岁，系××县第一中学高三年级学生。因为我的父母已调到××市×××学校工作，我的户口已随父母迁入××区××派出所，属于贵校所辖学区，所以我申请转入贵校继续读书。

高三以来，我的学习成绩均排在全校年级前8名，××××年还被评为市"三好学生"。请校领导、老师们放心，如果我能进入贵校读书，我一定遵守校纪校规、尊敬老师、团结同学、刻苦学习，争取以优异的成绩回报校领导、老师、家长对我的期望，争取考取一所名牌大学。

请批准我的入学申请为盼。

此致

敬礼

申请人：×××

××××年××月××日

评析：

这是一篇入学申请书，标题由事由和文种组成，正文第一自然段明确提出自己的请求，接下来的正文内容如实写了自己的学习成绩和获奖情况，表明自己的态度、决心、期望。

知识链接

2-3
知识链接

鸿雁传书

汉武帝时朝廷与匈奴之间经常发生战争。有一次，匈奴派使者前来求和，并把扣留的汉朝使者放了回来。汉武帝为了回应匈奴的善举，派中郎将苏武拿着旌节，带领一队人出使匈奴，却没想到出了意外。

匈奴首领单于想逼迫苏武投降，苏武说："要我投降，除非海枯石烂，日从西升。"他宁死不屈，举刀自刎，经过抢救才幸免于难。苏武随后被单于流放到北海无人区牧羊。苏武一个人在冰天雪地里放羊，万般艰辛。没有粮食，他就挖田鼠藏在洞里的食物充饥，口渴了就吞雪解渴。唯一和他做伴的就是那根代表朝廷的旌节，日子一久，旌节上的穗子全掉了。

转眼间十几年过去了，这时汉昭帝已继位，匈奴老首领也已驾崩，换了新单于，汉匈议和。汉昭帝派使者前往匈奴，要求放苏武回去，单于谎称苏武已经死去，使者信以为真，就没有再提。

当汉昭帝第二次派使者到匈奴时，和苏武一起出使匈奴并被扣留的副使常惠设法买通了禁卒，秘密会见了汉使，把苏武还活着、正在北海牧羊的消息告诉了汉使，并想出一计。于是汉使对单于讲："匈奴既然存心同汉朝和好，就不应该欺骗汉朝。汉朝天子在上林苑打猎时，射到一只大雁，雁足上系着一封写在帛上的信，上面写苏武没死，而是在一个大泽中牧羊。你怎么说他死了呢？"单于听后大为震惊，以为苏武的忠义感动了飞鸟，连鸿雁也替他传送消息了。他无法再抵赖，只好向汉使道歉，把苏武放了回来。

拓展训练

1. 拓展训练项目

演讲比赛。

2. 拓展训练流程

（1）准备场地。

（2）分组：包括大赛演讲人员、评委组、主持人、工作组。

（3）比赛环节确定。

（4）准备比赛评价表。

（5）比赛开始。

（6）公布得分，教师归纳总结。

3. 拓展训练评价

序号	评价指标	评 价 标 准	效果评价（优秀／良好／合格）
1	自我评价	积极参与、认真准备演讲稿	
2	评委评价	演讲内容质量，语言表达能力，仪态、举止符合比赛要求	
3	综合成绩	合格以上等级	

4. 拓展训练反思

（1）我在本次活动中的收获有哪些？

（2）我对本次活动感到：

　　　满意 □　　　　　一般满意 □　　　　　不满意 □

巩固新知

一、名词解释

求职信　申请书　感谢信

二、填空题

1. 书信的称呼又叫称谓或抬头，后面要加_____号，表示下面有话要讲。

2. 介绍信起着_____和_____的双重作用。

3. 感谢信是单位或个人_____、_____与_____表示感谢的书信。

4. 申请书通常由_____、_____、_____、_____和_____五部分组成。

5. 倡议书由_____、_____、_____和_____四部分组成。

6. 求职信是个人向用人单位谋求_____、_____的一种专用书信。

三、判断题

1. 一般书信有严格的书写形式，而专用书信则没有固定的形式。　　（　　）

2. 现在有了身份证，介绍信就失去了作用。　　　　　　　　　　　（　　）

3. 表扬信可以以组织的名义写，也可以以个人的名义写。　　　　　（　　）

四、写作题

1. 新学期开学了，请你给家长写一封信，汇报你在学校的学习情况。

2. 请为自己拟写一封求职信。

第四节　计　　划

学习目标

- 了解计划的概念和分类。
- 理解计划的作用。

2-4
计划

- 掌握计划的特点、写作格式，会起草计划。
- 通过对本节的学习，增强民主意识、超前意识和开源节流意识。

📖 案例引导

新学期开学，班主任要求每位同学拟写本学期的学习计划，以便取得更加优异的学习成绩。

【议一议】
同学之间互相讨论：如何拟写一份本学期的学习计划。

知识探究

一、计划的概念

计划是为了实现某一管理目标，完成某个任务，开展某项工作，而预先作出安排，并用书面形式表达出来的一种事务文书。

二、计划的作用

（1）指导。人们无论干什么，只要有了计划，就可以把大家的意志和行动统一起来，就可以做到心中有全局、奋斗有目标、行动有方向，减少盲目性和被动性，增强预见性和自觉性，同时也就有了去实现奋斗目标的主动权。

（2）推动。有了计划，就可以合理地安排和使用人力、物力和财力，充分发挥群众的积极性和主动性，使行动和步骤有条不紊地进行。

（3）保证。有了计划，就可以预先估计今后工作中可能出现的困难和问题，并提前制定措施，及时主动解决，还可以随时掌握工作的进程，检查任务指标的完成情况，使任务能及时保质保量地完成。

三、计划的特点

（1）目的性。制订计划就是为了在一定时间内完成某项任务，获取某项效益。计划的目的性就像一个人的灵魂一样，制约着一切，决定着一切。如果计划的目的性不明确，没有针对性，计划也将失去现实意义。

（2）预见性。计划是在进行某项活动之前预先编写的，是对某项活动的目标、任务、步骤、时限、措施、方法，以及可能出现的问题所做的设想，最终要按此设想去实现。因此，计划具有很强的预见性。

（3）可行性。计划中的任务和目标，要根据实际需要和客观现实来制定。既要积极稳妥，又要切实可行；既不能高不可攀，也不能触手可及。

（4）具体性。计划是行为的先导，是组织行动、落实步骤、完成任务的基本依据，一旦制订就要遵照执行。计划对实践具有指导作用，未来的工作将在它的规范下被具体落实，甚至上级领导检查工作，也可以以计划为依据。因此，在制订计划时，要写明完成计划的具体办法、措施、时间，这样才有利于计划的完成。

（5）业务性。计划是业务性很强的文种，行业性质不同，专用术语也不同。因此，制订计划者要熟悉业务，按自身工作所涉及的各项业务指标来制订计划。如果在施行中发现有不可行之处，要及时修改。

四、计划的种类

计划是计划类文书的统称，从实际工作应用来看，大体有以下几种分类方法。

（一）按名称分类

计划按名称分类有纲要、规划、方案、意见、要点、安排、设想、打算。

（1）纲要：适用的时间长，范围较广，内容较为概括。

（2）规划：重在定规模、定方向，要求完成的时间较长、范围广，具有指示性。

（3）方案：从目的、要求、工作方式到工作步骤均作出全面部署与安排的计划。方案是经过上级批准以后才能执行的计划，具有决定的性质。

（4）意见：上级机关向下级单位部署一定时期的工作，交代方针政策，提供方法、措施，提出要求的计划性文件。

（5）要点：列出主要工作目标的计划，具有政策性和原则性的指导性质。

（6）安排：安排适合时间短、内容比较具体的小型计划。

（7）设想：初步的尚未成熟的非正式计划。

（8）打算：短期内工作的要点式计划。

（二）按内容分类

计划按内容分类有学习计划、生产计划、教学计划、科研计划和工作计划等。

（三）按范围分类

计划按范围分类有国家计划、省计划、地区计划、单位计划、部门计划、班组计划和个人计划等。

（四）按时间分类

计划按时间分类有长期计划、中期计划和短期计划三类。

（1）长期计划：一般指 10 年以上的远景规划或发展纲要。

（2）中期计划：长期计划的具体化，主要指 5 年规划。

（3）短期计划：一般是指 1 年及 1 年以下的计划，如年度计划、季度计划、月份计划、周计划等。

（五）按性质分类

计划按性质分类有综合性计划和专项计划两类。

（1）综合性计划：指单位和个人对一定时期内所要完成的各项任务的打算和安排，如《××工商学校 2023 年度工作计划》。

（2）专项计划：指单位和个人对一定时间内所要完成的某一项任务的打算和安排，如《英语学习计划》《第一届艺术节活动计划》。

（六）按格式分类

计划按格式分类有条文式计划、表格式计划和综合式计划三类。

（七）按作用分类

计划按作用分类有指令性计划、指导性计划、一般性计划。

五、计划的写作格式

一份完整的计划，一般包括标题、正文、落款三部分。

（一）标题

标题，即计划的名称。常见写法是：①计划单位＋期限＋内容＋文种，如《×× 工商学校 2023 年度工作计划》。②计划单位＋内容＋文种，如《×× 工商学校先进性教育活动计划》。③计划期限＋内容＋文种，如《关于 2022 年农村小学教育工作的意见》。④计划内容＋文种，如《学习计划》。

另外，如果计划还不成熟或还未讨论通过，就需要在标题后面加括号注明"初稿""草稿""讨论稿""征求意见稿""供讨论稿""送审稿"等字样。如果是个人计划则姓名不宜在标题中，而应写在落款日期上方。

（二）正文

正文是计划的具体内容，是计划的核心部分。这部分要围绕"为什么做、做什么、怎么做、做多久"进行表达，由前言、主体和结尾三部分构成。

（1）前言。前言是计划的总纲，一般写明为什么做、依据什么做。除此之外，前言内容还包括上级指示、指导思想及今后的工作任务等，常用"现制订如下计划"作为过渡语。

（2）主体。主体是计划的核心部分，包括目标和任务、措施和方法、步骤和安排。

① 目标和任务：目标和任务是计划的灵魂，任何计划都要写明计划期内要完成的目标和任务，也就是明确"做什么"。计划的目标和任务要求写得具体。

② 措施和方法：措施和方法是实施计划的重要保证，是解决"怎么做"的问题，也就是拟定实现目标和任务的手段和方法。这一部分的主要内容是：组织领导、任务的分工、政策保障、采取的手段等。

③ 步骤和安排：步骤和安排是解决"做多久"的问题，也就是拟订实施计划的先后顺序，确定先做什么、后做什么，主要抓什么、次要抓什么。只有把计划的日程安排出来，才能使计划有条不紊地执行。有的计划不单独写步骤和安排，而是夹杂在措施和方法中。

（3）结尾。大多数计划没有结尾，正文写完即可。部分计划往往在最后提出希望和号召，有的强调一下注意事项，如检查、评比、修改办法等。

（三）落款

在正文右下方署上计划制订单位的名称或个人姓名，在其下写上日期。有些普通计划若在标题中已有制订单位和时间，则不需要落款。若标题中有单位名称，则在这里只写上日期，并加盖公章。

六、计划的写作要求

（1）把握方向，贯彻政策。计划是政策的具体落实，是单位或个人工作的指南和努力方向。因此，制订计划必须遵循党和国家的路线、方针和政策，符合法律法规和上级的有关决定、指示和要求。只有把握方向，贯彻大政方针，并将其体现在计划中，才能指导本单位在今后一定时期内的工作沿着正确的方向发展。

（2）实事求是，调查研究。计划的制订只有通过实事求是的调查研究，走群众路线，集思广益，群策群力，才能有根有据，经得起实践的检验，才不至于半途而废。切忌闭门造车、随意炮制、纸上谈兵，也切忌"倒口袋"的方法，照抄上级主管部门的计划，致使计划的目标、内容、措施、步骤严重偏离实际。

（3）全面兼顾，突出中心。制订计划既要统筹兼顾，又要突出中心。因而，制订计划必须做到中心工作与一般工作相结合，当前与长远相结合，局部与整体相结合，对各方面工作既要有适当安排，又能使"优势兵力"用在刀刃上。这样才能全面兼顾、突出中心、相辅相成、相得益彰。

（4）积极稳妥，切实可行。计划的制订必须要有科学的态度，既要考虑到客观条件，又要充分发挥人的主观能动性，要本着积极稳妥的指导思想去确定所要达到的目标，以保证计划的付诸实施。因而，在制订计划时，必须从实际出发，不能过高或过低，应切实可行。目标过高，经过努力也难以达到，就会挫伤工作人员的积极性；目标过低，轻易就可以达到，就难以激发工作人员的积极性、创造性，反而会使工作人员松松散散，停止前进的步伐。

（5）分工落实，留有余地。计划是行动的指南，计划中的各项任务要落实到人，使所有人员各在其位、各司其职、各尽其责、尽心尽力。计划虽然在制订前经过周密的调查研究，但在执行中仍然会遇到意料不到的不利因素，因此，必要时可以随时根据实际情况对计划加以修改、补充、完善。可见，计划的制订必须分工落实，留有余地，不能过于死板和机械。

（6）明确要求，便于检查。计划中提出的任务、指标、措施、责任、时限等内容必须具体明确，以便执行和检查。

📝 **例文：**

××学校园林（3）班 2019 年春班主任工作计划

园林（3）班现有学生 50 人，班级纪律、教室卫生管理等方面较好，但学习成绩不太理想，尤其是一些学科成绩偏低，个别学生的学风很差。基于这种现状，加强管理、指导学法、检查督促就显得尤为重要。

一、指导思想

学校的培养目标是"学创双举、德技双馨、身心双健"，具体化为园林（3）班班主任的工作要求是：实行全员、全过程、全方位管理，以德育为首，抓技能提升，全面提高学生的综合素质。

二、工作目标

本学期的班级目标是：在学生的学习、生活等方面切实抓实，人人争先，争取期末考试取得好成绩；在园林花卉工种技能鉴定考试中，个个合格，为零距离就业、零距离上岗、零距离操作打下坚实的基础。

三、具体措施

（1）做好思想指导和疏导工作。继续深入研究创建新型师 生关系，将自己定位在学生的良师、朋友、组织者、指导者的角色上，明确人生目标，增强集体荣誉感，树立并强化责任意识。

（2）掌握学生的学习动态。采用激励机制、竞争机制，对优等学生高标准严要求，使其更加优秀；对学习差的学生明确要求、明确任务，常过问、常督促，以"堂堂清、天天清、周周清、月月清"为原则进行鼓励和约束，使其加强学习，提高成绩。

（3）丰富学生的学习生活。充分利用班主任例会，有计划、有目的、有组织地开展课外活动，引导学生自主学习、合作学习、全面学习；在课外活动中，理论联系实际，使学生得到最大限度的锻炼和提高。这也是师生互动、生生互动的有效途径。

（4）加强对住宿生的管理。明确宿舍内卫生、内务、纪律要求，并狠抓落实，全面关心了解住宿生的思想、学习和生活，鼓励学生继续争创优秀宿舍乃至特优宿舍。

（5）加强教育的合力作用。建立学校、家庭、社会三位一体的教育网络。在与家庭联系上及时、热情，争取家长的积极配合，让家长参与管理，达到理想的教育效果；在班级管理上，充分发挥班主任的作用，及时了解情况，及时向任课教师通报班级情况，以确定重点教育对象和课余辅导对象，并共同制定措施。

评析：

这是一篇班主任制订的班级管理计划。标题由单位名称、适用期限、内容和文种组成。正文的第一部分也即前言，明确了背景、目的、指导思想；正文的主体部分提出了目标和任务，制订了思想工作、学习指导、班级活动、住宿生管理和教育学生的合力等方面的相应措施，针对性强，切实可行。分条列出具体工作，使该计划简洁明快、层次清楚，是一篇格式规范的计划。

知识链接

"凡事预则立，不预则废"。"预"就是预先打算、安排的意思。计划犹如一个建筑工程设计的蓝图，有了计划就有了明确的目标，工作就可以有序进行，减少盲目性。相反，从事某项工作时，如果事先没有打算和安排，就有可能走弯路。因此，制订计划是完成任何一项工作不可缺少的手段。

拓展训练

1. 拓展训练项目

新学期开学了，请你为自己写一份本学期的学习计划。

2. 拓展训练流程

（1）回顾计划写作的格式。

（2）考虑自己在前学期的学习基础上，还需在哪些方面努力，更上一层楼。

（3）拟写学习计划。

3. 拓展训练评价

序号	评价指标	评 价 标 准	效果评价（优秀／良好／合格）
1	标题	常见写法	
2	正文	目标任务明确、措施切实可行、语言规范、层次清楚	
3	落款	由个人姓名和拟写计划时间组成	

4. 拓展训练反思

（1）写学习计划给我哪些启示？

（2）我对本次拟写的学习计划感到：

满意 □　　　　一般满意 □　　　　不满意 □

巩固新知

一、名词解释

规划　方案　要点

二、填空题

1. 计划通常由_____、_____、_____三部分组成。

2. 计划的正文部分一般包括_____、_____、_____几方面内容。

3. 计划的种类很多，从不同的角度可以对其进行不同的分类，比如，按其性质的不同分为_____和_____两类；按其名称分为_____、_____、_____、_____、_____、_____、_____和_____八类；按时间分为_____、_____和_____三大类。

三、判断题

1. 判断此标题写法是否正确：《××县第一中学今年工作回顾及明年工作计划》。（　　）

2. 判断此标题写法是否正确：《××省十年植树造林安排》。（　　）

3. 工作计划在实施过程中是不能随意修改的。（　　）

4. 工作计划应当具有预见性和可操作性。（　　）

5. 目标、任务是计划的灵魂和核心，是一切计划不可缺少的内容。（　　）

四、多项选择题

1. 计划的标题，一般包括（　　）。

A. 单位名称　　　　B. 适用期限　　　　C. 计划内容　　　　D. 计划名称

E. 计划要点

2. 计划类文书包括的文种有（　　）。

A. 规划　　　　B. 纲要　　　　C. 计划　　　　D. 方案

E. 安排

五、简答题

1.什么叫计划？计划有哪些作用？

2.计划有哪些主要特点？

3.计划的写作要求主要有哪些？

第五节 总 结

**2-5
总结**

学习目标

- 理解总结的概念、作用、特点。
- 了解总结的分类及与计划的区别。
- 掌握总结的写作格式及写作要求，会起草总结。
- 通过本节的学习，知道勤于总结、善于总结是成功的关键，从而养成勤写总结的良好习惯。

案例引导

时间如流水，转眼本学期即将结束了。我校学生处在创建全国文明城市工作中取得了优异的成绩，也获得了宝贵的经验。请你采访、了解学生处负责人做了哪些工作，获得了哪些成绩和经验，写一份工作总结。

【议一议】

同学之间互相讨论：如何拟写这份创建全国文明城市工作总结材料？

知识探究

一、总结的概念

总结是单位或个人对过去的工作进行全面的回顾、检查、分析和评判，高度概括取得的成绩、经验、存在的问题，用以明确今后的努力方向，指导今后工作的一种书面材料。

二、总结的作用

（1）了解情况，推进工作。通过总结，可充分地了解本单位和个人的具体情况，肯定成绩，发现问题，找出成功的经验和失败的教训，用于指导今后的工作。

（2）汇报工作，交流信息。通过总结所形成的书面材料，能让上级了解下级完成任务的情况。同时，使下级得到有针对性的指导以便更好地贯彻上级的意图。对兄弟单位而言，通过总结，可以互相沟迪交流，取长补短，能在新的起点上得到更快的提高。

（3）提高认识，科学决策。人们平时的工作实践是分散的、感性的，通过总结，可以把零散、肤浅、表面的感性认识上升为全面、系统、本质的理性认识，进而把握事物的规律，在今后的工作中提高自觉性、规范性，避免盲目性、随意性。谚曰："前车之覆，后车之鉴。"

工作中的偏差、失误在所难免，通过认真总结，"吃一堑，长一智"，就能提高决策的科学性。

（4）模范借鉴，调动积极性。总结中概括出来的经验，可以为以后的工作起到重要的借鉴作用。总结出的先进事迹、典型模范，能鼓励先进，鞭策后进，充分调动人们的工作积极性。

三、总结的特点

（1）自我性。总结是对自身社会实践进行回顾的产物。它以自身工作实践为材料，采用第一人称的写法，其中的成绩、做法、经验、教材等，都有自我性的特点。

（2）客观性。总结是对前段社会实践活动进行全面回顾、检查的文种，这就决定了总结有很强的客观性特征。它以自身的实践活动为依据，所列举的事例和数据都必须完全可靠、确凿、无误，任何夸大、杜撰、歪曲事实的做法都会使总结失去应有的价值。

（3）指导性。回顾过去，总结经验，面对现实，展望未来，推进工作，是总结的出发点和最终目的。可见，实践是总结的土壤，指导性是总结的生命。

四、总结的种类

根据不同的分类标准，可将总结分为不同的类型。

（1）按范围来分，有个人总结、班组总结、单位总结、行政总结、地区总结等。

（2）按内容来分，有工作总结、教学总结、学习总结、科研总结、项目总结等。

（3）按时间来分，有月份总结、季度总结、阶段总结、年度总结等。

（4）按意图来分，有体会、回顾、做法、情况等。

（5）按性质来分，有综合总结、专题总结。

① 综合总结：也叫全面总结，是单位、部门或个人对一定时期内各项工作的全面回顾。

② 专题总结：就是单位或个人对在一定时期内完成的某一项工作的回顾。

总结的分类不是绝对的，相互之间可以相融，也可以交叉。如《××学校 2022 年度工作总结》按性质讲是综合总结，按范围讲是单位总结，按时间讲是年度总结，按内容讲是工作总结，这说明在总结的分类上，应灵活掌握，不必过于拘于类型。

五、总结的写作格式

总结一般由标题、正文和落款三部分组成。

（一）标题

总结的标题比较灵活，大致有以下几种表现形式。

1. 公文式标题

（1）单位＋时间＋事由＋文种，如《××学校 2022 年教研工作总结》。

（2）单位＋事由＋文种，如《××学校教学工作总结》。

（3）单位＋文种，如《××学校总结》。

（4）时间＋文种，如《三季度工作总结》。

2. 文章式标题

文章式标题多用于经验总结。标题的拟制比较灵活，大都无"总结"两字，而用"体会""回顾""做法"等字眼提示总结的文体。如《我们是怎样安排毕业生就业的》《××学校学生工作回顾》《学贵多思》《安全维稳工作要做到经常化》。

3. 新闻式标题

新闻式标题分正标题和副标题。正标题概括总结的主要内容,副标题显示文体特点。如《辛勤耕耘结硕果——××学校 2022 年工作总结》《苦练内功求实效 创建特色上台阶——××学校 2022 年工作回顾》。

（二）正文

正文包括前言、主体、结尾三部分。

1. 前言

前言简单地概括所要总结的时间、地点、背景、事情的大致经过;或者将总结的中心内容、主要经验、成绩作简洁的介绍。其目的在于使读者对总结的全貌有一个概括的了解,为阅读、理解全文打下基础。

2. 主体

主体是全文的核心部分,介绍具体情况和做法、成绩与经验、存在的问题与教训等内容。

（1）具体情况和做法:写清做了哪些工作,分别是怎么做的,即采取了什么措施、办法和步骤,有何效果等。

（2）成绩与经验:总结的关键部分。成绩是指在工作实践中所取得的物质成果和精神成果,要写得具体、实在,体现出感染力和说服力。经验是指在工作中取得的成绩和成功的原因,从中得到规律性的认识。

（3）存在的问题与教训:所谓问题,是指在实践活动中应该做到而未做好、未做完的工作,或者是尚未解决的问题。所谓教训,是指从产生的过失、错误中得出的反面经验。这部分内容虽然不是总结的重点,不一定在每篇总结中都写,但不应忽视,对工作或学习中存在的问题,必须实事求是地加以分析,找出原因,以达到吸取教训、改进工作的目的。写存在的问题和教训要中肯恰当、实事求是、条理分明,一般不宜过长。

3. 结尾

结尾一般写今后的努力方向或今后的打算,提出新的奋斗目标。结尾部分应写得简洁、自然。

（三）落款

落款是在正文的右下方,写上总结单位名称或个人姓名,在名称下面写上成文日期。如果在标题中已列出单位名称或姓名,则在落款处可以省略。发表在报刊上的总结,一般将署名写在标题下。

六、总结与计划的区别

（1）目的性不同。计划是预想未来,是在工作之前制订的,是总结的前提和基础;总结是回顾过去,是工作到一定阶段撰写的,是对计划落实后的认识和评价。

（2）内容不同。计划的内容是为完成一定任务所设想的具体步骤、方法和措施,重在叙述说明;总结是对一定阶段的工作或计划执行情况做出的分析、评价,重在找出有规律性的认识。

（3）回答的问题不同。计划所要回答的问题是做什么，怎么做，做到什么程度；总结所要回答的问题是做了什么，做得怎么样，有何工作规律。

七、总结的写作要求

（1）实事求是。一是要用"一分为二"的观点来分析实践活动，既要充分肯定成绩，又要看到存在的不足；既要看到现象，又要揭示本质，一切从客观实际出发，如实反映实际情况，决不能报喜不报忧。二是恰如其分地评价成绩，一就是一，二就是二，既不夸大，也不隐瞒、不缩小，更不允许"移花接木"、弄虚作假。

（2）突出重点。总结的目的是指导今后的活动，切忌面面俱到、记"流水账"，要认真分析工作中取得的主要成绩和存在的主要问题，要抓住要害，突出重点，力求写出特点，提炼经验。

（3）措辞恰当。在总结中切忌用"基本上""大体上""一定程度"等范围词语。取得的成绩和存在的不足是"大"还是"较大"，都要准确写明。

📝 例文：

曲靖工商学校 2021 年度工作总结

2021 年，在建党百年的浓厚氛围中，曲靖工商学校坚持以习近平新时代中国特色社会主义思想为指导，全面学习贯彻落实党的十九大和十九届历次全会精神，深入学习运用中国共产党成立 100 周年的宝贵经验，忠诚拥护"两个确立"、坚决做到"两个维护"，落实市六届二次全会和"两会"的工作部署，把稳把牢市委、市政府对曲靖发展做出的新定位，聚焦学校发展主题，坚定初心、牢记使命、锐意进取、努力拼搏、勇毅前行，在为曲靖经济发展提供技能型人才支持和智力支撑方面做出了新的贡献。

一、同舟共济、攻坚克难，2021 年硕果累累

过去的一年，在学校党政班子的带领下，全体教职工努力工作，取得了六项成绩，即"三个跨越""三个聚焦"、"三个推动""三个抓实""两个满意答卷""三个成就"。

（一）锐意进取，实现"三个跨越"

一是办学条件的跨越。年末，争取上级资金和自筹资金计 1413 万元，完成智慧校园三期、四期建设，新建 11 人制标准足球场和 400 米跑道，改扩建旅游实训中心、服装实训中心、会计实训中心、中餐实训中心、茶艺实训中心，新建云教室 5 个，办公电脑软件正版化升级。目前正在建设消防实训中心、电子电工实训中心、美容美发实训中心、智慧校园五期工程。校企合作引进资金 77 万元，安装足球场防护栏和 LED 显示屏。

二是培养特长生的跨越。组织师生参加云南省职业院校技能大赛，荣获一等奖 12 项、二等奖 30 项、三等奖 24 项，获奖率为 92.86%；组织田径类学生参加云南省田径锦标赛，获金牌 3 项、银牌 4 项、铜牌 4 项，首次被评为云南省体育道德风尚运动队。学校成功申报被批准为曲靖市校园田径体育传统特色学校。

三是办学规格的跨越。成立增挂珠江源社区教育学院、珠江源老年开放大学两块牌子。同时，荣获云南省民族团结示范校、曲靖市卫生校园、曲靖市健康校园等荣誉称号。

（二）笃行不怠，践行"三个聚焦"

（1）聚焦招生工作。在去年生源减少、招生竞争激烈的情况下，动员教职工关心招生、参与招生、积极招生、主动招生，共招中专学生3515人，完成了招生计划，稳定了办学规模。

（2）聚焦实习工作。安排学生实习，严格按照教育部等五部委出台的《职业学校学生实习管理规定》《职业学校校企合作促进办法》《曲靖工商学校学生实习管理办法》，做到"七个一""三双管理""四满意"。"七个一"是一个实习管理办法、一本实习管理手册、一个优秀企业、签一份三方实习协议、买一份实习责任保险、撰写一份实习总结、填一份实习鉴定表，确保学生实习环境好、薪资高、福利优；"三双管理"是学校和企业双重管理学生实习、双重指导学生实习、双重考核学生实习合格，从而让学生实习有获得感、幸福感、安全感；"四满意"是学校满意、学生满意、家长满意、企业满意。2021年，毕业学生就业率为94.13%，对口就业率为92.16%，就业评价满意度为100%，有113名学生荣获云南省"优秀实习生"称号。

（3）聚焦维稳安全。在安全维稳工作中，加大了人防、物防、技防"三防"力度。在人防方面，压实"谁主管、谁负责，谁分管、谁负责，谁在岗、谁负责，谁在场、谁负责，谁失职、谁负责，党政同责、一岗双责"的安全责任，实行"15 30 60"安全措施，落实值周和门卫值班，签订《安全责任状》；在物防方面，建起了警务室、配备了器械、更新了消防设施设备；在技防方面，安装校园监控全覆盖、人脸识别系统、一键报警系统，确保师生员工安全。

（三）与时俱进，加快"三个推动"

一是推动思政工作。明确了思政育人目标是：提高品德修养，坚定理想信念，厚植爱国主义情怀。完善思政育人机制是：全员育人、全程育人、全方位育人。丰富思政育人体系为：以思政为主体，学科渗透和活动育人为两翼的"一体两翼"思政育人体系。改进思政教学方法为：讲成面向德育的课程、面向历史的课程、面向世界的课程、面向未来的课程，构建人类命运共同体。开展思政育人活动，具体为"四活动、五讲座、五主题教育"。"四活动"是开展社会主义核心价值观进校园、进课堂、进头脑，使学生形成强大的精神支柱和道德理念。开展弘扬中华优秀传统文化活动。开展传统节日、经典诵读、拜师礼、戏曲、书法、武术进校园活动，使学生增强文化自觉、坚定文化自信。开展"传承红色基因"活动，组织部分学生到玉林公园等红色教育基地缅怀革命先烈。开展"扣好人生第一粒扣子"活动。建好"七室一堂一校"校活动阵地，即党员活动室、德育室、法制宣传室、心理咨询室、网络教室、团队活动室、同心工作室，孔子学堂，家长学校，培养学生立志向、有梦想、爱学习、爱劳动、爱祖国、爱人民。"五讲座"是举办安全教育、疫情防控、法制教育、禁毒防艾、励志教育专题讲座，引导学生成长、成型、成熟、成人、成才、成功。"五主题教育"是"中国魂"、新时代好少年、心理健康、"民族团结一家亲""学宪法、讲宪法"，引导学生理想有高度、思想有深度、人生有厚度、情感有温度。

二是推动深度合作。一方面是推动校校合作。按照"3+2"五年一贯制办学模式，与曲靖职业学院、云南能源职业学院、云南司法警官学院、云南轻纺职业学院、云南国防职业学院、云南农业职业学院、云南外事外语职业学院深度合作，共计招生900余人，前景看好。另一方面是推动校企合作。按照学校提出的"八共同八融合"校企合作模式，与省内云南通信产业服务有限公司、云南浩祥服务有限公司、曲靖官方大酒店等企业和省外苏州生益科技有限公司、上海华域三电汽车空调有限公司、北京云海肴餐饮管理有限公司等几十家企业签订长期合作协议，互惠双赢。

三是推动产教融合。①拟定《产教融合实施办法》，明确学校、企业在产教融合中的义务和职责。②建立产教融合联动机制，包括运行机制、评价机制、奖惩机制等。③学校根据曲靖市打造绿色能源、绿色食品、大健康产业的"绿色三张牌"，积极、主动地与曲靖经开区、马龙经开区企业联系，推动"产教融合、校企互补、共同发展"。

（四）统筹兼顾，促进"三个抓实"

一是抓实要素保障。①食品安全管理。食品安全实行"六T"管理和明厨亮灶，履行学校领导陪餐制度，提升了管理水平和质量。②固定资产管理。完成了88项共计642件固定资产登卡入账，完成了固定资产折旧、月报、年报工作。③修缮工作。修缮罗马柱、门窗、桌椅、铁床、铁皮柜、屋顶漏雨等2717件。④卫生间升级改造。对办公楼、教学楼卫生间升级改造，常消毒。

二是抓实排污治理。深入贯彻习近平总书记生态文明思想，抓实学校排污治理工作，校园污水排入市政污水管道，减污降碳协同进行，改善学校生态环境质量。

三是抓实勤俭节约。"三公经费"仅开支16.19万元，比2020年的19.88万元下降18.56%，其中，公务接待费下降27.53%。

（五）同舟共济，交出"两份满意答卷"

一是创文明城巩固提升交上满意答卷。在创建全国文明城市巩固提升中，按照市委、市政府"首年争先、次年定局、三年创成"的要求，对标对表抓好创文巩固提升，"七个专项行动"走深走实，赢得了检查组的充分肯定和好评，交上了满意的答卷。

二是乡村振兴交上满意答卷。在乡村振兴工作中，对低保对象、特困人员、易返贫致贫人员进行全覆盖走访监测，信息采集更新录入，工作台账整理归集，守住"两不愁三保障"底线，对农户开展智力培训、技能培训、就业服务，全面推进乡村振兴，让脱贫群众过上好日子。学校被市政府评为"较好"等级。同时，走进社区传授实用技术，开展微信沟通交流、疫情防控、就医服务等800多人次，让老年人老有所学、老有所做、老有所为。

（六）未雨绸缪，完成"三个成就"

一是完成"十四五"规划成就。讨论、拟定、完善了学校"十四五"发展规划和二〇三五远景目标，进一步明确了发展思路、发展目标、发展举措，见行见效。

二是承办省职业院校技能大赛成就。2021年，承办云南省职业院校技能大赛教学信息化、旅游两个赛项，做到了零失误、零差错、零投诉，得到了省教育厅、市政府、市教体局领导和参赛队选手裁判的充分认可和赞誉。学校被评为"承办云南省职业院校技能大赛先进集体"。

三是校园文化建设取得成就。以创建全国文明城市为契机，在物质文化、制度文化、行为文化、精神文化四个模块上下功夫，丰富了学校文化底蕴，推进了学校的内涵发展。

二、加强学习、聚集主题，加强党的思想建设

党总支紧扣"学史明理、学史增信、学史崇德、学史力行"总目标，围绕"学党史、悟思想、办实事、开新局"总要求，组织党员和教职工深入学习党的十九大和十九届历次全会精神，深入学习习近平总书记对教育的重要论述和考察云南的重要讲话精神，深入学习运用中国共产党成立100周年的宝贵经验，做到了"两个推进"。即推进党史学习教育走深走实，推进对中国共产党和中国特色社会主义的政治认同、理论认同、思想认同、情感认同，坚决做到"两个维护"。同时，开展"双报到双服务双报告"活动，组织党员干部到麒麟区学苑社区、沾益区金龙社区、会泽县矿山村委会和酒房村委会参与文明实践、捐书活动、社区老人教育活动，使党员在活动中成长，感悟初心使命，坚守党的宗旨，筑牢政治忠诚。

三、查找不足、正视问题，打好 2022 年攻坚战

2021 年，学校在发展中虽然取得了令人满意的成绩，但还存在着不足和问题，归结起来是"三个瓶颈""三个差距""两个不够"。

"三个瓶颈"：一是办学体制不顺，严重阻碍了学校的发展；二是学校债务多、压力大；三是教职工编制不足，师资队伍不稳定。

"三个差距"：专业课教师与学校的专业设置存在一定的差距；少数党员同志与发挥先锋模范作用存在一定的差距；少数教师的师德师风与教书育人存在一定的差距。

"两个不够"：教育教学的整改力度不够，校企合作、产教融合的力度不够。

针对"三个瓶颈""三个差距""两个不够"，全校上下必须统一思想、提高认识，采取有力措施加以解决，打好 2022 年攻坚战。

四、坚定信心、砥砺奋进，谱写 2022 年新篇章

凡是过去，皆为序章。2022 年，是党的二十大召开之年，是"十四五"发展的关键之年，是务实担当的重要一年，是赢得未来的奋进之年，做好"十个毫不松懈"，意义深远。

（1）毫不松懈抓招生。一是继续发扬"四个千万"的招生精神，充分利用"四缘关系"，竭尽全力招生；二是邀请"3＋2"五年一贯制合作院校参与招生；三是全校教职工积极、主动、努力招生，圆满完成 2022 年的招生计划。

（2）毫不松懈夯基础。完成智慧校园四期、五期工程建设，实现智慧校园化；完成消防实训中心、电子电工实训中心、美容美发实训中心建设，满足相关专业学生提升专业技能的需要。

（3）毫不松懈保安全。在实施安全维稳举措的基础上，进一步压实安全责任，加大门卫值班管理力度，做到"五个联动"，即校内联动、校家联动、校地联动、校警联动、校企联动，扭成一股绳，确保学校政治安全、生命安全、财产安全。

（4）毫不松懈提质量。一是加强师资队伍建设。组织开展师德师风活动，争做"四讲四升四名"教职工。即讲规矩、讲团结、讲廉洁、讲成绩，提升师德、提升能力、提升本领、提升效率，当一名教师、一名班主任、一名管理者、一名员工。二是加强专业建设。专业建设做到"一重点两围绕三紧贴"。即重点巩固骨干专业，打造特色专业，建设新型专业，改造滞后专业；围绕云南省战略发展需要、围绕曲靖市发展新定位需要建设新专业；紧贴曲靖经济发展、紧贴打造"绿色三张牌"、紧贴企业建设新专业。三是加强课程建设。课程设置按照教育部、省教育厅的规定，针对学生的专业特点设置，具有针对性，使学生学以致用，用以促学。四是加强教材选用。教材选用以"够用、适

用、需用"为原则，教材内容与岗位标准对接。严禁订教辅材料给学生。五是加强教学诊断。探索"二轴三度五项"的多元评价体系。即过程评价和结果评价为两轴，从自评、生评、师评三个角度评价教学效果，评价内容包括德、能、勤、绩、廉五项，为全面提升学生的综合素质保驾护航。六是加强特长生的培养。进一步抓实特长生的培养，突破参加国家、省职业院校技能大赛的获奖名次，突破体育类特长生参加省赛冠军人数，突破"三校生"本科录取率，综合高中教学质量名列曲靖市前列。

（5）毫不松懈抓合作。一方面是加大校校合作力度。与职业院校合作招生举办"3＋2"五年一贯制大专班，开拓招生渠道。另一方面是校企合作、产教融合。进一步完善《校企合作实施办法》《产教融合实施办法》，考察优秀企业，尤其是考察曲靖经开区、马龙经开区的优秀企业，校企双方签订协议，精准合作、产教融合、优势互补、互惠互赢、共同发展。

（6）毫不松懈抓实习。安排学生实习，按照教育部、省教育厅、市教体局的规定和学校的管理规定执行，在做到"八个一""四满意"的基础上，实施"订单＋冠名班"模式，做到招生、教学、实习、就业四连接，100%安排学生实习、就业，实习稳定率在98%以上，就业稳定率在95%以上，让学生用自己的双手描绘美好的明天。

（7）毫不松懈办实事。坚持做好创建文明城巩固提升工作、乡村振兴工作、"七个专项行动"、社区教育、老年教育、志愿者服务，提升学校的知名度和美誉度。

（8）毫不松懈厚文化。坚持打造教师文化、学生文化、课堂文化、宿舍文化（六T管理），推进文明校园、平安校园、法制校园、健康校园、卫生校园、书香校园文化建设，总结提炼校园文化标识，厚实校园文化底蕴。

（9）毫不松懈抓党建。党建工作抓实"四个强化"。一是强化理论学习。持续推动"三会一课"、主题党日、集中培训等基本制度，深入学习贯彻执行习近平总书记的系列讲话精神，增强"四个意识"、坚定"四个自信"、做到"两个维护"。二是强化党员管理。树立"党的一切工作到党支部"的鲜明导向，巩固示范党支部创建成果，全面开展党员档案材料大排查、大清理行动，净化党员队伍。三是强化作风建设。驰而不息纠治"四风"，从严执纪、廉洁自律、进取担当、雷厉风行、善作善成的作风逐渐养成，以作风转变推进工作落实，以担当作为践行初心使命，以廉洁自律推进不敢腐、不能腐、不想腐。四是强化奋进力量。大力弘扬伟大建党精神，进一步提高政治站位，一岗双责、知行统一，展现出想干事、能干事、干成事的新局面、新气象。

回顾过去，成绩可喜，信心百倍；展望明天，任重道远，步履愈坚。站在新的起点上，蓝图已经绘就，使命重在担当，学校将以毫不松懈的精神状态和一往无前、披荆斩棘的奋斗姿态，栉风沐雨、踔厉奋发、笃行不息、真抓实干，努力开创不负时代、不负机遇、不负师生的新局面，创造新奇迹，谱写新篇章，铸就新辉煌。

曲靖工商职业技术学校
2022 年 1 月 3 日

评析：

这篇年度工作总结的标题是由单位名称、时间、事由和文种构成的，表明这是对整个学校 2021 年的工作情况做出全面反映的综合性总结，而不是对某项工作或某个方面的情况做出专门反映的专题性总结。正文是由前言、主体和结尾三个部分组成的。

前言部分（第一自然段）概述情况。主体部分以条款的形式谈及在工作中取得的成绩及采取的措施，其中有归纳，也有实例，内容比较具体；同时，找出存在的不足和问题，提出下一步的工作措施。结尾部分提出努力方向。措辞恰当，格式规范。

知识链接

毛泽东曾说："人类总得不断地总结经验，有所发现，有所发明，有所创造，有所前进。"今天，我们正处于经济建设的历史新时期，及时总结经验，可以更好地指导和推动各项工作。

拓展训练

1. 拓展训练项目

针对本学期的学习情况，写一篇个人期末总结。

2. 拓展训练流程

（1）回顾总结写作的格式。

（2）考虑自己本学期在学习上取得的成绩与不足之处，提出下一步的学习思路。

（3）拟写班级个人学期总结。

3. 拓展训练评价

序号	评价指标	评 价 标 准	效果评价（优秀/良好/合格）
1	标题	常见写法	
2	正文	肯定成绩，找出不足与经验教训，提出切实可行的下一步工作思路；语言规范、层次清楚	
3	落款	由个人姓名和拟写总结时间组成	

4. 拓展训练反思

（1）写个人期末总结给我哪些启示？

（2）我对本次拟写的期末总结感到：

满意□　　　　一般满意□　　　　不满意□

巩固新知

一、名词解释

综合总结　专题总结

二、填空题

1.总结是单位或个人对过去的工作进行_____、_____、_____和_____，指导今后工作的一种书面材料。

2. 从不同的角度，可将总结划分为不同的类型，按其性质分类，可将总结分为_____总结和_____总结两大类。

3. 总结一般由_____、_____和_____三部分构成，总结的正文一般包括_____、_____和_____等几个部分。

三、判断题

1. 总结一般用第三人称来写。 （　　　）

2. 写总结应报喜不报忧，便于以后工作。 （　　　）

3. 为了充分说明问题，可用夸张的手法写总结。 （　　　）

4. 总结是同计划相对应的事务文书。 （　　　）

5. 计划是总结的前提和基础。 （　　　）

四、单项选择题

1. 以下标题写得正确的一项是（　　　）。

　　A.《2020 年 ×× 学校工作计划》　　　　B.《×× 学校工作计划（2020）》

　　C.《×× 学校 2020 年工作计划》　　　　D.《×× 学校工作》

2. 以下标题不属于总结的一项是（　　　）。

　　A.《×× 学校学生工作计划》

　　B.《学贵多思》

　　C.《苦练内功求实效——×× 学校 2020 年工作总结》

　　D.《职业教育必须从实际出发》

五、多项选择题

1. 总结的作用是（　　　）。

　　A. 了解情况，推进工作　　　　　　B. 汇报工作，交流信息

　　C. 提高认识，科学决策　　　　　　D. 模范借鉴，调动积极性

　　E. 预测

2. 总结的特点是（　　　）。

　　A. 自我性　　　　B. 客观性　　　　C. 指导性　　　　D. 计划性

　　E. 预见性

3. 总结的写作要求是（　　　）。

　　A. 实事求是　　　　B. 突出重点　　　　C. 措辞恰当　　　　D. 适用范围广

　　E. 面面俱到

第六节　述 职 报 告

2-6
述职报告

学习目标

- 理解述职报告的概念、作用、特点。
- 了解述职报告的种类及述职报告与总结的异同。
- 掌握述职报告的写作格式，会起草述职报告。

　　李四同学在学生会担任学习部长，到了 12 月底要写个人述职报告。请你代李四同学结合本校学生学习方面的实际情况写一份述职报告。

　　【议一议】

　　同学之间互相讨论：如何代李四同学写这份述职报告？

知识探究

一、述职报告的概念

　　述职报告是领导干部根据自己的职务要求和工作情况，向上级领导机关、主管部门、本单位的干部群众汇报自己在一定时期内履行岗位职责情况的书面报告。

二、述职报告的作用

　　（1）有利于提高自我。领导干部写述职报告，可对自己的任职情况加以回顾和反思，有利于提高自我，改进工作方法。

　　（2）有利于考核干部。领导干部作述职报告，对上级领导、主管部门和本单位的干部群众来说，既有利于考核干部，又有利于群众监督。

三、述职报告的特点

　　（1）总结性。述职报告是对自己的工作实践进行总结，肯定成绩和经验，找出不足与教训，提出下一步的工作思路，有很强的总结性。

　　（2）时限性。述职报告是汇报任职期间的履职情况，具有很强的时限性。

　　（3）真实性。述职报告所汇报的事情真实可靠，有理有据，让人信服。

　　（4）特指性。述职报告必须按任职期间考核的内容进行汇报，如领导干部的德、能、勤、绩、廉，其他方面则不必汇报。

四、述职报告的种类

　　（1）从时间上分为任期述职报告、年度述职报告、阶段述职报告。

　　任期述职报告是指任现职以来的总结情况汇报。年度述职报告是指本年度履职的情况汇报。阶段述职报告，又叫临时性述职报告，是担任某项临时职务时完成某次任务的汇报。

　　（2）从内容上分为综合性述职报告、专题性述职报告。

　　综合性述职报告，是述职者对工作中的各方面情况所做的综合性汇报。专题性述职报告，是述职者对其分管的某一项工作的情况汇报。

　　（3）从表现形式上分为书面述职报告、口头述职报告。

　　书面述职报告是指任职者以书面的形式汇报自己的履职情况。口头述职报告，即任职者口头陈述汇报自己的履职情况，一般任职期限较短者采用口头述职报告。

　　（4）从述职主体上分为个人述职报告、领导班子述职报告。

五、述职报告的写作格式

述职报告一般由标题、称呼、正文、落款四部分组成。

（一）标题

述职报告的标题有单标题和双标题之分。

（1）单标题。单标题有以下四种构成方法：①职务＋时间＋文种，如《××学校校长2019年述职报告》。②职务＋文种，如《××学校校长述职报告》。③时间＋文种，如《2021年述职报告》。④文种，如《述职报告》。

（2）双标题。将内容的主旨概括为主标题，以年度和文种构成副标题，这就形成了双标题，如《坚持从小事做起——2020年述职报告》。

（二）称呼

在标题下方另起一行顶格写上述职者对听众的称呼。述职者应根据所面对的对象采用不同的称呼，如"各位领导，同志们"。

（三）正文

正文由前言、主体和结尾三部分组成。

1. 前言

前言包括岗位职责、指导思想、概括评价三个方面。

（1）岗位职责。说明自己从何年何月起担任何职，主要负责什么工作。

（2）指导思想。说明自己在什么样的思想原则、方针政策指引下进行工作。

（3）概括评价。简要介绍自己任职以来的工作情况。

以上三个方面的内容要简洁、精练，一般为一个自然段即可，常用"现将任现职以来的主要工作报告如下"作为过渡语，引出下文。

2. 主体

主体是述职报告的核心内容，分为思想政治素质、业务实绩、经验和教训三个部分。

（1）思想政治素质。主要写任职期间对党的路线、方针、政策的执行情况，自己的工作作风和是否廉洁行政等。

（2）业务实绩。主要写如何按岗位要求履行职责，完成了哪些工作，效果如何；在工作中解决了哪些实际问题，效果如何。

（3）经验和教训。写成功的经验有哪些，失败的教训有哪些，今后应如何防止出现失误。

主体部分的写法大致有以下三种。

（1）工作项目归类法。即把自己所做的工作按性质加以分类，如生产方面、销售方面、后勤方面等，每一类作为一个层面依次进行阐述。自己主持完成的工作和协助别人完成的工作要分开写。另外，对自己做出突出成绩的工作和创新性的工作要重点写，一般性的工作和日常事务性工作要略写。

（2）时间发展顺序法。即把任期内自己所做的工作按时间先后顺序分成几个阶段来写，便于在各阶段中详细阐述所取得的成绩和经验。

（3）内容分类集中法。一般分主要工作、成绩、经验教训和对策等几个部分来写。

3. 结尾

结尾可以对自己做一个基本的评价，也可以提出自己今后的努力方向或今后的打算。如果在前面已经说过，则可不写结尾部分，而用模式化结束语结束全文，如"以上述职报告，请审查""述职完毕，请批评指正""特此报告""专此述职"等。

（四）落款

落款包括署名和述职时间两部分，如果标题下有署名，则在此处可省略。

六、述职报告与总结的异同

（一）相同点

（1）述职报告和总结都是用第一人称来写的自述性文件。
（2）两者都是对自身的实践活动进行回顾、反思，对自身的工作进行自我评价。
（3）写作范围是确定的，都是针对过去的工作情况进行说明。

（二）不同点

（1）内容的侧重点不同。述职报告着眼于履行职责的能力如何，与职责无关的工作，做得再出色，也可略去不写。对于总结，凡是取得的成绩都可写进去。

（2）引起的效果不同。述职报告是考核述职人能力的依据之一，也是干部群众评议的基础。总结的主要目的是找出规律性的认识，推动工作向前发展。

七、述职报告的写作要求

（1）实事求是。述职报告既要讲成绩又要讲失误，既要讲优点又要讲不足，不能揽功诿过；要处理好主管工作与分管工作之间的关系，要分清个人成绩与集体成绩之间的关系。

（2）突出特点。不同行业、不同岗位、不同层次的述职者均有不同的工作内容和工作方法，鉴于此，述职者务必突出自己的工作特点，显示自己的工作方法，避免干部一腔、千人一面的写法。

（3）抓住重点。要有意识地把工作中的主要成绩、总结的主要经验、找出的主要教训写得详细、具体、全面。次要部分可一笔带过。

（4）语言简练。行文语言要朴实、简练，评价要中肯，措辞要恰当，语气要谦和，切忌用"大体上""差不多"等范围词，切忌用描写、抒情、夸张的语言。

📄 **例文：**

勤履职 勇担当 铸特色 谋发展
——在市教体局年度考核会议上的述职报告

市教体局第二考核组、各位教职工代表：

2022 年，在繁忙的工作中，不知不觉即将过去，伏案回眸，我坚持以习近平新时代中国特色社会主义思想为指导，全面贯彻落实党的教育方针，坚持立德树人的根本任务，以校为家、爱岗敬业、遵规守纪、廉洁自律、团结同志、努力工作，取得了一定的成绩，现作简要述职。

一、认真学习理论，坚定政治立场

一年来，我认真学习贯彻落实党的十九届历次全会精神和二十大精神，认真学习《习近平谈治国理政（第四卷）》、习近平考察云南的重要讲话精神，认真落实市委六届二次、三次全会精神，不断提高政治判断力、政治领悟力、政治执行力，深刻领悟"两个确立"的决定性意义，增强"四个意识"、坚定"四个自信"、做到"两个维护"。同时，利用休息时间，学习教育理论，不断充实自我、丰富自我、完善自我、提升自我，学以致用，用以促学。

二、坚守教学阵地，教学生活学活用

我承担《应用文写作》课程教学，做到"研三生""抓三环""过三关"。"研三生"是指在了解优秀生、中等生、后进生学习情况的基础上，因材施教，让优秀生吃得饱、中等生消化得了、后进生不撑破肚皮，达成"一切为了学生、为了一切学生、为了学生一切"的办学理念。"抓三环"是指抓备课、讲课、评课三个环节。备课做到"六备一教案"，即备教材、备课标、备学生、备教法、备教具、备板书，并写成教案；讲课做到教法灵活，根据教学内容和学生实际，灵活选用讲授法、谈话法、比较法、讨论法、情景教学法、案例教学法、项目教学法、任务驱动教学法，是讲是练、是问是答、是演示是板书、是学生发言是我归纳总结，均处理得水到渠成，火候到时露真意，让学生轻松学习、快乐学习，提高写作能力；评课就是讲完每一节课，我均总结成功之处、不足之处，期望在以后的教学中效果更好。同时，在教学中渗透习近平新时代中国特色社会主义思想、社会主义核心价值观、中华优秀传统文化、新时代精神，让学生既学到理论知识，又提升写作技能。"过三关"是指学生对知识的领会理解关、技能的融会贯通关、方法的触类旁通关。

三、春雨润物细无声，立德树人见实效

德育工作不能鱼目混珠、一蹴而就，而要久久为功、善作善成。因此，我经常找学生谈心，掌握其思想动态，对症下药、有的放矢；开展"六讲""九好""八准时""五个二十分钟""四个四"活动，培养学生的良好行为习惯，健全人格；带头讲思政示范课和"扣好人生第一粒扣子"专题讲座，全面提升学生的综合素质。

四、开展课题研究，教苑激起涟漪

在教研工作中，我不仅推门听课，而且推心置腹地给年轻教师传授教学艺术，对年轻教师的教学亮点给予充分肯定、不足之处给予指导，激励年轻教师站稳讲台、站好讲台、站优讲台。参与市级课题"三全育人理念下的曲靖职业教育课程思政实践研究"，顺利结题。主编的《中华优秀传统文化民俗民风读本》经省教育厅推荐评审为教育部"十四五"规划教材，主编的《劳动教育》教材被河南省评为省级"十四五"规划教材，在教苑不时激起涟漪。

五、加强学校管理，扛牢发展要务

在加强学校的管理中，我作为主要负责人，付出的时间和精力、耕耘的汗水和心

血、倾注的无私和奉献、勇于的履职和担当，得到了教职工的拥护和支持，确保了学校的维稳发展：师资队伍明显加强、办学条件明显夯实、教学质量明显提高、疫情防疫阻击战明显打赢、安全维稳扎实有效、学生实习明显满意、创文成果巩固提升、乡村振兴明显推进、校园文化明显有底蕴。接待省、市领导，专家到我校调研、指导 11 次 100 余人，有关媒体宣传报道办学事迹 53 次，提升了学校的知名度、美誉度。

六、正风肃纪反腐，常怀廉洁之心

我时时刻刻保持清醒的政治头脑，严格执行党的政治纪律、组织纪律、群众纪律、工作纪律、生活纪律、廉洁纪律，坚决执行中央八项规定及实施细则精神，反对"四风"，不越红线，守住底线，不插手工程招投标打招呼，不插手修缮打招呼，不插手承包经营打招呼，不进歌舞厅，不进洗脚城，不公车私用，不收礼金，并时刻警醒教职工，抗腐防变。同时，严格控制"三公经费""加班费""超课时费"的支出，杜绝铺张浪费。

"一分耕耘，一分收获"。在 2022 年的工作中，我被云南省人社厅、云南省体育局授予"云南省体育工作先进个人"称号，被中共曲靖市委组织部、市人社局授予"三年年度考核优秀等次记功"称号。我认为自己履职是尽职尽责、尽心尽力的，是称职的。我真心地恳请各位领导、教职工代表审查评议我的述职报告，并批评指正，我将虚心接受，化为工作动力，更好地服务好教职工、服务好学生。

述职至此，谢谢！

述职人：×××
2023 年 2 月 13 日

评析：

这是一篇个人述职报告，述职人员是学校主要领导，标题为双标题，把述职内容的主旨概括为主标题，以年度和文种构成副标题。正文由前言、主体、结尾三部分组成。正文的前言部分概括评价，简明扼要，让听众感到亲切自然，顺理成章，并以"现作简要述职"作为过渡语引出主体部分。正文的主体部分，作者从六个方面按条款分门别类归纳概括，内容翔实，材料典型，成绩明显。结尾部分采用模式化结束。

知识链接

述职报告，是以"报告"为名，但同党政公文中的"报告"却不是同一类文体，内容、功用和作者身份都有很大的区别。述职报告是在改革大潮中产生的，在干部管理考核中专用的一种文体，具有很强的实用性。

拓展训练

1. 拓展训练项目

分组讨论本学期本班的表现情况，由班长代表班委起草本学期的班集体述职报告，并在主题班会上述职。

2. 拓展训练流程

（1）回顾述职报告写作的格式。

（2）考虑班级中履行职责的情况，实事求是、抓住重点。

（3）拟写述职报告。

3. 拓展训练评价

序号	评价指标	评 价 标 准	效果评价（优秀/良好/合格）
1	标题	常见写法	
2	称呼	常见写法	
3	正文	实事求是、突出特点、抓住重点、语言规范简练	
4	落款	由个人姓名和拟写报告时间组成	

4. 拓展训练反思

（1）写班集体述职报告给我哪些启示？

（2）我对本次拟写的述职报告感到：

满意 □　　　　一般满意 □　　　　不满意 □

🔵 巩固新知

一、名词解释

任期述职报告　年度述职报告

二、填空题

1. 述职报告的特点有_____、_____、_____、_____。

2. 述职报告从时间上分为_____、_____、_____三种；从内容上分为_____、_____两种；从表现形式上分为_____、_____两种。

3. 述职报告一般由_____、_____、_____、_____四部分组成。

4. 述职报告的正文由_____、_____、_____三部分组成。

三、简答题

1. 述职报告的写作有哪些注意事项？

2. 述职报告与总结的异同点有哪些？

第七节　调查报告

📖 学习目标

- 理解调查报告的概念、作用、特点。
- 了解调查报告的分类、调查方法和与总结的区别。
- 掌握调查报告的撰写程序、写作格式和要求，会起草调查报告。

2-7
调查报告

📖 **案例引导**

　　随着经济社会的发展，中职学生每月的消费情况是学校领导、学生家长及社会关注的热点。为了能让同学们在学校合理消费，请你在学校进行一次问卷调查，通过对调查数据的分析，提出意见与建议，写一篇关于中职学生消费情况的调查报告。

【议一议】

　　分组讨论，如何拟写这篇调查报告。

知识探究

一、调查报告的概念

　　调查报告是根据一定的目的，对某一现象、某一情况、某一文件或某一问题进行深入细致的调查研究，然后用科学的方法进行分析而写成的反映调查结果的书面报告。

二、调查报告的作用

　　调查报告对人们的社会实践有着重要的指导作用，具体表现在以下三个方面。

　　（1）为指导工作提供依据，明确方向。积极地开展调查研究，可以更好地了解实情、找出问题、抓住机遇、明确方向，为指导工作提出切实可行的依据，正确地指导今后的工作实践。

　　（2）及时总结经验，发扬推广。调查报告用以总结一个单位、一个部门甚至一个地区的成功经验、先进事迹，以点带面，发扬推广。

　　（3）总结教训找问题，针砭时弊。对一些失误教训、存在问题，写成调查报告，可以给人以警醒，让人引以为戒、防微杜渐，也可以用于揭露某一方面的问题，或者探明某个事项的真相，还可以介绍某个事物的发展过程，从而推进工作的开展。

三、调查报告的特点

　　（1）真实性。调查报告是对客观事物的如实反映，无论是总结经验、研究新事物，还是揭示事实真相，必须以充分确凿的事实为依据，必须确有其人、实有其事，决不能道听途说、东拼西凑，绝不能有半点浮夸和虚假，更不能歪曲事实。

　　（2）针对性。针对性是调查报告的灵魂。进行调查研究，撰写调查报告，是为了解决实际问题，因此要有很强的针对性。同时，针对某个问题要深入下去调查，走马观花的调查是不会有很大收获的。一般来说，针对性越强，调查的效果就越好。

　　（3）典型性。调查报告所反映的内容，无论是经验，还是问题，都应有典型性，要能起到以局部反映全局或以"点"带"面"的作用。调查报告如果反映的是没有任何典型意义的孤立的个别事例，则不会对工作有指导意义。

　　（4）时效性。调查报告回答的是现实生活中迫切需要解决的问题，有较强的时效性。否则，时过境迁，就失去了相应的指导作用。因此，调查要迅速深入，报告要及时写出，以发挥其有效的作用。

四、调查报告的分类

调查报告的种类很多，可从不同的角度按不同的标准进行分类，主要分类如下。

（一）按内容分类

按内容分类，调查报告分为经验调查报告、情况调查报告、问题调查报告。

（1）经验调查报告：主要以先进经验、典型事例为调查对象，通过对其进行调研，提出若干值得人们思考的规律性认识和可借鉴的典型经验。写作时要列举成绩、总结经验做法，尤其是要写好遇到的困难和克服困难的方法及取得的效果，以利于指导今后的工作。

（2）情况调查报告：主要针对一些社会情况，诸如社会生活中发生的新事物、新问题、新变化、新现象以及新观念所写的调查报告，包括社会风气、衣食住行、婚礼、赡养等群众生活的各方面问题，也是人们经常关心的问题。撰写情况调查报告要进行深入的分析、论证，权衡利弊得失。各种新闻媒体很重视这一方面题材的报道。

（3）问题调查报告：主要是针对实际工作与现实生活中存在的带有倾向性的问题展开调查，详细分析问题的种种现象，阐述引起问题的原因，指出问题的危害，探寻解决问题的办法与措施。

（二）按功能分类

按功能分类，调查报告分为指导型调查报告、定性型调查报告、咨议型调查报告。

（1）指导型调查报告：经验调查报告。

（2）定性型调查报告：通过对某些事件或某个引起争议的人物进行调查，并站在政策法规的高度作出定性的以引起有关人员重视的调查报告。它以明辨是非、核对事实、得出正确结论为写作目的。

（3）咨议型调查报告：是指针对事关全局的问题，如民情进行调查，通过分析、对比、评述，为领导的决策提供建议、解决方案。

（三）按范围分类

按范围分类，调查报告分为综合调查报告、专题调查报告。

（1）综合调查报告：对某一单位或某一事物、某一问题等进行多方面的调查研究和综合分析，提出观点和意见的报告。

（2）专题调查报告：围绕某项工作或某一问题等进行系统的调查分析，并加以研究后写成的报告。

五、调查的方法和程序

（一）调查的方法

调查的方法按调查性质分为访问调查法、问卷调查法、文献调查法、实验调查法、观察调查法。

调查的方法按调查范围分为个案调查法、抽样调查法、普通调查法。

（二）调查的程序

（1）确立调查目的，确定选题。

（2）拟订调查提纲。主要包括：调查目的；调查对象；调查形式；调查内容。

（3）调查、整理资料。

（4）拟订写作提纲。

（5）完成调查报告。

六、调查报告的写作格式

调查报告一般由标题、正文、落款三部分构成。

（一）标题

调查报告的标题从形式上看，有单标题和双标题之分。

1. 单标题

调查报告的单标题分为文件式标题和文章式标题两种。

（1）文件式标题主要有两种形式：一种是调查对象＋事由＋文种，如《××企业负担过重的调查》；另一种是事由＋文种，如《农村产业结构调查》。

（2）文章式标题有三种形式：①用问题作标题，如《职业中专学生究竟需要什么》；②用观点作标题，如《辛苦打工者，赚钱何其难》；③叙述式标题，如《三个孩子去少林寺》。

2. 双标题

双标题由主标题和副标题组成。主标题点明调查报告的主旨或揭示调查者对这个问题的看法；副标题由调查对象、内容范围和文种组成，如《靠信誉赢得市场——关于××公司扭亏为盈的调查》。

（二）正文

正文包括开头、主体和结尾三部分。

1. 开头

调查报告的开头部分又称导语、前言等，常有以下三种形式。

（1）介绍式：介绍调查的目的、时间、地点、对象、范围、方式等。

（2）概括式：将被调查对象的主要情况、调查结论用概括的文字简洁叙述清楚。

（3）提问式：在开头提出问题，引起读者对调查课题的关注，促使读者去思考。

2. 主体

主体是调查报告的主要部分，它是对前言部分提出问题的回答或具体展开，也是结论提出的根据。包括三方面的内容：一是用叙述说明调查到的情况；二是对调查得到的材料进行分析，找出事物的本质；三是提出建议或措施或对策。这一部分常见的叙述和议论形式有以下三种。

（1）纵式结构：按事物发展的先后顺序安排材料，确定叙述的次序。

（2）横式结构：按事物的性质和特征对材料加以归类，从不同的角度反映情况，说明情况。

（3）混合式结构：即纵横式混用结构。它以一种结构形式为主，兼用另一种结构形式，既考虑事物的发展脉络，又照顾事物的分类特征，兼有两种结构形式的特点。

3. 结尾

调查报告结尾的常见写法有以下四种。

（1）总结式：总结内容，明确观点。

（2）指导式：指明努力的方向。

（3）启发式：提出发人深省、引人思考的问题。

（4）号召式：预示前景，提出号召。

（三）落款

在正文的右下方，写上调查者的单位及姓名，在其下写上日期。如果是在报刊上发表的调查报告，署名应写在标题之下，正文右下方只写日期即可。

七、调查报告与总结的区别

（1）使用的人称不同。调查报告是调查某一情况之后写成的书面报告，采用第三人称的写法；总结主要是总结本单位或个人的情况，采用第一人称的写法。

（2）写作的目的不同。调查报告是通过对"点"的剖析来指导、改进、推动"面"上的工作；总结则是通过检查自己的工作，来指导今后的工作实践。

（3）材料来源不同。调查报告的写作材料，主要由调查得来；总结的写作题材受空间和时间的限制，只能写已经完成的或正在进行的工作。

八、调查报告的写作要求

（1）认真进行调查研究，充分占有材料。从调查工作一开始，就要注意收集、积累各种材料，做到充分占有材料。

（2）以正确的立场和方法，认真分析并合理组织材料。调查获得的材料必须经过"去粗取精，去伪存真，由此及彼，由表及里"的加工制作，才能反映问题、认识问题、解决问题。

（3）观点统率材料，材料说明观点。调查报告的写作，一定要观点统率材料，材料说明观点，使二者有机地结合起来，材料才能充分显示其意义，观点才会有坚实的基础，整个调查报告才会显得有血有肉。相反，有的调查报告，要么占有材料少，要么缺乏具体分析，要么材料和观点相互脱节，让人看了有一团乱麻之感。

知识链接

调查报告，顾名思义是两个名称合二为一，一是调查，二是报告。调查即考察，报告即把事情或意见告诉上级领导和群众。调查是报告的基础，报告是调查的反映；调查是报告的依据，报告是调查的说明；调查是报告的灵魂，报告是调查的体现。

拓展训练

1. 拓展训练项目

请你对本班同学的课外阅读情况进行调查，并根据调查所掌握的材料，写一篇情况调查报告。

附：职业中专生课外阅读情况调查问卷。

为了加强 ×× 学校学生的文化素质教育，有针对性地进行课外阅读指导，把握中专生课外阅读的现状，了解其课外阅读的兴趣特点，发现其中需要重视的问题，并向广大学生提出指导性建议，现特向您发放此调查问卷，请根据题目要求在您的选项上打"√"。谢谢您的合作！

性别：A. 男　B. 女

年龄：A. 15~18 岁　B. 18 岁以上

政治面貌：A. 党员　B. 团员　C. 群众

你的家乡属于：A. 农村　B. 集镇　C. 城市　D. 郊区

问题：

1. 你有阅读课外书籍的习惯吗？

　　A. 有　　　　　　　B. 没有　　　　　　　C. 有一点

2. 你喜欢读哪一类书籍？

　　A. 武侠小说　　　B. 言情小说　　　C. 通俗小说　　　D. 军事杂志

　　E. 政治时事和历史小说　　F. 其他

3. 你目前阅读什么类别的杂志？

　　A. 理论学习类　　B. 时事新闻类　　C. 财经类　　　D. 文学类

　　E. 体育、军事类　F. 科技类　　　　G. 旅游类　　　H. 娱乐类

　　I. 其他

4. 你最喜欢阅读的杂志是：

　　A.《读者》　　　B.《青年文摘》　　C.《中国青年》　D.《知音》

　　E. 其他

5. 你目前阅读什么类别的书？

　　A. 政治理论　　　B. 哲学　　　　　C. 经济学　　　D. 法律

　　E. 计算机　　　　F. 外语　　　　　G. 历史　　　　H. 文学艺术

　　I. 体育　　　　　J. 人物传记　　　K. 科普知识

　　L. 励志、成功类　M. 其他

6. 你喜欢阅读的图书类型是：

　　A. 纯文字图书　　　　　　　　　　B. 纯图片图书

　　C. 文字与图片混编图书　　　　　　D. 无所谓

7. 你认真阅读过的中国古典文学作品有：

　　A.《中国神话》　B.《诗经》　　　　C.《楚辞》　　　D.《唐诗》

　　E.《宋词》　　　F.《红楼梦》　　　G.《三国演义》　H.《西游记》

　　I.《水浒传》　　J. 其他

8. 你读过几部中国古典名著、外国名著?

　　A. 一部　　　　　　B. 二部　　　　　　C. 三部　　　　　　D. 四部以上

9. 你不愿意读中国古典名著、外国名著的原因是:

　　A. 读不明白　　　　B. 读着太累　　　　C. 根本就不知道哪些是名著

10. 你阅读课外书籍时,利用什么时间?

　　A. 假日　　　　　　B. 课后　　　　　　C. 自习课　　　　　D. 上课时

11. 你在课余一般会用多少时间去阅读课外书籍?

　　A. 1 小时　　　　　B. 2 小时　　　　　C. 3 小时　　　　　D. 4 小时以上

12. 阅读课外书籍占用了课余时间,你认为会影响你的功课和学习吗?

　　A. 会　　　　　　　B. 不会　　　　　　C. 有一点

13. 对于中专生,你认为有必要去阅读中国古典名著、外国名著吗?

　　A. 有　　　　　　　　　　　　　　B. 没有

　　C. 只看老师规定的一些篇目　　　D. 无所谓

14. 你认为阅读课外书籍会对思想行为有影响吗?

　　A. 有　　　　　　　B. 没有　　　　　　C. 有一点

15. 你认为过多阅读武侠小说会不会导致"为朋友两肋插刀"的事情发生?

　　A. 会　　　　　　　B. 不会　　　　　　C. 不一定

16. 你认为过多阅读言情小说会不会导致中专生的早恋行为?

　　A. 会　　　　　　　B. 不会　　　　　　C. 不一定

17. 班里同学阅读的课外书主要来自哪里?

　　A. 自己买　　　　　B. 向别人借　　　　C. 向学校图书馆借

18. 对班里在课外从不阅读课外书的同学,你的态度是:

　　A. 引导他们看　　　B. 漠不关心　　　　C. 讨厌

19. 你认为班里在课外从不阅读课外书的同学不阅读的原因是:

　　A. 没有良好的读书习惯　　　　　　B. 学校的藏书太少

　　C. 觉得读书太累

20. 如果不阅读课外书,你觉得知识还可以从哪个途径获得?

　　A. 电影、电视　　　B. 网络　　　　　　C. 录像

21. 课外阅读时你会做读书笔记吗?

　　A. 每次都会　　　　B. 经常做　　　　　C. 偶尔做　　　　　D. 不做

22. 你会和别人交流课外阅读的感受吗?

　　A. 每次都会　　　　B. 经常会　　　　　C. 偶尔会　　　　　D. 不会

23. 读到让你感动的书籍时你会写一点读后感吗?

　　A. 每次都会　　　　B. 经常会　　　　　C. 偶尔会　　　　　D. 不会

24. 你认为学校课外阅读风气不好的话,有必要引导同学们去课外阅读吗?

　　A. 有　　　　　　　B. 没有　　　　　　C. 无所谓

2. 拓展训练流程

(1)回顾调查报告写作的格式。

(2)认真进行调查研究,分析并合理组织材料,使材料和观点充分结合。

（3）拟写调查报告。

3. 拓展训练评价

序号	评价指标	评 价 标 准	效果评价（优秀／良好／合格）
1	调查方法	常见方法	
2	标题	常见写法	
3	正文	目标任务明确、措施切实可行、语言规范、层次清楚	
4	落款	由个人姓名和拟写调查报告时间组成	

4. 拓展训练反思

（1）写调查报告给我哪些启示？

（2）我对本次拟写的调查报告感到：

满意 □　　　一般满意 □　　　不满意 □

巩固新知

一、名词解释

情况调查报告　经验调查报告　问题调查报告

二、填空题

1. 根据调查报告的内容，可将调查报告分为_____、_____和_____三种类型。

2. 调查报告一般包括_____、_____和_____三部分。

3. 调查提纲的主要内容有_____、_____、_____、_____。

三、判断题

1. 调查报告是反映调查结果的书面报告。　　　　　　　　　　　　（　　）

2. 调查报告是在调查研究的基础上写出来的。　　　　　　　　　　（　　）

3. 凡调查研究所得到的材料都应写成调查报告。　　　　　　　　　（　　）

4. 调查报告不宜在报刊上公开发表。　　　　　　　　　　　　　　（　　）

5. 调查报告只能写正面内容，不能写反面内容。　　　　　　　　　（　　）

四、单项选择题

1. 调查报告采用的叙述人称是（　　　）。

　　A. 第一人称　　　　B. 第二人称　　　　C. 第三人称　　　　D. 多种人称

2. 《如何提高质量——××学校关于学生就业的调查》属于（　　　）。

　　A. 经验调查报告　　B. 情况调查报告　　C. 问题调查报告　　D. 个案调查报告

五、多项选择题

1. 调查报告的特点是（　　　）。

　　A. 真实性　　　　　B. 针对性　　　　　C. 典型性　　　　　D. 时效性

　　E. 批判性

2. 调查的方法，按调查性质分为（　　　）。

 A. 访问调查法 B. 问卷调查法 C. 文献调查法 D. 实验调查法

 E. 观察调查法

3. 调查报告的正文包括（　　　）。

 A. 标题   B. 落款   C. 开头   D. 主体

 E. 结尾

六、简答题

1. 调查报告的作用有哪些？

2. 调查报告的正文应怎样写？

3. 调查报告的写作要求有哪些？

4. 调查报告与总结有何区别？

第八节　讲　话　稿

2-8
讲话稿

学习目标

- 理解各类讲话稿的概念、作用、特点。
- 掌握各类讲话稿的格式和写法。
- 会起草各类讲话稿。

案例引导

 如果同学们刚到某公司工作，正好赶上中秋节，公司领导安排你给他拟写一篇讲话稿，你应该怎样完成这个任务？

【议一议】

 如何拟写这个公司领导的中秋节讲话稿？

知识探究

 讲话稿是指讲话人在一定场合讲话时所用的书面文稿。讲话稿包括会议讲话稿、演讲稿、礼仪讲话稿三类。本节只介绍会议讲话稿和演讲稿，礼仪讲话稿将在专用文书章节中介绍。

一、会议讲话稿

（一）会议讲话稿的概念

 会议讲话稿是党政机关、社会团体、企事业单位的负责人，对全体与会者讲话的文稿。

（二）会议讲话稿的作用

（1）会议讲话稿是讲话人讲话的"蓝本"。

（2）会议讲话稿可使讲话人的讲话更有条理和章法，使主题更加明确，使中心更加突出，避免东拉西扯、湮没主题、浪费时间。

（3）会议讲话稿便于讲话人掌握讲话时间，调整语速。讲话速度一般在每分钟250个字。

（三）会议讲话稿的特点

（1）议论性。会议讲话稿的目的和内容是说理，因而讲话稿具有议论的本质属性，属于议论文。

（2）务实性。会议讲话稿应理论联系实际，不仅要有实实在在的理论材料，而且要有根据的事实材料；不仅要体现出政策水平和理论水平，而且要以解决实际问题、推动工作为目的。切忌玩文字游戏、空话连篇，切忌开头"戴个帽"、中间"抄段报"、结尾"喊口号"，以免看似慷慨激昂，实则空洞无物。

（3）可听性。会议讲话稿是以讲话人的声音为媒介，以听众为对象，通过讲话者的"说"与听众的"听"来完成的。会议讲话稿本身是否上口、入耳直接影响"听"的效果，因而，适应口头表达需要的可听性是会议讲话稿的一个重要特征。

（4）号召性。从某种程度上讲，会议讲话稿需要有一定的号召力和感染力，让讲话者把思想观点和感情传达给听众，使听众在情感上产生共鸣，在理智上心悦诚服地接受，在行动上积极施行。

（四）会议讲话稿的分类

（1）按范围不同分为综合性讲话稿和专题性讲话稿。

综合性讲话稿是讲话人对整个会议召开的情况进行归纳、分析，概括性地发表具有一定指示性、指导性或号召性言论的文稿，如《××政府工作报告》。

专题性讲话稿是讲话人针对某项事情表达见解和主张，阐述其观点或思想，以达到影响和感染听众目的的一种文摘，如《××在××学校军训总结表彰大会上的讲话》。

（2）按会议效用分为工作部署性讲话稿、动员性讲话稿、总结性讲话稿、传达性讲话稿、纪念庆祝性讲话稿、学术性讲话稿等。

工作部署性讲话稿是指上级领导向下属部署工作时使用的讲话稿；动员性讲话稿是在某项活动开始之前，就活动的性质、意义、作用进行阐述，以鼓舞斗志和信心而使用的讲话稿；总结性讲话稿，即年度总结大会上的讲话稿；传达性讲话稿是指以传达党和国家的方针、政策、决议，以及上级的重要指示和重要会议精神为目的的讲话稿；纪念庆祝性讲话稿是为纪念和庆祝重大节日、重大历史事件而召开的会议上的讲话稿；学术性讲话稿是指在思想理论和工作方法的研讨会上的讲话稿。

（3）按参加会议的性质分为工作会议讲话稿、代表大会讲话稿、座谈会讲话稿、茶话会讲话稿等。

（五）会议讲话稿的写作格式

会议讲话稿一般由标题、日期、称呼、正文四部分组成。

1. 标题

标题有单标题和双标题之分。

（1）单标题

单标题包括公文式标题和文章式标题。

公文式标题，包括两种形式：一种是讲话人姓名＋会议名称＋文种，如《××同志在第 25 个教师节座谈会上的讲话》；另一种是会议名称＋文种，如《在××学术会上的讲话》。

文章式标题：从文章的内容中概括出标题，如《当前反腐倡廉的几个问题》。

（2）双标题

双标题由主标题和副标题构成。主标题概括讲话稿的内容，副标题说明是什么人在什么会议上的讲话，如《进一步学习和弘扬雷锋精神——××同志在××会议上的讲话》。

2. 日期

会议讲话稿的日期有两种写法：一种是在标题之下，用圆括号注明讲话的年月日，如果在标题中没有讲话人姓名，即应署上讲话人的姓名；另一种是写在文尾。

3. 称呼

讲话人称呼与会者时，要显示礼貌并引起听众的注意。如果是党的会议，称呼一般用"同志们"三个字；如果是行政会议，称呼可用"尊敬的各位领导，到会的同志们、朋友们"；如果是代表会议，称呼可用"各位代表"；如果是国际会议，常见的称呼是"各位嘉宾，女士们、先生们"。

称呼写在标题下顶格处，独占一行，用冒号引起下文。称呼在讲话稿中要注意准确性、次第性、包容性，为了引起听众的注意，称呼可多次出现。

4. 正文

正文由开头、主体、结尾三部分组成。

（1）开头

会议讲话稿的开头，要根据会议性质、讲话内容、讲话者的身份和听众来写，在写法上较为灵活，总的原则是简洁新颖，不落俗套，引起听者的注意，控制会场情绪。

工作讲话稿的开头，通常要写明讲话的目的。在法定会议上的工作报告，还要说明是受什么权力机构委托，作什么方面的报告。

传达会议讲话稿的开头，一般要开门见山地写明传达什么会议、什么文件精神、召开会议的主要精神是什么。

动员会议讲话稿的开头，一般要说明动员的中心议题，或者直截了当地说"关于某件事，我讲几点意见"等。

（2）主体

会议讲话稿的主体部分要根据开头部分提及的内容，围绕全文的中心思想来写，力求做到重点处详细阐述，次要处一带而过。

工作讲话稿的主体部分一般采用并列式，分别列举取得的成绩和收获、得到的经验和教训、存在的不足和问题、下一步努力的方向。

传达性讲话稿的主体一般围绕主要精神展开，一方面传达客观内容，另一方面发表传达者的认识、感受，夹叙夹议。

动员性讲话稿的主体部分一般阐述开展这项工作的意义、具体的方法和要求是什么等内容。

（3）结尾

会议讲话稿的结尾是全文的收束部分，一般是总结全文，表明态度，或表示敬意和祝贺，或提出希望、要求、号召等。

（六）会议讲话稿的写作要求

（1）针对性要强。会议讲话通常有特定的场合和听众，无论是讲话者亲笔写，还是他人代写，都必须考虑会议意图和听众对象的特点，据此确定讲话的主题、材料及写作形式。会议讲话稿有了针对性，才会收到理想的效果。

（2）主题要集中鲜明。撰写会议讲话稿要像其他文章那样确定主题，并以主题统领全文，如何开头、怎样结尾，哪里制造高潮、哪里轻描淡写，哪些内容详写、哪些内容略写，都要精心构思，要做到层次分明、条理有序、环环相扣、内容衔接、前后照应、整体布局天衣无缝。同时，由于听众不能像读者那样反复研读文章，因而，讲话稿的主题赞成什么、反对什么，主张什么、避免什么，都要明白无误地告诉听众。反之，如果内容庞杂，语言拖泥带水，让人听了不知所云，会使人乘兴而来、败兴而去。

（3）内容要吸引人。一篇会议讲话稿的质量如何，在很大程度上取决于能否吸引听众。讲话即使再有意义，如果不能引起听众的注意，也是无济于事的。增强讲话内容的知识性、哲理性和趣味性，是征服和打动听众的有效方式。有些讲话稿左一个"根据"、右一个"遵照"、再来一个"严格"、最后来一个"必须"，使听众精神紧张，不利于吸引听众。

（4）语言要通俗生动。讲话稿是要讲出来给人听的，与纯粹的书面语言有所不同，要带有生活化、口语化、大众化的特点。首先，用语要通俗自然，使听众有亲切感，并容易理解和接受；其次，要尽量用形象生动的语言作点缀，如恰当运用比喻、幽默、警句、诗文、成语等；再次，要注意协调语音，使讲话稿读起来朗朗上口、富有节奏感和韵律美；最后，为了方便聆听，有些标点符号可用文字代替，如顿号改为"和"，破折号改为"是"，引号表示否定时前面加"所谓"，括号补充另用文字说明等。

例文：

在纪念中国人民抗日战争暨世界反法西斯战争胜利

70周年大会上的讲话
（2015年9月3日）
习近平

全国同胞们，

尊敬的各位国家元首、政府首脑和联合国等国际组织代表，尊敬的各位来宾，

全体受阅将士们，

女士们、先生们，同志们、朋友们：

今天，是一个值得世界人民永远纪念的日子。70年前的今天，中国人民经过长达14年艰苦卓绝的斗争，取得了中国人民抗日战争的伟大胜利，宣告了世界反法西斯战争的完全胜利，和平的阳光再次普照大地。

在这里，我代表中共中央、全国人大、国务院、全国政协、中央军委，向全国参加过抗日战争的老战士、老同志、爱国人士和抗日将领，向为中国人民抗日战争胜利作出重大贡献的海内外中华儿女，致以崇高的敬意！向支援和帮助过中国人民抵抗侵

略的外国政府和国际友人，表示衷心的感谢！向参加今天大会的各国来宾和军人朋友们，表示热烈的欢迎！

……

经历了战争的人们，更加懂得和平的宝贵。我们纪念中国人民抗日战争暨世界反法西斯战争胜利70周年，就是要铭记历史、缅怀先烈、珍爱和平、开创未来。

那场战争的战火遍及亚洲、欧洲、非洲、大洋洲，军队和民众伤亡超过1亿人，其中中国伤亡人数超过3500万，苏联死亡人数超过2700万。绝不让历史悲剧重演，是我们对当年为维护人类自由、正义、和平而牺牲的英灵、对惨遭屠杀的无辜亡灵的最好纪念。

战争是一面镜子，能够让人更好认识和平的珍贵。今天，和平与发展已经成为时代主题，但世界仍很不太平，战争的达摩克利斯之剑依然悬在人类头上。我们要以史为鉴，坚定维护和平的决心。

……

"靡不有初，鲜克有终。"实现中华民族伟大复兴，需要一代又一代人为之努力。中华民族创造了具有5000多年历史的灿烂文明，也一定能够创造出更加灿烂的明天。

前进道路上，全国各族人民要在中国共产党领导下，坚持以马克思列宁主义、毛泽东思想、邓小平理论、"三个代表"重要思想、科学发展观为指导，沿着中国特色社会主义道路，按照"四个全面"战略布局，弘扬伟大的爱国主义精神，弘扬伟大的抗战精神，万众一心，风雨无阻，向着我们既定的目标继续奋勇前进！

让我们共同铭记历史所启示的伟大真理：正义必胜！和平必胜！人民必胜！

评析：

这是一篇庆祝会上的讲话稿，主要包括祝贺纪念日、回顾过去、展望未来等几个方面的内容。段落简短、语言铿锵有力，既富有哲理，又体现了高屋建瓴的思路和自强不息的决心，号召人们弘扬伟大的爱国主义精神，弘扬伟大的抗战精神，向着我们既定的目标继续前进！讲话具有极强的感染力和号召力。

二、开幕词

（一）开幕词的概念

所谓开幕，是指会议、活动的开始。开幕词是会议讲话稿的一种，是指党政机关、社会团体、企事业单位领导或主持人在大型会议开幕时所作的讲话。

（二）开幕词的作用

开幕词是会议的奏鸣曲，集中体现大会的指导思想，点明大会宗旨、性质、任务、议程、要求等内容，对与会者有重要的指导作用。

开幕词具有鼓动性，能激发听众热情，使听众集中参会注意力。

（三）开幕词的特点

（1）宣告性。开幕词用于宣告会议或活动的开始，具有宣告性。

（2）简明性。开幕词是会议的序曲，只负责拉开序幕，用语要简短明了、生动贴切，不拖泥带水。

（3）明快性。开幕词要表现出喜庆的色彩，有感染力。

（四）开幕词的写作格式

开幕词一般由标题、时间、称呼、正文四部分组成。

1. 标题

开幕词的标题有单标题和双标题两种。

单标题常见的形式有三种：①会议名称＋文种，如《在××会议的开幕词》；②致词人姓名＋会议名称＋文种，如《××同志在××会议上的开幕词》；③在文种名称上有变通，如《在××学校第一届运动会上的致辞》。

双标题由正、副标题构成，如《严肃校纪 整顿校风——在××学校全体师生员工会上的开幕词》。

2. 时间

用括号在标题正下方写明会议开幕的年月日。

3. 称呼

在标题的下一行顶格写称呼，加冒号。称呼要根据会议性质和与会者身份、职业、地位等而定，最常用的是"同志们""各位代表""各位来宾""女士们、先生们"。

4. 正文

正文由开头、主体和结尾三部分构成。

（1）开头

开头的内容包括以下几项。

① 宣布大会开幕，如"××大会现在开幕"。

② 对参加会议的人员或团体加以介绍，其中重点人物和单位要突出介绍，如"参加这次会议的领导有市教育局的××局长"。

③ 对参会人员表示欢迎和对这次会议的召开表示祝贺，如"我代表××同志对大会表示衷心的祝贺！对各位领导和来宾表示热烈的欢迎！"

（2）主体

主体的内容包括以下几方面。

① 召开会议的意义。即总结以往工作，分析当前形势，说明会议目的。

② 会议的指导思想。阐明会议的指导思想、大会任务及议程和安排。

③ 对参会者提出要求。

（3）结尾

开幕词一般用祝颂语结束全文，如"最后，祝大会取得圆满成功！祝各位在××市愉快！谢谢！"

（五）开幕词的写作要求

（1）深入细致了解会议情况。对会议的有关文件、领导对大会的安排、参加会议的人员情况，均要了如指掌。

（2）篇幅简洁明了。在开幕词中，话不能说得过细，避免本末倒置、离题太远。从时间上讲，一般不超过15分钟。

📄 例文：

海阔凭鱼跃　天高任鸟飞

——在第十三届"师生杯"篮球运动会开幕式上的讲话

各位裁判员、教练员、运动员：

在这个春风满园、阳光明媚、鸟语花香、蜂飞蝶舞、生机盎然的季节里，我们期盼已久的第十三届"师生杯"篮球运动会今天就正式开幕了。首先，我代表学校和组委会对本届篮球运动会的召开表示热烈的祝贺！向筹备这次篮球运动会的所有人员表示崇高的敬意！向裁判员、教练员表示衷心的感谢！向全体运动员表示亲切的问候！向全体师生员工表示真挚的慰问！

教育要以人为本。我们学校始终坚持贯彻党的教育方针，坚持立德树人，让同学们学会学习、学会健体、学会生活、学会生存、学会工作、学会创新，成为全面发展的新时代新人。刚刚结束的云南省职业院校技能大赛，我们学校36人参加比赛，获奖34人，获奖率高达94.4%，其中一等奖10项、二等奖9项、三等奖5项，同时承办旅游、服装设计与工艺两个赛项获得圆满成功，得到主办单位和参赛选手的赞扬。

青年强则国家强。篮球运动是展示青年青春活力的运动，是体现篮球元素和团队精神组合的运动，是技能加汗水的运动，是激情加友谊的运动，是心理健康加强身健体的运动。通过篮球比赛反映出一种积极向上的思想动态，折射出一种团结的集体意识，展现出一种努力拼搏的精神，体现出一种和谐的比赛氛围。今天，我们拉开了本届运动会的序幕，这是学校的一件大事，也是一件体育盛事。为了比赛的圆满成功，现在我提六点希望和要求：

一是希望全体参赛运动员严肃赛风、听从指挥、尊重对手、服从裁判，充分展示良好的精神风貌。

二是希望全体运动员比风格赛水平，比团结赛友谊，比安全赛文明，比激情赛拼搏，比风尚赛成绩，赛出风格、赛出团结、赛出友谊、赛出水平、赛出文明、赛出成绩。

三是希望各位裁判员认真履职，公平、公正裁判，让各参赛队赛出真实成绩。

四是希望工作人员尽心尽力认真工作，热情服务，把本届篮球运动会提高到一个新的水平。

五是希望观赛的同学们遵守赛场纪律，做文明观众、爱护公物、爱护环境卫生，营造良好的比赛氛围，同时把热烈精彩的比赛场面拍照、发微信，让家长、亲戚、同学、朋友共同分享我们的篮球运动会。

六是希望全体师生员工关爱体育，强健体魄，为学校的发展作出新的贡献。

生命在于运动，运动永无止境，生命因运动而绚丽多彩。让我们把这绚丽多彩的生命化作赛场上无悔的宣言，让我们以这次篮球运动会为契机，人人参与体育运动，感受体育精神、增强体质、愉悦身心、塑造品格、展示风采，超越自我，超越梦想。海阔凭鱼跃，天高任鸟飞。预祝本届篮球运动会圆满成功！预祝各参赛队取得优异成绩！

祝福我们的学校明天更美好！

×××

2022 年 11 月

评析：

　　本篇开幕词在第一行正中写双标题，换行顶格写称呼。正文部分的开头宣布运动会开幕，并表示祝贺。接着，主体简述运动会召开的背景、意义、主题，提出运动会的希望和要求。结尾预祝大会圆满成功。此篇开幕词内容简短而全面，结构清晰而自然，语言简洁，感情充沛，是一篇格式规范的大会开幕词。

三、闭幕词

（一）闭幕词的概念

　　闭幕词是党政机关、社会团体、企事业单位的领导或主持人在会议闭幕时所做的总结性讲话。

（二）闭幕词的作用

（1）对会议进行评价和总结。
（2）激励与会人员的信念和信心。

（三）闭幕词的特点

（1）总结性。闭幕词意味着会议即将结束，一般要运用明快、恰当的语言对会议进行概括和总结，向与会者提出希望和要求。
（2）简明性。闭幕词是会议的概括，语言要简明，富有感召力和鼓动性。
（3）原则性。闭幕词应紧扣会议中心议题，有原则性与分寸感。

（四）闭幕词的写作格式

闭幕词一般由标题、时间、称呼、正文四部分组成。

1. 标题

闭幕词的标题有单标题和双标题之分。

单标题的常见形式有三种。①致辞人姓名＋大会名称＋文种，如《×× 同志在 ×× 大会上的闭幕词》。②大会名称＋文种，如《×× 大会闭幕词》。③在文种名称上有所变通，如《在 ×× 会议闭幕上的致辞》。

双标题由正、副标题构成，如《齐心协力开创未来——×× 同志在 ×× 闭幕会上的讲话》。

2. 时间

时间位于标题下方，用括号注明会议闭幕的年月日。

3. 称呼

在标题下一行顶格写称呼，加冒号。称呼要根据会议性质和与会者的身份、职业、地位而定，如"同志们""各位代表"。

4. 正文

正文由开头，主体和结尾三部分构成。

（1）开头。闭幕词的开头，一般要用简洁的语言，说明大会经过领导的关心、与会人员的共同努力、会务人员的辛勤工作，已经完成预定任务，今天就要闭幕了。

（2）主体。一般总结会议的特点、会议通过的主要事项和基本精神、会议的重要意义和深远影响，并提出贯彻会议精神的要求和希望。

（3）结尾。闭幕词的结尾通常比较简单，最常见的形式是："现在，我宣布：×× 大会闭幕。"

（五）闭幕词的写作要求

（1）跟踪会议进程，掌握会议情况，收集会议的主要文字材料，尽早构思，适时动笔。

（2）从会议实际情况出发，紧密结合中心议题阐述。

（3）高度概括，点到为止，富有鼓动性和号召力。同时，要行文热情、语调激昂、号召有力，使会议在高潮中圆满结束。

例文：

闭 幕 词

各位运动员、裁判员、教练员、老师们、同学们：

伴随 21 世纪的脚步，沐浴着改革开放的春风，带着广州亚运会的兴奋，曲靖工商学校第一届冬季运动会经过近一个月的紧张、激烈、精彩、公正的角逐，就要胜利闭幕了。值此喜庆时刻，我谨代表学校运动组委会、全体师生员工对第一届冬季运动会的圆满成功和运动员取得的优异成绩表示热烈的祝贺！对在运动会中付出辛勤劳动的裁判员、教练员、运动员及全体工作人员表示崇高的敬意！

这次运动会，在组委会的精心组织下，在全体裁判员、教练员、运动员和全体工作人员的共同努力下，开得很成功，很圆满。整个运动会准备充分、组织周密、秩序井然，主题鲜明，充分体现了"团结、拼搏、创新、图强"的冬季运动会主题，赛出了风格，赛出了友谊，赛出了水平，赛出了成绩。

本次运动会，共设篮球、排球、乒乓球、羽毛球、拔河、田径六个项目，1600 人参赛，决出集体奖 50 余个、个人奖 300 个。其中赵志权同学在 100 米男子田径比赛中取得了 12.01 秒的好成绩，窦艳琪同学在女子 800 米田径比赛中取得了 3 分 5 秒的好成绩，还有腾南同学的立定跳远达到了 2.75 米，李俊同学的跳高达到了 1.55 米。几位同学基本达到了国家二级运动员的水平。这些成绩的取得是运动员顽强拼搏、奋勇争先的结果；是裁判员坚持原则、公正裁判的结果；是教练员科学指导、严格要求的结果；是工作人员恪尽职守、认真服务的结果；是我们的拉拉队员无微不至、热情加油的结果；是组委会精心组织、合理安排的结果；是学校贯彻党的教育方针、落实培养目标、全面提高学生综合素质的结果，为我校的跨越式发展谱写了新的篇章。

学校开展冬季运动会，是大力推进职业教育发展的重要体现，是实现学校又好又快发展的体现。同学们的全面发展，必然是包括身体素质在内的和谐发展，我校培养的人才,不仅要品德高尚、一专多能,更应该拥有健康的体魄。因此,本次运动会的举办,既是对我校师生精神风貌和综合素质的一次集中展示,又是对学校办学能力的一次检阅。通过本次运动会,我们发现了一批优秀的运动员,达到了预期的目的。在今后的学校工作中,将予以重点培养,向省级、国家输送,为学校争光。同时,我建议今后的每年 11 月定为学校的体育艺术节,主题确定为"团结、拼搏、创新、图强",希望全校师生员工来挥写、传承;希望全校师生员工继续发扬不怕困难、吃苦耐劳的精神,平时加强锻炼,有一个健康的体魄;希望同学们把运动会的拼搏精神用到学习中去,刻苦钻研科学文化知识和专业知识,不断提升专业操作技能,做一个有文化、有道德、有纪律,讲文明、讲卫生,互相学习、互相帮助的优秀学生;希望各位教职工以饱满的热情、昂扬的斗志,在学校发展中创造出优秀的成绩。

老师们、同学们,"天高任鸟飞,海阔凭鱼跃",奥林匹克有句口号叫"更快、更高、更强",为了更快、更高、更强,努力吧!要坚信,胜利永远垂青于努力拼搏的人!

我的讲话到此结束,谢谢!

×××

2022 年 11 月 6 日

评析:

此篇闭幕词开头用简洁的文字说明本届运动会圆满结束,就要闭幕了。主体部分回顾了本次运动会所做的工作、取得的成绩,充分肯定了本次运动会的举办对全面提升学生综合素质和推进学校又好又快发展具有重要的作用,并结合学校实际,就今后如何开展好运动会提出意见。结尾采用了富有鼓动性和号召性的语言,是一篇内容简短而全面的闭幕词。

四、演讲稿

(一)演讲稿的概念

演讲,是对听众讲述有关某一事物的知识或对某一问题的见解。演讲稿也叫演说词或演讲词,它是演讲者事先准备的供演讲使用的文稿。

(二)演讲稿的作用

(1)交流思想,表达主张见解。

(2)宣传鼓动,提高认识。

(三)演讲稿的特点

(1)针对性。演讲稿是进行宣传鼓动的文稿,这就决定了演讲者必须针对大家关注的问题和需要解决的疑难问题表达自己的看法、陈述自己的观点。这样才能引起大家的重视,使大家思想为之震动、情绪为之激昂、热血为之沸腾。

(2)感情性。要想感动听众、说服听众,和听众产生共鸣,演讲稿就必须以感情为依托,以晓之以理、动之以情为前提,这样才能产生最好的宣传演讲效果。

(3)通俗性。演讲稿的语言要通俗化、口语化,要好说、好听、好懂、好记,要讲得朗朗上口、悦耳动听，以便吸引听众的注意力。

（四）演讲稿的种类

按演讲性质和内容分为政治演讲稿、学术演讲稿、社会活动演讲稿等。

按表达内容分为叙述性演讲稿、抒情性演讲稿、议论性演讲稿等。

按演讲场合分为会场演讲稿、集会演讲稿、课堂演讲稿、宴会演讲稿、广播电视演讲稿等。

（五）演讲稿的写作格式

演讲稿由标题、称呼和正文三部分构成。

1. 标题

演讲稿的标题没有固定格式，一般有五种类型。

（1）揭示主题型，如《人应该有奉献精神》。

（2）揭示内容型，如《在市科技工作会议上的讲话》。

（3）提出问题型，如《当代职业中专生应具备什么素质》。

（4）抒情型，如《我爱你　五星红旗》。

（5）警句型，如《天下兴亡　匹夫有责》。

2. 称呼

标题下一行顶格写称呼，并加冒号。演讲者对听众的称呼应自然、亲切、得体，以拉近和听众的感情距离。如"敬爱的老师、亲爱的同学们""同志们、朋友们""女士们、先生们"。

3. 正文

正文由开头、主体、结尾三部分构成。

（1）开头

常见的开头有以下五种形式。

①以问候语、感谢语开头。

②开门见山，概括中心内容或揭示中心论点。

③从演讲题目谈起，如"今天我的演讲题目是"。

④从一件事引入正题。

⑤用发人深省的问题开头。

（2）主体

主体的表达有描写、叙述、议论、抒情四种方式，应根据演讲稿类型，合理选择，综合使用。

主体的表达结构一般有三种类型：①叙述性演讲稿，可按事件发展的过程采用纵向式结构，也可按事物的类别、属性的不同采用横向式结构。②议论性演讲稿，可采用议论文的论证方式，如采用总分式、并列式、对照式、层进式安排结构。③抒情性演讲稿，可按感情线索的变化来安排纵向式结构，也可用排比段、议论中心句体现结构层次的清晰性。

主体的表达技巧有：①在结构上要达到层次清晰、条理分明的艺术效果；②在节奏上应张弛起伏、一波三折，始终吸引听众的注意力；③在街接上要具有浑然一体的整体感。

（3）结尾

结尾是演讲稿成功与否的关键。可以言简意深，在演讲高潮处断然收笔，引起听众思索，使听众回味无穷，并付诸行动；可以写得充满豪情，给人以鼓舞；可以发出号召，给人以力量；可以指出目标，催人奋进；可以表示祝愿、感谢；可以照应题目，在激动人心的结语中结束全文。

（六）演讲稿的写作要求

（1）了解听众。要对听众的思想、心理愿望和要求，以及他们经常关心、经常议论、迫切需要解决的问题有所把握，这样才能确定讲什么，怎样讲，效果如何。

（2）感情真挚。演讲稿既要有冷静的分析、富有哲理的概括，又要有热情的鼓动、感人的抒情，把说理与抒情结合起来，达到既动之以情，又晓之以理的目的。

（3）观点明确。演讲稿的观点要明确、鲜明、深刻，既要科学地反映客观事实的本质，又要能强烈地表现人民群众的愿望。

（4）通俗易懂。要把概念的东西形象化，把深奥的道理浅显化，以达到激动人心的宣传效果。

例文：

我能　故我说

各位代表：

大家好！首先感谢大家的支持和学校提供这次机会，使我能参与竞选，一展自己的抱负。今天我来参与竞选的目的只有一个：一切为大家，能为大家谋利益。我自信，我能胜任这项工作。正由于这种内驱力，当我走上讲台时，我感到信心百倍。

我认为自己很适合担任学生会主席。首先，我热爱学生会工作。算上小学的话，六年的学生干部"工龄"并不算短了，这使我有了一定的领导能力、管理经验。其次，活泼开朗、兴趣广泛的我积极参加并组织开展各项活动，在活动中尽情施展自己的唱歌、跳舞及演讲的才能，取得了唱歌比舞第一、演讲比赛第一等好成绩，这激励着我不断向前。最后，我学习上也丝毫没有松懈，成绩在专业年级名列前茅，我认为我有足够的时间和精力在学习之余开展好学生会的工作。

假若我当选本届学生会主席，我将进一步加强自身修养，努力提高和完善自身的素质，我将时时要求自己"待人正直，公正办事"，要求自己"严于律己，宽以待人"，要求自己"乐于助人，尊老爱幼"等。总之，我要力争让学生会主席的职责与个人的思想品格同时到位。

假若我担任此届学生会主席，第一件事就是召集内阁部长举行第一次全体会议，全面听取他们的意见和建议，制定工作目标，明确工作职责，建立管理制度，设立师生信箱。我们将定期举行各种形式的体育友谊比赛，使爱好体育的英雄有用武之地；我们将定期举办艺术节以及节日联欢活动，我们欢迎爱好文艺的同学参加；还有书画社、文学社等，让我们每个人都能发挥自己的个性特长。我们将与风华正茂的同学在一起，发出我们青春的呼喊！我们将努力使学生会成为学校领导与学生之间的一座沟通心灵的桥梁，成为师生间的纽带，成为敢于反映广大学生意见要求、维护学生正当权益的组织。

既然是花，我要开放；既然是树，我就要长成栋梁；既然是石头，我就要铺出大路；既然是学生会主席，我就要成为一名教海拾珍的领航员。

各位代表，你们所期望的学生会主席，不正是敢想敢说敢做的人吗？我十分愿意做你们所期待的公仆。你们握着选票的手还会犹豫吗？谢谢大家的信任！

评析：

这是一篇竞选演讲稿，标题有力、内容充实、语句简练，是一篇写作规范的演讲稿。第一自然段表感谢，第二自然段述优势，第三、第四自然段讲"执政纲领"，第五自然段表态，第六自然段拉选票。

知识链接

讲话的手势十分重要，但要运用得当、得体。得当，是指运用手势的时机要把握得好，该用则用，不该用时则不用；一般的讲话尽量少用手势，更不能用手指着某一个人。得体，一方面是指手势要落落大方、自然得体；另一方面是指手势的动作与讲话的内容、表达的意思要配合得恰到好处。

拓展训练

1. 拓展训练项目

××市举办"葡萄节"，请你代拟一份开幕词和闭幕词。参考材料如下。

参会人员：省领导、市领导、社会各界人士。

活动：庆典、展销、趣味娱乐、文艺演出、参观地方文化、酒会、洽谈会、订货会等。

"葡萄节"口号：品××葡萄，过甜美日子。

"葡萄节"主题：甜甜的葡萄富民的果。

2. 拓展训练流程

（1）回顾开幕词、闭幕词写作的格式。

（2）拟写开幕词、闭幕词计划。

（3）撰写开幕词、闭幕词文稿。

3. 拓展训练评价

序号	评价指标	评价标准	效果评价（优秀/良好/合格）
1	标题	常见写法	
2	时间	常见写法	
3	称呼	贴切与会者及主题	
4	正文	语言简洁明了、富有感召力、紧扣主题	

4. 拓展训练反思

（1）写开幕词、闭幕词给我哪些启示？

（2）我对本次拟写的开幕词、闭幕词感到：

满意 □　　　　一般满意 □　　　　不满意 □

● 巩固新知

一、名词解释

开幕词　闭幕词　演讲稿

二、填空题

1. 会议讲话稿的主要特点有_____、_____、_____、_____。

2. 综合性讲话稿是讲话人对整个会议召开的情况进行归纳、分析，概括性地发表具有一定_____、_____或_____言论的文稿。

3. 开幕词和闭幕词一般由_____、_____、_____、_____四部分组成。

4. 开幕词和闭幕词的正文由_____、_____、_____三部分组成。

5. 演讲稿按演讲的性质和内容分为_____、_____、_____。

6. 演讲稿由_____、_____和_____三部分组成。

三、判断题

1. 会议讲话稿不同于发言稿，也有别于演讲稿。　　　　　　　　　（　　）

2. 开幕词的结尾一般用祝颂语结束全文。　　　　　　　　　　　（　　）

四、单项选择题

1. 机关领导人在各种会议上宣读的文稿称为（　　　　）。

　　A. 发言稿　　　　　　B. 讲话稿　　　　　　C. 闭幕词　　　　　　D. 演讲稿

2. 主办隆重会议的单位主要领导在开会之时对与会者发表的讲话称（　　　　）。

　　A. 开幕词　　　　　　B. 闭幕词　　　　　　C. 演讲稿　　　　　　D. 发言稿

五、多项选择题

1. 在以下各类文书中，是讲话类文书的有（　　　　）。

　　A. 讲话稿　　　　　　B. 开幕词　　　　　　C. 闭幕词　　　　　　D. 演讲稿
　　E. 报告

2. 演讲稿的主要特点是（　　　　）。

　　A. 针对性　　　　　　B. 感情性　　　　　　C. 通俗性　　　　　　D. 总结性
　　E. 实用性

六、简答题

1. 开幕词有哪些写作要求？

2. 闭幕词有哪些写作要求？

3. 演讲稿有哪些写作要求？

第九节　会 议 记 录

学习目标

2-9
会议记录

- 理解会议记录的概念和作用。
- 掌握会议记录的特点。
- 掌握会议记录的写作格式和要求。

📖 **案例引导**

"枪杆子里面出政权"来自这份会议记录

夏日的武汉骄阳似火，在喧闹的鄱阳街上有一栋三层西式建筑。建党百年之际，这栋不起眼的小楼吸引了很多人慕名前来，他们多数是冲着一份会议记录来的。这份文件的记录者，正是时任中共中央政治秘书的邓小平。

这份详细记录1927年8月7日中共中央紧急会议的记录共20页、12800字。通过会议记录，我们可以看到只有一天的会议时间，出席代表只有21人，但会上却有56次发言。这到底是一次什么样的会议呢？

1927年，因为"四一二"反革命政变、"七一五"反革命政变，中共中央机关各部门相继迁移办公地点，中央领导人和身份公开了的共产党员陆续更换住所，党的活动迅速转入地下状态。

鉴于当时的革命形势，共产国际、中国共产党决定召开中央紧急会议。会议原定于7月28日举行，因为形势紧张、交通困难，被一再推迟。等到8月7日，不得已只能在汉口召开紧急会议。

八七会议是千钧一发的紧急会议，更是一次在敌人眼皮底下召开的绝密会议。在那个酷热难耐的8月，20多岁的参会代表们分三天三批秘密入场。为了安全，会场门窗紧闭，所有人只进不出。

参会者毛泽东发言最早、次数最多，记录的文字就有约1300字。他一口气讲了中国革命存在的国民党、农民、军事和组织等4个问题。毛泽东这句"枪杆子里面出政权"的重要论断给当时的会议记录者邓小平留下了深刻的印象。这是邓小平第一次见到毛泽东，也是他第一次参加中央级别的重要会议。

对于这次会议，邓小平有着特殊的情感。从20世纪50年代后期到1980年，他曾在不同场合7次回忆起八七会议。

八七会议虽然会期只有一天，但使中国共产党和中国革命绝处逢生。

八七会议以后，中国共产党人按照会议精神，在黑暗中高举起革命的旗帜，以血与火的抗争，领导秋收起义、黄麻起义、广州起义等一系列武装起义，逐步走上了农村包围城市、武装夺取政权的革命道路。

【议一议】

该例文讲述了关于八七会议会议记录的故事，请同学们联系例文说说会议记录的重要性。

知识探究

一、会议记录的概念

会议记录是由会议组织者指定专人，准确如实记录会议情况和会议内容的一种事务文书。

二、会议记录的作用

（1）依据。会议记录可以作为传达、贯彻会议精神，执行会议决议的依据，也可以作为今后总结工作的重要参考资料。

（2）素材。会议记录是形成会议纪要、会议简报的重要素材，也是形成文件和其他文字材料的重要素材。

（3）备查。会议记录是日后查找的原始凭证，是重要的历史档案，具有保存、备查和利用的价值。

三、会议记录的特点

（1）真实性。会议记录是原始性的记录，与会者讲什么就记什么，记录者不能修改、加工、增删。

（2）目的性。会议记录的目的是为今后分析研究问题、执行传达和上报会议精神等提供依据。

（3）准确性。与会者的讲话和有关数据不能记错，只有做到准确无误，才能保证记录的真实性。

四、会议记录的写作格式

会议记录一般由标题、会议组织情况、会议内容、结尾四个部分组成。

（一）标题

会议记录的标题有以下两种形式。

（1）组织会议单位＋会议名称＋文种，如××××学校第七次校长办公会会议记录。

（2）会议名称＋文种，如校务会议记录。

（二）会议组织情况

会议组织情况包括以下几项。

（1）会议时间。写明年、月、日以及上午、下午或晚上几时几分至几时几分。

（2）会议地点。写明召开会议的场所，如"行政办公三楼第一会议室"。

（3）主持人。写明主持人的姓名、职务。

（4）出席人。将参会人员的姓名、职务一一列出。若与会人员多的会议可用签到簿，便于日后统计人数和查考。

（5）列席人。将列席会议人员的姓名、身份一一列出。

（6）缺席人。将应参加会议，但因故不能参加会议者的姓名一一列出。

（7）记录人。写明记录人的姓名和职务。

（三）会议内容

会议内容包括：①会议的议题、发言、决议。②会议的讲话。③会议的讨论和发言。④会议的表决情况。⑤会议的决定和审议。若无异议，记"一致通过""一致同意"；若有异议，应详细记录不同意见。⑥会议的遗留问题。

（四）结尾

结尾包括散会说明和核稿签名两项。会议结束，另起一行写"散会"二字，并由主持人和记录人在记录的右下方签名，以示负责。

五、会议记录的写作要求

（1）客观、真实。会议记录必须如实记录发言人的讲话，客观反映会议内容，体现会议精神，不断章取义、不以偏概全、不歪曲事实。

（2）快速、完整。会议记录人要快速、完整地记下会议内容，一般每分钟能记 40~45 个字即可。

（3）严密、规范。会议记录人员对重要会议要做好保密工作，不得外传或泄露会议内容；记录字迹要清晰，不得乱画乱涂。

📄 **例文：**

××学校第 3 次校长办公会会议记录

时间：2009 年 ×× 月 ×× 日上午九时
地点：综合楼第二楼会议室
主持人：×××（校长）
出席人：×××（副校长）、×××（副校长）、×××（办公室主任）、×××（人事处长）、×××（教务处长）及各专业部主要负责人。
列席人：×××（团委书记）
缺席人：×××（病假）
记录人：×××（办公室主任）

一、会议议题

1. 人事处长 ××× 汇报年终奖金发放办法。
2. 人事处长 ××× 汇报对违反学校考勤管理规定的处理意见。
3. 人事处长 ××× 汇报有关人员的调动问题。

二、讨论

发言：
1. ×××（略）
2. ×××（略）
3. ×××（略）
4. ×××（略）
5. ×××（略）

三、会议决定事项

1. 年终奖金按照 ×× 学校 2008 年 12 月 7 日制订的《年终奖金发放办法》发放。
2. 对 ××× 老师 3 次迟到并旷课 2 节的行为，在全校教职工大会上给予通报批评并扣发年终奖金。

3.×××的申请调动一事，根据本人申请和他的身体状况同意从教学岗位调到图书室工作。

散会。

主持人（签名）：×××

记录人（签名）：×××

评析：

该例文是一篇会议决定性质的会议记录，内容记录详细，格式规范。

知识链接

会议记录的方法有详细记录法和摘要记录法两种。详细记录法是把会议中所有与会者的讲话原始完整地记录下来；摘要记录法是主要记录会议的中心内容及要点，若有争议，则注明分歧点，一般性会议多采用这种记录方法。

拓展训练

1. 拓展训练项目

以小组为单位写一份班会会议记录。

2. 拓展训练流程

（1）选出学生代表担任评委。

（2）每个班级以四个人为一个小组分组。

（3）各小组商议后写一份班会会议记录。

（4）评委小组点评。

（5）教师归纳总结。

3. 拓展训练评价

序号	评价指标	评价标准	效果评价（优秀/良好/合格）
1	自我评价	1. 积极参与、主动学习相关知识技能	
2	评委评价	2. 格式规范，条理清楚，语言准确简洁 3. 能在规定时间内按要求完成任务	
3	综合成绩	合格以上等级	

4. 拓展训练反思

（1）我在本次活动中的收获有哪些？

（2）我对本次活动感到：

满意 □   一般满意 □   不满意 □

● **巩固新知**

一、填空题

1. 会议记录是由会议组织者指定专人，准确如实记录_____、_____的一种事务文书。

2. 会议记录是执行会议决议的_____，是形成_____、_____的重要素材。

3. 会议记录一般由_____、_____、_____、_____四部分组成。

4. 会议记录包括_____和_____两项。

二、简答题

1. 会议记录的特点有哪些？

2. 会议记录的写作要求有哪些？

第三章

党 政 公 文

第一节　党政公文概述

学习目标

- 了解党政公文的概念、作用。
- 掌握党政公文的特点、分类体式。
- 熟悉党政公文的制发与收文办理程序、写作要求。

案例引导

一 字 祸 福

景进等言于帝曰："魏王未至，康延孝初平，西南犹未安；王衍族党不少，闻车驾东征，恐其为变，不若除之。"帝乃遣中使向延嗣赍敕往诛之，敕曰："王衍一行，并从杀戮。"已印画，枢密使张居翰覆视，就殿柱揩去"行"字，改为"家"字，由是蜀百官及衍仆役获免者千余人。延嗣至长安，尽杀衍宗族于秦川驿。衍母徐氏且死，呼曰："吾儿以一国迎降，不免族诛，信义俱弃，吾知汝行亦受祸矣！"

【议一议】

该例文叙述了公务文书中改动一个字所起的正反作用是难以估量的。请同学们联系该例文说说学习党政公文写作的重要性。

知识探究

一、党政公文的概念

党政公文，是指党政机关实施领导、履行职能、处理公务的具有特定效力和规范体式的公文，是传达贯彻党和国家的政策、法规，请示和答复问题，指导和商洽工作，报告、通报情况，交流经验等的一种具有特定格式的文书。

为实现中国共产党的机关公文处理工作的科学化、制度化、规范化，中共中央办公厅1996年5月3日发布《中国共产党机关公文处理条例》，共列出十四类公文：决议、决定、指示、意见、通知、通报、公报、报告、请示、批复、条例、规定、函、会议纪要。这些是党的机关实施领导、处理公务的具有特定效力和规范格式的文书，是传达贯彻党的路线、方针、政策，指导、布置和洽谈工作，请示和答复问题，报告和交流经验的重要工具。

国家行政机关在行政管理过程中所形成的具有法定效力和规范体式的文书，是依据行政进行公务活动的重要工具，主要是指国务院 2000 年 8 月 24 日颁布，2001 年 1 月 1 日起施行的《国家行政机关公文处理办法》列出的十三类公文。即命令（令）、决定、公告、通告、通知、通报、议案、报告、请示、批复、意见、函、会议纪要。

为提高人大机关公文处理的效率和质量，全国人大常委会办公厅于 1998 年 2 月 6 日发布《人大机关公文处理办法》（试行），列出以下公文文种：公告、决议、决定、法、条例、规则、实施办法、议案、意见、批评和建议、请示、批复、报告、通知、通报、函、意见、会议纪要。全国人大常委会办公厅于 2000 年 11 月 15 日印发，2001 年 1 月 1 日起施行的《人大机关公文处理办法》列出的公文文种为：公告、决议、决定、法、条例、规则、实施办法、建议、批评和意见、请示、批复、报告、通知、通报、函、意见、会议纪要。这些是人大常委会在依法行使各项职权过程中形成的具有特定效力和规范格式的文书，是发布法律、地方性法规、决定、决议、公告，指导、布置和商洽工作，请示和答复问题，报告和交流情况的工具。

为了适应中国共产党机关和国家行政机关的工作需要，推进党政机关公文处理工作科学化、制度化、规范化，中共中央办公厅、国务院办公厅于 2012 年 4 月 16 日印发，自 2012 年 7 月 1 日正式施行的《党政机关公文处理工作条例》，共列出十五类公文：决议、决定、命令（令）、公报、公告、通告、意见、通知、通报、报告、请示、批复、议案、函、纪要。这些是党政机关实施领导、履行职能、处理公务的具有特定效力和规范体式的文书。

本教材以党政机关公文，即《党政机关公文处理工作条例》中常用的通知、通报、通告、报告、请示、批复、意见、议案、决定、函、纪要十一类公文为讲述对象。

二、党政公文的作用

（1）规范和准绳作用。党政机关的各种法律、法令、行政法规和规章都是以公文为载体传达和发布的，以此规范人们的行为，统一人们的认识，明确工作方向，不折不扣地执行党和国家的方针、政策，否则就要受到责任追究和处罚。

（2）领导和指导作用。党政公文是上级机关对下级机关进行领导和指导的工具，它可以传达上级机关的指示、做出决定，传达有关精神、布置任务、安排工作，以此领导和指示下属单位有效地开展各项工作。

（3）联系和沟通作用。在有隶属关系的机关单位中，公文能起到上情下达、下情上报的联系和沟通作用；在无隶属关系的单位间，人们也可以通过公文互通情况、洽谈公务、协调关系、交流信息、联系工作、增进友谊、互相促进工作。

（4）宣传和教育作用。公文的制发不仅可以用于实施党政机关的管理和指导，还起到了统一广大干部群众思想认识和对其进行思想教育的作用，从而提高人们的政治觉悟和道德素质，将领导的意图转化为个人的自觉行动。

（5）依据和凭证作用。公文一经发布，人们在开展工作、处理公务、解决问题时就有了明确的方向和依据。同时，各时期的公文也是各时期政治、经济等方面的真实记录，可以作为历史凭证，留传后世，帮助后人考察了解当时的情况。

三、党政公文的特点

（1）鲜明的政治性。党政公文是政治的直接产物，它的服务方向不能偏离国家政权的政治目标。党政机关通过公文宣传和发布有关方针、政策和法规，各级政府和各部门通过执行公文，贯彻党和国家的方针、政策，维护和体现国家和人民的利益。应该说，任何一个国家的公文都具有鲜明的政治色彩，任何时期的公文都是当时国家政治的体现，代表着指挥意图、行动意图。今天，党和国家各机关之间来往的公文，是推动现代化进程、构建和谐社会、谋取广大人民群众的根本利益的有力武器。

（2）高度的权威性。党政公文是党和国家方针、政策和法规的体现，具有高度的权威性，有关政策、法规一经制定发布，受文单位及相关人员都必须严格遵守，做到有令必行、有禁必止，不得更改、违反、抵制其内容。

（3）制作者的法定性。党政公文的制作者和一般文章的作者身份有所不同。公文的制作者必须是依法成立的机构组织及其代表，非法定的组织或个人均不能制作、印发公文，撰稿人只是承担写作任务的工作人员。即使有些公文以领导人的名义发布，但他所代表的依然是他所在的机关单位或组织的集体意图，而非个人意志。

（4）体式的规范性。党政公文的体式由眉首、主体、版记三部分组成，每部分又有特定的要求，拟稿人不得自行其是、随心所欲、标新立异地使用文种名称、设置行文关系或更改其固定的制发程序和构成体式，必须严格遵守体式规范。

（5）显见的时效性。任何一份公文都有一定的时效，一般都以"成文日期"为生效时间，也有另注明生效日期的。公文的时效有长有短，短则数周、数月，如函、请示、通告等；长则一年、数年，如一些规则性文件。显见的时效，有利于相关单位或人员在有效期内执行、遵守或办理、解决有关事项，以达到行文的目的。

四、党政公文的分类

（一）按《党政机关公文处理工作条例》的规定分类

按《党政机关公文处理工作条例》的规定，可将公文分为十五种：决议、决定、命令（令）、公报、公告、通告、意见、通知、通报、报告、议案、请示、批复、函、纪要。

（二）按行文关系分类

按行文关系，可将公文分为上行文、平行文和下行文三种。

上行文：下级机关向所属上级机关呈送的公文，主要有报告、请示等。

平行文：向同级机关或不相隶属的机关送交的公文，主要有函等。

下行文：上级机关向下级机关发送的公文，主要有命令、决定、指示、通知、批复、意见等。

有些公文的行文方向不是十分固定，在不同的情况下有不同的归属，如意见，可以是上行文、平行文、下行文。

（三）按紧急程度分类

按紧急程度的不同，可将公文分为紧急公文和普通公文。紧急公文通常分为"特急"和"加急"两类。对有紧急标识的公文要做紧急处理，对普通公文则可按正常程序和方法处理。

（四）按有无保密要求及机密等级分类

按有无保密要求的不同，可将公文分为普通文件（无保密要求）和保密文件（有保密要求）两类。按秘密等级的不同，可将有保密要求的文件分为绝密文件、机密文件和秘密文件三种。

绝密文件：秘密等级最高的文件，它通常反映的是党和国家的核心秘密，其内容一旦泄露，便会给党和国家的事业造成非常严重的损失。

机密文件：秘密等级较高的文件，它包含党和国家的重要秘密，其内容一旦泄露，便会给党和国家的事业造成重大损失。

秘密文件：秘密等级较低的文件，它所反映的是党和国家的一般秘密，其内容一旦泄露，便会给党和国家的事业或某项具体的工作带来一定程度的损失。

（五）按职能分类

按具体职能的不同，可将公文分为以下几类。

法规性公文：用来颁布法律、法令或对有关问题做出规定的公文。

指挥性公文：直接体现上级机关的决策意图，因而，对有关事项的处理、有关工作的进行起指令或指导作用的公文，如命令、决定、批复等。

报请性公文：下级机关用来向上级机关汇报、请示工作的公文，如报告、请示等。

知照性公文：向有关方面告知情况、关照事项的公文，如通知、通报等。

商洽性公文：各机关和部门之间用来联系工作的公文，如函。

记录性公文：真实地记录有关工作情况的公文，如会议纪要就是典型的记录性公文。

（六）按处理程序分类

按处理程序的不同，可把公文分为收文和发文两类。

收文是指党政机关、社会团体、企事业单位收到的外来的文件。发文是指向外单位或本单位内部各部门抄发的文件。

五、公务文书的体式

公文的体式主要是指构成要素、格式及其印装规格，是公文的作用得以实现的重要保证。

（一）公文的构成要素和格式

公文一般由版头、主体、版记三部分构成。

1. 版头

版头又称文头，置于公文首页红色分隔线及以上的各要素统称版头，约占首页的1/3，上报公文约占1/2。通常是由份号、密级和保密期限、紧急程度、发文机关标志、发文字号、签发人六要素构成。

（1）份号

份号又称公文份数序号，也称编号，主要是指密级文件印制若干份时，需要一一编上份数序号，份数序号要用阿拉伯数字顶格标识在版心左上角第一行，如"001"。

（2）密级和保密期限

密级有"绝密""机密""秘密"三种，不涉及保密内容的普通文件没有秘密等级。秘密等级要顶格标注在版心左上角第二行，用3号黑体字，两字之间空1个字。

保密期限也标注在版心左上角第二行，用3号黑体字，密级和保密期限之间用"★"

隔开，如"绝密★1年"。

（3）紧急程度

紧急程度是对公文送达和处理的时限要求,根据紧急程度分别标注"特急""加急"字样。"特急"是指公文要马上送达或办理,"加急"是指公文要在短时间内送达或办理。紧急电报应分别标明"特提""特急""加急""平急"字样。

若需标识紧急程度,用3号黑体字,两字之间空1个字,顶格标注在版心左上角;如果同时标明份数序号、秘密等级与紧急程度,则按照份号、秘级和保密期限、紧急程度的顺序自上而下分行排列。

（4）发文机关标志

发文机关标志由发文机关全称或规范化简称后加"文件"二字组成,居中排列,如"××市人民政府文件""××学校文件""××化工厂文件"等。

发文机关标志一般使用小标宋体字,用红色标识,以示庄重,人们常称为"套红"或"红头文件"。

联合行文时,发文机关标志是主办机关排列在前,"文件"二字置于发文机关名称右侧,上下居中排列。如果联合行文机关过多,必须保证公文首页显示正文。

（5）发文字号

发文字号简称文号,又称公文编号,是发文机关同一年度公文排列的顺序号,由发文机关代字、年份和序号组成,便于发文机关掌握该年度的发文数量和收发登记、办理、保管和查找。如"国发〔1999〕6号","国"字是国务院文件的代字,"发"字即发出之意,"1999"是发文年份,"6号"为文件序号,表明这份文件是国务院在1999年制发的第6号文件。如果一个机关的文件数量较多,还可以在发文字号中加上一个类别标志,以反映文件业务内容的类别或归宿。如"国办发〔2000〕2号","国办"是国务院办公厅的代号。如果是几个机关联合行文,则只注明主办机关的发文字号即可。

发文字号应在发文机关标识下空两行,用3号仿宋体字,居中排列;年份、序号用阿拉伯数字,且年份应标全称,用六角括号"〔 〕"括入;序号不编虚位（即1不编为001）,不加"第"字。

发文机关的内设机构（综合办事机构的办公室除外）不具有独立法人资格,没有单独对外行文的资格。

（6）签发人

在上行文（如请示、报告）中要标识签发人,以对上报文件负责,位置在发文字号右侧空1个字,标识"签发人",加冒号,冒号后标识签发人姓名。"签发人"3个字用3号仿宋体字,签发人姓名用3号楷体字。

若有多个单位签名,则主办单位签发人姓名置于第一行,其他单位签发人姓名从第二行起在主办单位签发人姓名之下按发文机关顺序依次排列,发文字号与最后一个单位签发人姓名同处一行。

（7）红色线

在发文字号之下有一红色横线与正文分开,党内机关文件在红色横线正中印有一颗五角星,此为分隔线。多个单位签发文件时,可下移红色线。

2. 主体

主体部分又称行文部分,通常由标题、主送机关、正文、附件说明、发文机关署名、成文日期、印章、附注、附件构成。

（1）标题

标题如人的眼睛，可以反映出文章的主旨及基本内容。公文的标题要准确、简要地揭示公文的主要内容，并能透视文种。标题由发文机关名称、事由和文种组成。如《国务院关于禁止传销经营活动的通知》，其中的"国务院"是发文机关，"禁止传销经营活动"是发文事由，在事由前一般加有介词"关于"二字，"通知"是文种。

此外，在没有红色版头的文件中，常用"文种"形成标题，如《通知》。

凡重要性公文，为体现其郑重性和权威性，标题不应省略发文机关名称。

标题的位置在红色线下空2行，排成一行或分几行居中，在回行中，要做到词义完整、排列对称、间距恰当。字体为2号小标宋体字。

标题中除法规、规章名称可加书名号外，一般不用标点符号。有的法规性公文在标题之下还有题注，用以说明某项法令、规定等通过或批准的时间、程序或开始生效的时间，题注需居中写，并写在括号内。

（2）主送机关

主送机关是指负有公文处理责任的主要受文机关，应使用全称或规范化简称、统称。

上行文一般只写一个主送机关，如果还有其他上级机关需要掌握有关情况，应在版记部分以抄报的形式发送公文；下行文有专发性的和普发性的公文主送机关两种，专发性的公文主送机关只能有一个，普发性的公文主送机关往往是多个，要确定合理的主送机关顺序，有时可统称为受文机关；平行文的主送机关可以是一个，也可以是多个，视公文内容的涉及面而定。

主送机关位于标题下空1行，顶格写，回行时仍顶格，最后一个主送机关名称后用冒号。字体与正文相同。

（3）正文

正文位于主送机关下一行，是公文的核心，公文质量的高低、能否产生应有的功能，主要取决于这一部分写得如何，拟稿人的工作能力和文字水平也主要体现在这一部分的撰写中。正文一般包括开头、主体、结尾三部分。正文用3号仿宋体字。

① 开头。正文的开头方式有许多种，常见的有以下几种。

目的式：先写明发文目的，以引起受文者的注意，常用介词"为""为了"等引起下文。

根据式：先写明引文依据，以增强公文的权威性、严肃性和说服力，常用介词"根据""按照""依据"等领起下文。

缘由式：通过情况的介绍、问题的提出或意义的明确，使受文者了解行文缘由，从而引起受文者对文件内容的重视。

② 主体。正文的主体部分可以说是核心中的核心，即主要解决什么问题，或是提出请求，或是提出建议，或是交代布置任务，或是直接陈述意见、要求，或是商洽有关事情等。这一部分的写法多种多样，在后面的例文中会具体介绍。

③ 结尾。正文结尾的常见方式有以下几种。

归结式：与正文开头照应，多见于篇幅较长的公文的结尾。

说明式：对与正文内容有关的事项作一个交代，如"本决定自宣布之日生效""凡与本规定内容不一致的，以本规定为准"。

申明式：重申发文机关对有关事项的看法，以起到明确和强调的作用。

祈请式：在请示等上行文中，常用"当否，请批示"等含有祈请意思的语句，作正文的结束语。

期望式：用于在下行文的结尾处提出要求和希望，如"以上规定，望遵照执行"。

习惯式：用习惯用语结尾，如"特此函达""专此函复"等。有的公文不另写结束语。

（4）附件说明

在正文下方左空两字署名"附件"二字，后标冒号和附件名称，附件说明由公文附件的顺序号和名称组成。附件名称后不加标点符号。

（5）发文机关署名

发文机关署名也称落款，是公文的法定作者，一般用与正文相同的字体以机关全称写在正文的右下方第三行下面，左边的第一个字不超中心线。如果是联合行文，发文机关应依次排列。有些下行文可不写发文机关名称，而以盖发文机关公章取代。

（6）成文日期

成文日期是文件的生效日期。一般公文的成文日期以领导签发日期为准；法规性文件则以文件批准日期为准；会议类公文以通过日期为准；张贴、公布类公文以张贴、公布之日为准。

成文日期位于发文机关之下，并用阿拉伯数字标注，如"2023 年 3 月 1 日"。

（7）印章

公文除有特定发文机关的普法性公文和以电报形式发出的以外，都应加盖红色印章。加盖印章是公文最后生效的标志，对没有加盖印章的公文，一般不予以承认。漏盖印章或把印章盖得模糊不清，都不符合制文要求。

加盖印章要上不压正文，下压成文日期，印章要求盖得居中、端正，俗称"骑年盖月"，以显示庄重。

如果公文排版后所剩空白不够印章位置，应采取调整行距、字距的方式解决，务使印章与正文同处一面，不得用标识"此页无正文"的方式解决。

（8）附注

附注一般用来确定文件的发送范围和使用方法。此外，有的公文的发送范围要标明发至哪一级，如"此件发至县处级"；有的公文需标明使用方法，如"此件可张贴"。

附注在成文日期下一行居左空两个字加圆括号标识，字体与正文相同。

（9）附件

附件是对公文正文说明、补充的文字材料或者参考资料，主要包括随文转发、报送的文件，随文颁发的规章、制度以及文件中的报表、统计数字等。

附件因公文需要而设，不是每件公文都有。公文如有附件，应在正文下一行左空两个字标识"附件"后加冒号和名称，字体与正文一样。附件如有序号，应使用阿拉伯数字标注，如"附件：1.××××"。附件名称后不加符号，包括不加书名号。

附件位于版记之前，应与正文一起装订，并在附件左上角第一行顶格标识"附件"。

3. 版记

版记部分又称文尾部分，通常是由抄送机关、印发机关和印发时间等要素构成。

（1）抄送机关

抄送机关是指除主送机关之外需要告知或了解公文内容的上级、平级、下属机关。上级机关、平级机关、下属机关、不相隶属机关均用"抄送"，不使用"抄报""抄发"。

抄送机关左空 1 个字，用 4 号仿宋体字标识。抄送机关后用冒号，回行时与冒号后的抄送机关对齐，抄送机关间用顿号（"、"）隔开，最后一个抄送机关后用句号。

在确定抄送对象时，要注意两点：一是切忌滥报、滥送、滥发；二是防止漏报、漏送、漏发，以免与工作脱节。

（2）印发机关和印发时间

印发机关和印发时间即公文的送印机关和送印日期，位于抄送机关之下（无抄送机关时在版记部分列一行即可），用4号仿宋体字，书写于同一行，单位居左，时间居右，用阿拉伯数字标识，如"1999年1月6日印发"。

此外，在结尾栏下右侧、印发日期的下面应注明"共印××份"，并注在圆括号内。

（3）页码

指公文页数顺序号。一般用4号半角宋体阿拉伯数字，单页码右空一个字，双页码左空一个字。

例如，党政公文格式如图3-1所示。

份数序号 密级等级 保密期限 紧急程度	001 机密★一年 特急
发文机关标识 发文字号 签发人	×××××× 文件　　×× 字〔2001〕× 号　　　签发人：×××
红色反线 标题 主送机关 正文	×××××× 的请示 ×××××： 　××××××××××××××××××××××××××× ×××××。
附件	附件：1.××××× 　　　2.××××× 　　　　　××××年××月××日 　　　　　（盖章）
成文日期 （印章） 附注	（此件发至××级）
抄送单位 印发单位 印发日期 印数	抄送：××××× ×××××× × 日印发　　　　　　× 年 × 月 （共印 ×× 份）

右侧括注：眉首　主体　版记

图3-1　党政公文格式

（二）公务文书印装规格

为提高办公自动化的程度和机关文书工作的质量，实现信息的快速、高效传递，国家标准《党政机关公文格式》（GB/T 9704—2012）不仅对公文的构成要素及格式做出了明确规定，而且对公文的印装规格也有详细说明。下面就依照此国家标准的内容，对公文的印装规格加以介绍。

1. 公文用纸的规格

（1）用纸幅面：采用国际标准 A4 型纸，其幅面尺寸长×宽为 297mm×210mm。特殊形式的公文用纸幅面，根据实际需要确定。

（2）版心尺寸：156mm×225mm（不含页码）。

（3）版面页边（留空处）：①天头（上白边）为 37mm±1mm。②钉口（左白边）为 28mm±1mm。

2. 公文排版的规格和要求

（1）排版规格：正文用 3 号仿宋体字，一般每面 22 行，每行 28 个字，双面印刷。

（2）排版要求：公文页码用 4 号半角白体阿拉伯数字标识，置于版心下边缘的下一行，左右各放一条 4 号一字线，一字线距版心下边缘 7mm。空白页不标页码。

（3）印刷要求：黑色油墨应达到色谱所标 BL100%，红色油墨应达到色谱所标 Y80%、M80%。印品着墨实、均匀，字面不花、不白、干净无底灰、无断划，版心不斜。

（4）装订要求：公文应在左侧装订，不掉页。多采用骑马订或平订，两针针锯外订眼位于距书芯上下各 1/4 处，允许误差 ±4mm。平订订锯与书脊间的距离为 3~5mm；无坏订、漏订、重订，订脚平伏牢固；后背不可散页明订。裁切成品尺寸误差 ±2mm，四角成 90°，无毛茬或缺损。

六、公务文书制发与收文办理程序

（一）公文的制发程序

制发公文一般要经过起草、审核、签发、复核、缮印、用印、登记和分发等程序。

（1）起草。起草是拟写公文的最初阶段，包括准备、起草和修改三个阶段。准备阶段主要是明确行文宗旨，收集有关材料，选择恰当文种；起草阶段是将构思的内容用文字写成完整的公文初稿；修改阶段是对初稿进行加工润色直至定稿。

（2）审核。审核又称核稿，指文稿在送领导签发之前，应当由办公厅（室）进行审核。审核的重点是：是否需要行文，行文方式是否妥当，是否符合党的方针、政策，公文格式是否合理、文字标点是否恰当等。

（3）签发。签发是发文机关领导经过审核，在同意发出的文稿上签字的步骤。以本机关名义制发的上行文，由主要负责人或者主持工作的负责人签发；以本机关名义制发的下行文或平行文，由主要负责人或者主要负责人授权的其他负责人签发。

（4）复核。复核是指由文秘人员对签发后的文稿进行最后复核，看审批、签发是否完备，附件材料是否齐全，格式是否统一、规范等。

（5）缮印。缮印是指文件的印制和校对。

（6）用印。用印是指按规范要求给印制好的文件盖上单位公章。

（7）登记。登记是指将准备分发的公文的份数、分发单位等逐一记录清楚。

（8）分发。分发是指按照主送单位、抄送单位的范围数量把文件送出去。

（二）公文的收文办理程序

收文办理指对收到的公文的办理过程，包括签收、登记、初审、承办、传阅、催办、答复等程序。

（1）签收。签收是指收发人员对收到的公文逐件清点无误后，签字或盖章，并注明签收时间，以表示收到文件。

（2）登记。登记是指对公文的主要信息和办理情况详细记载。

（3）初审。初审是指对所收到的公文进行审阅核查，看是否应由本机关办理。

（4）承办。阅知性公文应根据公文内容、要求和工作需要确定范围后分送。拟办性公文应提出拟办意见报本机关负责人批示或者转有关部门办理；需要两个以上部门办理的，应当明确主管部门。紧急公文应明确办理时限。承办部门对交办的公文要及时办理，有明确办理时限的在规定时限内办理完成。

（5）传阅。根据领导批示和工作需要将公文及时送传阅对象阅知或者批示。

（6）催办。催办是指有关部门或人员按文件办理的时限对承办部门或承办人员进行及时检查和催促，加快公文运转，提高工作效率。

（7）答复。公文的办理结果应及时答复来文单位，并根据需要告知相关单位。

七、党政公文的写作要求

（1）合法。党政公文要符合党和国家的方针、政策、法律、法令和上级机关的有关规定。

（2）规范。要正确使用文种、格式规范；要观点鲜明、文字精练、语言朴实、结构严谨、条理清楚，篇幅力求简短；人名、地名、数字要准确无误。

（3）属实。制发公文是为了反映并解决实际工作中出现的问题。为确保公文内容的客观和处理意见的正确性，必须深入实际，调查研究，全面了解情况，实事求是地分析问题，这样才能写出内容属实可靠、意见切实可行的公文。

知识链接

党政公文与事务文书的异同

相同点：都有较为固定的体例格式，作者基本上都是单位领导或单位负责某一具体工作的同志。

不同点：事务文书的使用频率比党政公文高，使用范围更广；事务文书的政治性和政策性不及党政公文鲜明、显著；事务文书作者的法定性没有党政公文严格、明确，事务文书的作者可以是个人作者；事务文书在写法上比党政公文自由、灵活。

拓展训练

1. 拓展训练项目

阅读一篇公文。

2. 拓展训练流程

（1）分小组阅读，明确小组长。

（2）确定各小组任务，准备记录本。

（3）各小组交流、讨论。

3. 拓展训练评价

序号	评价指标	评价标准	效果评价（优秀/良好/合格）
1	阅读公文	了解公文文种、具体内容及要点	
2	任务完成情况	掌握公文的格式和办理程序	
3	拓展训练体会	熟悉党政公文写作的相关要求及流程	

4. 拓展训练反思

（1）通过这次阅读，认识到熟悉党政公文写作十分必要。

（2）我对本次阅读感到：

满意 ☐   一般满意 ☐   不满意 ☐

巩固新知

一、名词解释

党政公文　上行文　发文字号　主送机关　签发

二、填空题

1. 按行文关系的不同，可将公文分为_____、_____和_____三类。

2. 按职能的不同，可将公文分为_____、_____、_____、_____、_____和_____性公文。

3. 人们一般习惯把一份公文划分为三部分，即眉首部分、主体部分和版记部分。眉首部分又称文头部分，通常是由_____、_____、_____和_____、_____、_____、_____、_____诸要素构成；主体部分又称行文部分，通常是由_____、_____、_____、_____、_____、_____、_____、_____、_____诸要素构成；版记部分又称文尾部分，通常是由_____、_____和_____诸要素构成。

4. 公文的正文一般包括_____、_____、_____三部分。

5. 一份公文的制发程序是：①_____；②_____；③_____；④_____；⑤_____；⑥_____；⑦_____；⑧_____。

三、单项选择题

1. 公文写作是代本单位立言，体现本单位领导意图和愿望的写作活动。代本单位立言指的是（　　）。

　　A. 领导者　　　　B. 撰写者　　　　C. 签发者　　　　D. 发文者

2. 体现机关领导意图与愿望的写作活动称为（　　）。

　　A. 公文处理　　　B. 公文写作　　　C. 文章写作　　　D. 公文办理

3. 发文机关要求对公文予以办理或批复的对方机关称为（　　　）。

　　A. 收文机关　　　　B. 抄送机关　　　　C. 主送机关　　　　D. 领导机关

4. 公文主题词的标注位置在（　　　）。

　　A. 文尾横线左上端，顶格书写　　　　　B. 公文标题之下，右侧书写

　　C. 正文左下方，公文生效时间之上书写　　D. 抄送机关之下，左侧书写

5. 制发文件唯一可靠的标准稿本是（　　　）。

　　A. 修改稿　　　　B. 定稿　　　　C. 送审稿　　　　D. 草稿

四、多项选择题

1. 公文的主要特点是（　　　）。

　　A. 鲜明的政治性　　B. 高度的权威性　　C. 作者的法定性　　D. 体式的规范性

　　E. 显见的时效性

2. 在以下文种中，报请性公文可以使用的有（　　　）。

　　A. 报告　　　　B. 意见　　　　C. 会议纪要　　　　D. 请示

　　E. 办法

3. 在以下的公文结构要素中，处在公文文头部分的有（　　　）。

　　A. 秘密等级　　B. 紧急程度　　C. 发文字号　　D. 主送机关

　　E. 标题

4. 发文字号是由（　　　）组成的。

　　A. 机关代字　　B. 公文份号　　C. 年份　　D. 成文日期

　　E. 发文序号

五、判断题

1. 所有的公文都要标明签发人。　　　　　　　　　　　　　　　　　　（　　　）

2. 公文生效的标志是加盖公章。　　　　　　　　　　　　　　　　　　（　　　）

3. 凡是秘密文件都应当永久保密。　　　　　　　　　　　　　　　　　（　　　）

4. 公文的送审稿就是定稿。　　　　　　　　　　　　　　　　　　　　（　　　）

六、判断说明题

1. 公文标题是对公文主要内容精确、简要的概括和揭示。

2. 公文质量的好坏，直接关系到公文效用的发挥。

3. 公文起草都应由领导人亲自动手。

七、简答题

1. 收文办理程序有哪些？

2. 公文写作有哪些基本要求？

八、论述题

1. 论述公文的重要作用。

2. 论述公文的体式包括哪些要素。

九、辨析题

下面是 ×× 县人民政府发出的一份通知，请根据公文体式规范指出其错误所在，并逐一分析说明和改正。

××县人民政府文件
×政办发〔2009〕79号

县人民政府切实做好春耕生产工作的通知

各乡镇党委、人民政府，县委、县政府各部门：

为了切实做好 2009 年春耕生产准备工作，加快实施"农业增效工程"，现将有关事项通知如下：

……

××县人民政府办公室（盖章）

×年×月×日

抄送：县委领导、县政府领导

××县人民政府办公室	2009 年 10 月 23 日

共印 26 份

第二节　通知、通报、通告

学习目标

- 理解通知、通报、通告的概念、作用。
- 弄清通知、通报、通告的分类。
- 掌握通知、通报、通告的特点、写作格式和写作要求，会起草通知、通报、通告文稿。

案例引导

小熊请客

有一天，小熊想请森林里的动物们来参加自己的生日宴会，于是在告示栏上发文。

亲爱的朋友们：我要过生日了，请大家来参加我的生日宴会。

第二天，小熊准备了很多美味佳肴。小熊等啊等，直至等到天黑，没见一个小伙伴的踪影。小熊纳闷极了，便去看自己张贴的通知，才恍然大悟，原来是没写具体时间。

【议一议】

同学分组讨论：这则故事给我们哪些启发？

知识探究

一、通知

（一）通知的概念

通知是用于批转下级机关公文、转发上级机关和不相隶属机关公文、发布规章、传达要求下级机关办理和需要有关单位阅知或执行的事项，以及用来任免和聘用干部的一种文书。

（二）通知的作用

通知的作用既带有指挥性又带有知照性，既可以下行文又可以平行文，主要是将某些事项，包括工作或活动计划的安排、情况、问题、政策、规定、意见等告知有关单位和人员，并作为遵照执行的依据和凭证。

（三）通知的特点

（1）广泛性。一是通知的使用范围广，不受发文机关级别的限制，任何机关部门都可以使用。二是内容涉及面广，可以是国家大事，也可以是具体的工作事项。三是作用广泛，既可以布置工作、发布指示、传达事项，又可以用来批转下级公文或转发上级机关或不相隶属单位的公文。四是使用频率高，约占各单位行文数量的一半以上。

（2）专指性。通知的受文对象是确定的机关、单位和人员，是专指的、特定的。

（3）灵活性。一是通知的发布形式多样，既可以以文种形式印发，又可刊于报纸杂志，也可用电视、广播发布。二是通知的写作灵活，可以是长篇，也可以是短篇，短则一两句话即可。三是通知的结构既可独段，又可分段完成。

（4）时效性。通知要求制发及时，所通知的事项一般要求迅速办理、执行或知晓，必要时可用紧急通知。有的通知只在一定的时间内有效，时过境迁，就失去了效力，如会议通知。

（四）通知的分类

按内容和功用的不同，可将通知分为批示性通知、指示性通知、知照性通知和任免性通知等几种。

1. 批示性通知

批示性通知有以下三种。

（1）颁发性通知：用来发布行政法规、规章或印发有关文件，并要求下级机关遵照执行的通知。

（2）转发性通知：用来转发上级机关、同级机关或不相隶属机关的公文的通知。

（3）批转性通知：下级机关的来文被上级机关批转后，成为上级机关公文的一部分，与"批语"组成批转性通知转发下级机关认真贯彻执行的一种下行公文。

2. 指示性通知

当上级机关对下属机关的某项工作有所指示和安排，但不宜用命令等文种时，可采用指示性通知。

3. 知照性通知

当需要告知某一具体事项时，可采用知照性通知。知照性通知可分为事项性通知和会议通知两类。

事项性通知用于向有关单位传达某一事项或某一信息，起告知的作用，如机构的设立或变更或撤销、单位更名、人事调整、迁移办公地点、启用或更换或废止印章、变更作息时间、公布假期安排、开展某项活动等。

会议通知是指在召开某次会议前，提前发文通知有关与会人员做好参会准备的通知。

4. 任免性通知

当上级机关的有关任免事项需要下级机关知晓时，便会发出任免性通知。任免性通知是一种下行公文。

（五）通知的写作格式

通知由标题、主送机关、正文、落款四部分构成。

1. 标题

通知的标题通常有五种形式。

（1）发文机关＋事由＋文种，如《中共中央办公厅　国务院办公厅关于严禁用公费变相出国（境）旅游的通知》。

（2）事由＋文种，如《关于对青少年进行爱国主义和革命传统教育的通知》。

（3）发文机关＋文种，如《中共中央紧急通知》。

（4）文种。用文种"通知"做标题，多用于非正式文件的一般日常性和事务性的通知。

（5）特殊情况的通知标题。

① 当标题是通知事项时，可在文种前加"重要"或"紧急"两字，如《国务院办公厅关于切实加强安全工作有关问题的紧急通知》。

② 如果通知的内容是对前一文件内容的补充，可在文种前加"补充"两字，如《×××的补充通知》。

③ 几个单位联合形成的通知，可在文种前加"联合"两字。

④ 批示性通知的标题。在事由前加"发布"或"批转"或"转发"两字，如《国务院关于发布国家〈行政机关公文处理办法〉的通知》。

⑤ 任免性通知的标题。由发文机关＋人员姓名＋"任职"（"免职"或"任免职"）＋文种，如《××市人民政府关于×××同志任职的通知》《××市人民政府关于××等四位同志职务任免的通知》；如果是两人任免的通知，则在姓名后加"二同志"三字，如《××市人民政府关于×××和×××二同志任免的通知》；如果是3人（含3人）以上同志任免职务的通知，则在1人姓名后加等字，不需一一列出，如《××市人民政府关于×××等六名同志任免的通知》。

2. 主送机关

主送机关即受文对象。如果是印发的公文，主送机关的名称按惯例排列；如果是在报纸等新闻传媒上公布的知照性通知，其主送机关可以省略不写。

3. 正文

通知的正文一般由缘由、事项、要求三部分构成。

缘由主要写明发该通知的原因、理由、根据和目的，如"根据××会议精神""目前，许多地方出现了……""据反映……"等。过渡领引下文的语言，常用"现将有关事项通知如下""特此通知如下""特作如下紧急通知"等。

事项是通知的主体部分，要求写明通知的具体内容，如需要知晓些什么事、遵守些什么事、执行贯彻些什么事等。

要求是通知正文部分的结尾，它是对贯彻执行该通知提出的希望和要求。如"请遵照执行"就是要求在贯彻执行中不打折扣，必须严格按照通知意见和要求去做；"请结合实际，参照执行"则有一定的灵活性，要求从实际出发。有的通知在正文的主体部分已说明了要求，则不再写通知的要求。

各类通知在写作中，其正文的写法有所不同，现介绍如下。

（1）批示性通知的正文一般由批示意见和需批转、转发、发布的文件构成一个整体。写这种通知时，主要写批示意见。批示意见有两种写法。

一是写明发文机关对批转、转发、发布文件的态度，然后提出贯彻执行意见、要求，往往是一句话。批转性通知的常用态度用语是"批准""同意"。如《国务院批转国家药品监督管理局〈药品监督管理体制改革方案〉的通知》，其正文只有一句话："国务院同意国家药品监督管理局《药品监督体制改革方案》，现转发给你们，请认真贯彻执行。"缘由是国务院对国家药品监督管理局来文的批示，事项是批转国家药品监督管理局的来文，结尾是请认真贯彻执行。转发性通知在引用所转发文件的标题后，还需在括号内引上发文字号，如"现将《国务院关于×××的通知》（国发〔2000〕×号）转发给你们，望遵照执行"。发布性通知没有此要求。

二是除交代批准、转发、发布文件的原制发机关和名称外，还要说明目的、意义，做出指示，提出要求。

另外，对批转、转发、发布原制发文件的执行力度要有分寸，是"遵照执行"，还是"参照执行"；是"研究执行"，还是"结合实际情况贯彻执行"，都应写清楚。

（2）指示性通知的正文包括缘由、事项和要求。

（3）事项性通知的正文主要是把缘由和事项说清楚就行。

（4）会议通知的正文包括会议名称、召开会议的目的和依据、会议的内容和任务、会议的起止时间和地点及联络人、对参会人员身份的要求、对与会人员会前准备工作的要求、其他需要事先说明的事项。

（5）任免性通知的正文只需写明什么会议决定、任命什么人担任什么职务、免去什么人的什么职务即可，不必说明原因。

4. 落款

在正文的右下方署名并写上日期，加盖印章。若是标题上有署名或文件有版头，署名可省略。

（六）通知的写作要求

（1）要规范使用不同种类的通知。通知的功能很多，必须掌握各类通知的区别和用法。

（2）宜详则详，宜简则简。指示性的通知、会议通知，内容应详细、周到；发布性、转发性、批转性通知内容则相对简要。

（3）通知事项必须清楚明确。即要明白无误地提出工作任务和要求，交代应知或应办的事项，切忌泛泛而言，令人不得要领。

📄 例文：

通　　知

为了组织好春游活动，兹定于××月××日上午9点整在校办公室召开各班班主任及班长、团支部书记会议，研究有关春游的具体事项，请以上人员准时到会。

××学校办公室

××××年××月××日

评析：

这是一则事项性通知，用文种做标题，正文写清楚发通知的缘由和事项及要求。格式规范，用语简洁，一目了然。

📖 **例文：**

××市人民政府
关于召开全市职教工作会议的通知

各市（县、区）人民政府、市属中等职业学校：

经市政府同意，兹定于 3 月 10 日在××大酒店召开全市职业教育工作会议，总结 2022 年全市职业教育工作，研究部署 2023 年工作任务。具体事项通知如下。

一、与会人员

各市（县、区）分管教育工作的副市（县、区）长、教育局局长、职业中学校长、市属中专学校校长各 1 人。

二、会议时间、地点

会议时间：3 月 9 日报到，3 月 10～11 日开会。

会议地点：××大酒店。

三、注意事项

1. 与会人员请于 3 月 6 日前将与会人员单位、姓名、性别、民族、职务等事项报市教育局职教科。

2. 往返路费和住宿费自理，由原单位负责报销。

联系人：×××

电　话：×××××××

传　真：×××××××

××市人民政府

2023 年××月××日

评析：

这是一则会议通知，标题由发文机关、事由、文种组成，正文写明了发文的缘由、事项、要求、注意事项。格式规范、表达有条理、逻辑清晰、语言简洁。

二、通报

（一）通报的概念

通报是用于表彰先进、批评错误、传达重要精神或告知重要情况的一种下行公文。

（二）通报的作用

（1）表彰先进，弘扬正气。表彰在工作、生产、科研中涌现出来的先进人物和先进集体，宣传其先进事迹，广泛推广其成功经验，起鼓励先进、激励群众、示范指导工作的作用。

（2）批评错误，抵制歪风。批评有关单位、有关人员所犯错误，从中汲取教训，引以为戒，严防类似错误再次发生，使当事人受到鞭策，让广大干部和群众受到教育。

（3）交流情况，互通信息。传达重要会议精神或情况，达到统一思想、提高认识、明确方向、协调配合、互相促进工作的目的。

（三）通报的特点

（1）严肃性。无论哪一种通报都要涉及情况的说明，说明情况要慎重，要以确凿无误为前提。为此，在动笔前必须将事实核对清楚，在写作中要把握好分寸，绝不能按主观想象随意编造情况。对情况的分析、判断要以事实为基础，以法规为依据，不能妄下结论。

（2）教育性。表彰通报是通过表彰先进典型，让先进思想发扬光大，鼓舞群众学先进、找差距；批评通报则是一方面让当事人认识错误、改正错误，另一方面让人们汲取教训、引以为戒；情况通报则是通过传达交流重要精神或情况引起人们的注意。三者的目的都是让人们从中受到教育。

（3）典型性。无论是表彰通报还是批评通报，也无论是传达重要精神还是情况通报，所举事例都应十分典型，以使通报内容具有广泛的指导性和普遍的实用性。

（4）时效性。制发通报有利于当前工作的顺利进行，因此，无论是先进典型，还是重要情况，或者是错误事实，一旦出现，通报要及时制发，过时的通报则成了"马后炮"，再好也没有意义。

（四）通报的分类

根据内容的不同，通报可以分为表彰性通报、批评性通报和情况通报三种。

（1）表彰性通报用于对先进人物、先进单位进行表扬，树立典型，推广经验，号召广大干部、群众向先进人物或先进单位学习，把工作做得更好。

（2）批评性通报用于批评、揭露个人或单位的违法乱纪行为，纠正不正之风，引起警戒，汲取教训，改进工作。

（3）情况通报用于传达事关全局或本系统、本单位某一方面的重要情况，或传达上级的重要指示。

（五）通报的写作格式

通报由标题、主送机关、正文和落款四部分组成。

1. 标题

标题通常有以下四种形式。

（1）发文机关＋事由＋文种，如《国务院办公厅关于表彰奖励中国女子排球队的通报》。

（2）事由＋文种，如《关于 2000 年上半年公文处理情况的通报》。

（3）发文机关＋文种，如《××市纪律检查委员会通报》。

（4）文种，如《通报》。

2. 主送机关

主送机关即通报的受文机关。有明确发文范围的通报要写明主送机关，如果通报是通过登报、张贴等形式发布，可不写主送机关。

3. 正文

正文由情况缘由、分析评价、决定事项、希望要求四部分组成（见表3-1）。

表3-1　通报正文组成

项目　　内容　　种类	表彰性通报	批评通报	情况通报
情况缘由	缘何发通报或叙述主要事迹（时间、地点、人物、事件等要素）	缘何发通报或公布错误事实（时间、地点、人物、事件等要素）	介绍情况或传达重要精神
分析评价	说明意义、重要性、经验等	分析根源、危害性、教训等	表明意见和态度
决定事项	表彰、奖励决定	处理、处分决定	指导总体工作
希望要求	号召学习先进榜样、弘扬精神	要求汲取教训、引以为戒	努力的方向、改进的措施

4. 落款

落款包括发文机关署名和成文日期。若在标题中有发文机关名称，则只需写成文日期，加盖公章即可。

（六）通报的写作要求

1. 客观真实

通报中所通报的情况，或表彰或批评的事例，必须是真实可靠、客观存在的。写作前要对有关事实材料进行反复调查核实，务求准确反映客观事实。写作过程中不得对事实材料任意作主观夸大或缩小，更不能虚构和捏造，必须实事求是，入情入理。

2. 事例典型

通报要选取典型的、有代表性的、有普遍指导意义的事例，使通报具有教育性，真正起到教育鼓励或引起警戒的作用。

3. 把握时机

通报有很强的时效性，应抓住时机，及时将先进典型经验予以宣传推广，对反面典型予以揭露批评，对重要情况予以公布，起到交流情况、指导工作的作用。

📄 例文：

关于对县水泥厂实现安全生产的表彰通报

县水泥厂采取有力措施，切实贯彻执行《安全生产条例》，建立安全岗位责任制，××××年全年生产无事故，成为我县三年安全生产的优秀企业。为此，县政府决定对县水泥厂给予通报表扬，并奖励锦旗一面、奖金20万元。

县政府号召全县各企业以县水泥厂为榜样，层层建立健全安全生产岗位责任制，扎扎实实地抓好安全生产，争创安全生产企业，把我县安全生产推上一个新台阶。

　　　　　　　　　　　　　　　　　××县人民政府（公章）

　　　　　　　　　　　　　　　　　××××年××月××日

评析：

这是一则表彰通报，标题由发文机关、事由和文种构成，"关于"属介词。正文第一段介绍了先进事迹和表彰决定，第二段提出希望号召。格式正确、语言简洁明了、入情入理。

三、通告

（一）通告的概念

通告是在一定范围内向有关单位和群众公布应当遵守或者周知的事项的公文。

（二）通告的作用

通告具有直接生效的法律作用，除此之外，还有知晓作用、执行作用、教育作用。

（三）通告的特点

（1）广泛性。通告的发文机关级别和使用范围不受限制，知晓公文内容的对象（本单位人员、当地群众、流动人口）不受限制。可以说，通告是一种公开的通知。

（2）公布性。通告是公开发表和张贴的，也可以采取广播、电视等形式公布。

（3）制约性。通告的法令性和政策性较强，兼有知照与约束的性质。

（四）通告的分类

通告通常分为法规性通告和周知性通告两种。

（1）法规性通告：在一定范围内公布政策和法规，并要求有关人员必须遵照执行或强制执行的通告，如《关于坚决清理乱收学费的通告》。

（2）周知性通告：执行机关或专业性部门在一定范围内向单位和人民群众公布具体事项的通告，如《停电通告》。

（五）通告的写作格式

通告由标题、正文和落款三部分组成。

1. 标题

标题通常有以下四种形式。

（1）发文机关＋事由＋文种，如《××市交通局关于龙舟比赛封航的通告》。

（2）发文机关＋文种，如《××市交通局通告》。

（3）事由＋文种，如《关于龙舟比赛封航的通告》。

（4）文种，如《通告》。

2. 正文

通告的正文一般由缘由、事项、结尾三部分构成。

缘由主要阐明发布通告的目的、原因和意义。常用"特此通告如下""现通告如下"过渡语引起下文。

事项是要求人们遵照或应该知晓的具体内容。在具体安排上，可分条列项，也可不分段落条款。

结尾处可以指明执行时间、执行范围和有效期；可以提出希望和号召；可以以"特此通告""此通告"结尾。有的通告没有结尾。

3. 落款

若标题中有发文机关，落款处不再写发文机关，只写发文日期，盖上公章即可。

（六）通告的写作要求

（1）政策性强。通告所规定的事项必须符合党的方针、政策，要写明法规依据，以便执行。

（2）行文具体。要让人们较为容易地了解、掌握通告的内容，必须做到行文具体、中心突出，绝不能东一榔头，西一棒槌。

（3）语言通俗。通告面向社会公众，具有告知性。因此，语言要通俗易懂，言简意赅，常采用"希望、请、拟"等词语。

📄 **例文：**

×××学校关于加强安全保卫工作的通告

近日来，我校学生宿舍连续发生被盗事件，为保证学生的财产安全，维持正常的教学秩序，特作如下通告：

一、凡是学校师生员工出入校门，一律佩戴校徽，否则，门卫值班人员有权禁止出入。

二、外来人员进入学校，必须持身份证或所属单位的介绍信进行登记，方可入校。

三、学生家长住宿舍应得到校保卫科的批准，否则，不得入住宿舍。

四、校内各科室和教职工住宅、学生宿舍务必关好门窗。

本通告自××××年××月××日起生效。

××××年××月××日

评析：

这是一则周知性通告。标题由发文单位、事由和文种构成，"关于"为介词。正文表明了发通告的原因、目的、意义，要求人们遵照或知晓的事项，结尾指明生效时间。格式规范、行文具体、言简意赅。

知识链接

通知、通报、通告的区别

通知、通报、通告都带有一个"通"字，即通通告知的意思，但通知着重在"知"，且要知而行；通报着重在"报"，多用于传播信息；通告重在"告"，用于让人们遵守或周知事项。具体区别如下。

（1）告知的内容不同：通知可以发布行政法规和规章，批转和转发公文，传达需办理和周知的事项等；通报的内容具有较强的典型性和褒贬性；通告具有传达和告知的作用。

（2）表现方法不同：通知主要是叙述；通告主要是说明、议论；通报则叙述、说明、议论兼用。

（3）告知的时间不同：通报以事实为前提，只有在事后才能告知；通知和通告告知的是事项，一般是在事前告知。

（4）告知的对象不同：通告告知的对象包括本单位人员和社会人员；通知和通报告知的是本单位人员，但通知有专指性，通报的告知对象没有专指性。

（5）行文方式不同：通告多用张贴、登报或广播、电视等形式公布；通知、通报一般以"红头文件"下发，偶尔刊登于报纸、杂志，或以广播、电视的形式发布。

拓展训练

1. 拓展训练项目

（1）上课时教师宣读一则好人好事，组织学生进行讨论，并由学生依据讨论结果写一份表彰性通报。

（2）××公司拟召开工作会议，内容主要是传达市经委工作会议精神，总结今年的工作，布置明年的任务，要求公司所属的各部门主要负责人参会。与会人员需带今年的工作总结暨明年的工作计划，会议时间是2009年12月27日，要求提前一天报到，会议地点是×××酒店。请按要求拟写一份该会议的通知。

（3）根据学校管理要求，校园周边100米范围内不许经营网吧，请据此内容写一份通告。

2. 拓展训练流程

（1）分组：通知小组、通报小组、通告小组、评委小组。
（2）各组成员共同商议写出本组对应的通知、通报、通告。
（3）评委小组点评。
（4）教师归纳总结。

3. 拓展训练评价

序号	评价指标	评价标准	效果评价（优秀/良好/合格）
1	通报格式、用语	格式规范、树立典型、号召学习、用词准确	
2	通知格式、用语	格式规范、条理清楚、规定具体、用语果断	
3	通告格式、用语	格式规范、用语简洁明了	

4. 拓展训练反思

（1）我在本次活动中遇到了哪些问题？如何解决？
（2）我在本次活动中的收获有哪些？

（3）我对本次活动感到：

满意 □   一般满意 □   不满意 □

巩固新知

一、名词解释

通知　通报　通告

二、填空题

1. 通知的正文，一般由＿＿＿＿＿、＿＿＿＿＿、＿＿＿＿＿三部分组成。为了交代制发通知的根据和目的，常用"＿＿＿＿＿""＿＿＿＿＿"等惯用语句过渡引起下文。

2. 在一定范围内应当遵守和周知事项的公文是＿＿＿＿＿，其作用有＿＿＿＿＿、＿＿＿＿＿、＿＿＿＿＿、教育。

3. 通报一般由＿＿＿＿＿、＿＿＿＿＿、＿＿＿＿＿、＿＿＿＿＿四部分组成。

三、判断题

1. 通告带有知照性，既可以下行文又可以平行文。   （   ）
2. 通告适用于在一定范围内公布应当遵守或执行的事项。   （   ）
3. 通报是在一定范围内表彰先进、任免人员、传达事项的告知性公文。 （   ）

四、单项选择题

1. 下列公文中，使用频率最高、应用最广泛的文种是（   ）。
   A. 通知   B. 通报   C. 通告   D. 决定

2. 表扬好人好事，需用（   ）。
   A. 通知   B. 通报   C. 通告   D. 决定

3. 转发上级机关和不相隶属机关的行政公文应当使用（   ）。
   A. 转发性通知   B. 批准性通知   C. 事务性通知   D. 政策性通知

4. 在以下文种中，可以用来任免人员的文种是（   ）。
   A. 通知   B. 通告   C. 通报   D. 报告

五、多项选择题

1. 在以下文种中，属于告知性行政公文的文种有（   ）。
   A. 通告   B. 通知
   C. 通报   D. 报告
   E. 请示

2. 通知的主要特点是（   ）。
   A. 广泛性   B. 专指性
   C. 灵活性   D. 时效性
   E. 批转性

六、简答题

1. 通知标题的写作有哪几种形式？
2. 通知、通报、通告有什么区别？

第三节　报告、请示、批复

3-3
报告、请示、批复

学习目标

- 理解报告、请示、批复的概念和作用。
- 弄清报告、请示、批复的种类。
- 掌握报告、请示、批复的特点、写作格式和写作要求，会写报告、请示、批复文稿。

案例引导

　　××学校把《2022年的工作总结暨2023年的工作要点》一式两份呈送给××市政府予以审阅。请你为××学校拟发这份报告。

【议一议】

分组讨论：如何拟写这份呈送报告？

知识探究

一、报告

（一）报告的概念

　　报告是行文单位向上级机关汇报、反映情况，提出意见和建议，答复上级机关的询问，以取得上级对工作的支持和指导的一种陈述性的上行公文。

（二）报告的作用

（1）向上级机关汇报工作进展情况、经验教训、今后的工作打算。

（2）向上级机关反映工作中出现的重大、紧急情况或未曾遇到的新情况。

（3）答复上级机关对某些具体事项的查询。

（4）向上级机关报送材料。

（5）上级机关将下属单位呈报的报告用作指导全局工作的依据。

（三）报告的特点

（1）汇报性。报告是下情上达的重要工具，它要求把发生在本单位的客观情况、事实陈述出来，让上级机关知晓，以利于科学决策和指导工作。

（2）陈述性。报告主要采用叙述手法，直陈其事，向上级机关讲明自己做了哪些工作，是如何做的，有哪些经验和体会，还存在哪些问题，今后有什么打算等。

（3）信息性。对上级机关来说，报告是一种重要的信息来源，上级可根据报告情况，制定切实可行的工作措施。

（四）报告的分类

1. 根据报告的性质分类

根据报告的性质可将报告分为以下六种。

（1）工作报告

工作报告是就本部门、本单位的日常工作情况向上级机关做出的报告，内容包括工作的进展情况、取得的成绩和经验、存在的问题和教训，以及今后的工作打算。工作报告根据内容的范围不同分为综合工作报告和专题工作报告。

① 综合工作报告：反映本地区、本单位全面情况的报告。这种报告内容全面，篇幅较长，是全面总结并向上呈报的主要形式。

② 专题工作报告：内容单一，单就某一方面情况、某项工作或某个活动向上级所做的报告。专题报告突出"专"字，是一事一报的专门性报告。

（2）情况报告

情况报告是本系统或本单位在工作中出现新情况、新问题或某种突发性事故，需要向上级及时汇报、反映情况时而写的报告。

（3）建议报告

建议报告是针对本系统或本单位的工作中出现的某些问题、具体情况，提出合理化的建议或改进意见，经上级领导审定，获得批准并同意实施后，要求上级转发至有关单位执行而写的报告。

（4）答复报告

答复报告是针对上级对某项工作、某些情况、某些问题查阅、了解时所写的报告。一般询问，下级可以口头答复。比较重要的事项下级应予以书面报告，有所问才有所答，不问则不答，不得答非所问，这就必须紧紧抓住"问"和"答"行文。

（5）报送报告

报送报告是向上级机关报送文件时加在该文件前面的一种上行公文，此种公文是不能直接行文的普通公文，如计划、总结、调查报告、论证报告、可行性研究报告等，只能以法定公文的形式呈报上级。

（6）会议报告

会议报告是在会议上陈述工作情况、提出问题和意见时使用的一种报告，或报送上级机关参考的一种公文。

2. 根据报告的行文目的分类

根据报告的行文目的可将报告分为以下两种。

（1）呈报性报告

呈报性报告是指单纯向上级机关汇报工作、反映情况，不提出意见，不要求上级转发的报告，如工作报告、情况报告、答复报告。

（2）呈转性报告

呈转性报告是既反映情况，又提出意见，甚至会写明具体的措施和方法，请上级审阅批转有关单位的报告，如建议报告。

（五）报告的写作格式

报告一般由标题、主送机关、正文和落款四部分构成。

1. 标题

报告的标题有以下两种形式。

（1）发文机关＋事由＋文种，如《××县人民政府关于整顿市场经济秩序的报告》。

（2）事由＋文种，如《安全生产工作报告》。

2. 主送机关

报告的主送机关一般是一个。若还要报给其他上级机关，则用抄送的形式。

3. 正文

报告的正文通常分为缘由、事项和结尾三部分。

（1）缘由。缘由部分主要是写报告的依据、目的、原因或基本情况。不同种类的报告缘由部分写法不同：工作报告的缘由主要是介绍所做工作；情况报告的缘由主要是交代所发生的情况，如何人、何地、何事、何因、何果等；建议报告的缘由着重阐述所提建议的依据；答复性报告的缘由主要是引据上级询问文件的标题、发文字号。缘由部分结束时常用惯用语"现将有关情况报告如下"过渡引领下文。

（2）事项。事项部分是报告的核心，写法因报告种类的不同而不同。工作报告的事项部分主要写做了哪些工作、做得怎样、取得的成绩、存在的问题、今后工作设想及建议；情况报告的事项部分主要是介绍情况、分析情况和提出解决问题的意见和办法；建议报告的事项部分主要是逐一列出具体的建议和意见；答复报告的事项部分主要是针对询问做出明确答复；报送报告一般只用一句话把所报文件的名称、份数说清楚即可。

（3）结尾。通常用程式化用语做报告的结尾。工作报告和情况报告常采用"特此报告""以上报告，请审阅"；专题报告常采用"以上报告若无不当，请批示执行"；建议报告常采用"以上报告如无不妥，请批转各有关部门执行"。

4. 落款

落款包括发文机关署名和成文日期。若在标题中有发文机关名称，只需在正文右下方写成文日期，加盖印章即可。

（六）报告和总结的区别

（1）报告对做过的工作一般只叙述（即做了什么），不做议论评价；总结必须进行议论（即做得怎么样，为什么这样做）。

（2）报告可用大量篇幅来写建议或意见，而总结只有介绍经验的功能。

（七）报告的写作要求

（1）立意要新。立意即确立主旨需新颖、深刻。

（2）内容要实。报告是上级了解情况、指导工作的依据。因此，材料必须真实可靠，有喜报喜、有忧报忧，一分为二，不能文过其实、弄虚作假、欺骗上级，造成工作上的失误。

（3）重点突出。大多数报告的容量大，涉及的材料多，写作时不能面面俱到，什么都写。要有针对性地选取主要的事实材料，然后进行合理组织，做到重点突出、主次分明、有详有略、条理清晰。

（4）不夹请示。上级对报告是不批复的，因此，报告中不能夹带请示事项。

（5）不能越级。为维持正常的公文办理程序，报告不得越级报送。

例文:

××××学校关于工会干部有关待遇的报告

市总工会:

××月××日函悉。现将我校工会干部有关待遇报告如下:

一、我校基层工会主席由教师兼任,每月减免工作量10学时。

二、我校工会委员由教师兼任,每月减免工作量6学时。专此报告。

××××学校工会(公章)

××××年××月××日

评析:

这是一篇答复报告,标题由发文机关、事由和文种组成,正文由缘由、事项和结尾构成,文章不枝不蔓,言简意赅。

二、请示

(一)请示的概念

请示是下级机关向上级机关或业务主管机关请示指示,审核批准某一事项时使用的一种上行公文。

(二)请示的作用

请示用于请示上级机关或业务主管机关对某一问题或某项工作的处理给予指示或批准。

(三)请示的特点

(1)请求性。凡是请示都对上级机关有所求,请求上级领导解决工作中存在的问题和困难。

(2)先行性。请示需要在事前行文,请示的事项有待上级领导明确表态后方可执行。

(3)专项性。请示的行文方向是明确而固定的,即只能写给有隶属关系的上级机关。

(4)单一性。请示的行文要求一文一事。

(四)请示的分类

请示通常分为请求指示的请示、请求批准的请示、请求批转的请示、请求帮助的请示等。

(1)请求指示的请示:请示单位对有关方针政策的理解和执行不够明确或存在不同理解之处,需要上级机关给予原则上的指示时所使用的一种上行公文。

(2)请求批准的请示:请示单位对管辖区域的变更、机构设置、人员定编、人事安排、资产购置、财款动用等问题向上级机关请示办理的一种上行公文。

(3)请求批转的请示:请示单位将请示的事项报请上级机关批转执行的一种上行公文。

(4)请求帮助的请示:请示单位因工作中遇到无力解决的困难,请求上级提供具体帮助的一种上行公文。

（五）请示的写作格式

请示通常由标题、主送机关、正文和落款四部分组成。

1. 标题

请示的标题有两种形式。

（1）发文机关名称＋事由＋文种，如《××学校关于建立植物园的请示》。

（2）事由＋文种，如《关于统一管理城乡土地的请示》。

2. 主送机关

主送机关只能写一个，且必须是有权批准请示事项的直接上级。如果是有双重领导的单位，也必须只主送一个上级机关，若还需要报给其他上级机关，则用抄送的形式。如果写上两个或两个以上主送的上级机关，很可能造成互相推诿而贻误工作。

3. 正文

正文由缘由、事项、结尾三部分组成。

（1）缘由。写明请示的依据或理由。请示的目的之一是要得到上级领导的批准，所以缘由部分依据一定要充足，理由一定要充分，要有说服力，符合实际情况。

（2）事项。主要写请示什么问题，要求批准什么事项，要解决什么问题、给予什么指示等。

（3）结尾。请示的结尾分两种：一种是请求批准请示的结尾，常用的惯用语为"以上请示当否，请批示"或"当否，请批复"。另一种是批转请示的结尾，惯用语为"以上请示若无不妥，请批转有关部门执行"。

4. 落款

落款包括发文机关署名和成文日期。若在标题中有发文机关名称，在此处只要写成文日期，加盖印章即可。

（六）请示与报告的区别

（1）行文目的不同。请示行文主要是为解决问题而写，请求上级给予批复或指示；报告行文主要是汇报工作、反映情况、答复询问等，一般不要求上级回文答复。

（2）行文内容不同。请示内容单一，一份请示只涉及一个问题，一文一事；报告的内容可数事并谈，同时汇报。

（3）行文时间不同。请示必须在事前行文，不允许先斩后奏；报告在事前、事中、事后均可行文。

（七）请示的写作要求

（1）一文一事。一份请示只能写一件事，如果一文多事，会导致受文机关无法批复。

（2）单头请示。制发请示要坚持"谁主管，请示谁"的原则，只能主送一个上级机关或主管部门。如果需要，可抄送有关上级机关。

（3）不越级请示。如有特殊情况必须越级请示时，要同时抄报越过的上级机关。除个别领导人直接交办的事项外，请示一般不直接呈送领导个人。

（4）不抄发下级。请示是上行文，不得抄发下级造成工作混乱。

📝 **例文：**

关于××××年国债发行工作的请示

国务院：

　　××××年将发行××亿元国债，其中财政债券××亿元、国库券××××亿元，整个发行工作从 3 月 1 日开始。为保证这项工作顺利进行，现提出以下意见：

　　一、发行国债，是平衡财政预算，加强国家重点建设的重要措施，各级人民政府要加强领导，采取多样化的发行方式，保证完成今年国债的发行任务。

　　二、继续贯彻国债优先发行的原则。在国家发行期内，除国家投资债券外，其他各种债券一律不得发行。国债以外的各种债券利率不得高于同期国库券的利率。

　　三、各级人民政府和国务院有关部门要严格做好国库券以外的各种债券发行的审批工作。未按上述规定发行的债券，各类证券中介机构不得代理发行，各证券交易场所也不得批准上市。

　　以上意见如无不妥，请批转各地区、各部门执行。

财政部

国家计委

中国人民银行

××××年××月××日

评析：

　　这是一篇请求批转的请示。标题是由事由和文种两个要素构成的。正文篇幅虽不长，但却包括缘由、事项、结尾三部分。缘由说明了发文目的，并以"现提出以下意见"作为过渡语；事项部分写了三条意见，均为具体的工作原则和措施；由于该文所处理的工作是一项涉及面较广的工作，因此结尾部分提出了批转请示。针对性强，用语准确、简练，符合请示的行文要求。

三、批复

（一）批复的概念

批复是上级机关对下级的请示事项给予答复和批示的一种下行文。"批复"的"批"即批准，对下级的请示表明态度，或同意或不同意等；"复"即答复、回复，是对下级请示事项的具体意见。没有下级对上级的请示，批复就无由而发。批复和请示紧密结合，这在行政公文中是唯一的。

（二）批复的作用

通过批复，上级机关对下级的请示作出具体明确的答复和指示，可使下级机关在执行政策和处理公务时有所依据，或者及时得到必不可少的帮助。

（三）批复的特点

（1）权威性。批复是答复下级请示事项的回复性公文，发自上级机关和业务主管机关，代表着领导机关的意愿和对重大事项的权威性答复。

（2）针对性。批复是针对请示事项而行的公文，不涉及事项以外的任何内容。

（3）回复性。上级机关和业务主管机关对下级的请示事项无论同意与否，都必须有针对性地给予答复。

（4）简要性。批复对请示的事项只做原则性、结论性的表态，不需做具体的分析和阐述，词语简明扼要。

（四）批复的种类

（1）指示性批复：对请求指示的请示的答复。

（2）批准性批复：对请求批准的请示的答复。

（五）批复的写作格式

批复由标题、主送机关、正文和落款四部分组成。

1. 标题

批复的标题有以下四种形式。

（1）事由＋文种，如《关于加强政策研究工作几个问题的批复》。

（2）发文机关＋事由＋文种，如《××县人民政府关于同意新建实验高级中学的批复》。

（3）发文机关＋事项＋行文对象＋文种，如《国务院关于同意××省设立××市给××省人民政府的批复》。

（4）发文机关＋原件标题＋文种，如《××县人民政府〈关于修建××电站的请示〉的批复》。

2. 主送机关

批复的主送机关是与批复相对应的请示发文机关。

3. 正文

正文由缘由、事项、结尾三部分组成。

缘由是指批复的原因和根据。一般只用一句话写明来文日期、标题和发文字号以及收文情况，然后通常用固定句式"已收悉，经研究，现批复如下"过渡到下文。

事项是对请示中所提出的问题、意见或要求给予明确的答复，即是否同意，是完全同意，还是部分同意。若表示不同意或不批准，则需说明理由。有的批复，在事项中还会提出执行时间要求，或意见、要求、希望。

批复常用惯用语"此复""特此批复"等结尾，也有自然结尾的。

4. 落款

落款处写明发文机关和发文日期。标题中已有发文机关的，可只写发文日期，加盖印章。

（六）批复与批转通知的区别

（1）从功能方面看：批复具有专向性，主送机关一般只有一个，因此，批复意见对非请示单位无任何意义；批转通知大多数是普发性文件，具有广泛的指导意义。

（2）从结构方面看：批复是直接对请示机关行文，不涉及其他单位，因此，不必附请示原件；批转通知针对的单位不止一个，因此，必须将所批文件作为附件置于批语之后。

（七）批复的写作要求

（1）有"的"而发，专向行文。批复是对下级请示事项的答复，下级有请示，上级才能针对该请示答复。因此，批复的内容应紧紧扣住来文中请示的事项，给予指示或表明态度，不能答非所问。

（2）有"请"必复，态度鲜明。下级有请示，上级机关必须给予答复。上级机关的答复，无论是解释政策，还是审批事项；是同意，还是不同意；是部分同意，还是暂时不议：均要旗帜鲜明地表明态度。对请示中提出的问题，包括比较棘手的问题，不躲闪、不回避，切忌含糊其辞、模棱两可。

（3）原则指示，方向明确。请示事项的具体执行和办理，上级机关不可能处处点到，所以，批复中关于总的工作方针的指示意见，只能是原则性的、方向性的，而不能样样都规定得非常详细。

（4）理由充分，行文及时。在批复中无论是对有关政策做出解释，还是对有关事项表明态度，都要有可靠的根据和充足的理由。领导机关应急下级之所急，接到请示后，就要及时研究，及时批复，决不可拖拉，更不能推诿扯皮。

📄 例文：

××省人民政府关于同意修改××县土地利用总体规划的批复

××市人民政府：

《关于要求调整××县××镇土地利用总体规划的请示》（×政〔2009〕综3号）收悉。经研究，同意你市上报的××县××镇土地利用总体规划修改方案，将7.3公顷土地（其中耕地1.1公顷）列入建设用地，并相应修改××县××镇土地利用总体规划。规划修改实施情况报省国土资源厅备案。

××省人民政府

××××年××月××日

评析：

这是一篇批准性批复。标题由发文机关、批复事项和文种构成。正文部分表明同意报批文件的态度之后，提出指导性意见。用语准确、简练，符合批复的行文要求。

知识链接

上级行政机关分上级行政主管机关和上级业务主管机关。上级行政主管机关是指拥有"三权"的机关，即人事权、财政权、业务权；上级业务主管机关是指拥有业务领导权的机关。

拓展训练

1. 拓展训练项目

组织全班同学对学校办学条件进行一次摸底调查，将发现的问题进行整理归类，找出急需解决而学校自身又无力解决的问题，拟写一份请示，请求学校主管部门给予解决。再根据以上请示，模拟学校主管部门的身份，写一份批复。

2. 拓展训练流程

（1）回顾请示、批复的写作格式。

（2）认真做好调查记录，找到亟待解决的突出问题。

（3）拟写请示、批复。

3. 拓展训练评价

序号	评价指标	评 价 标 准	效果评价（优秀/良好/合格）
1	标题	常见写法	
2	正文	紧扣请示事项明确表态，不含糊其辞、模棱两可；也不答非所问。用语符合发文身份	
3	落款	落款由发文机关、发文日期构成	

4. 拓展训练反思

（1）请示、批复的写作是否符合写作要求？

（2）我对本次拟写的请示、批复感到：

满意 □　　　　　一般满意 □　　　　　不满意 □

🌑 巩固新知

一、名词解释

报告　请示　批复

二、填空题

1. 使用批复的先决条件是下级机关上报＿＿＿＿＿。

2. 请示的主要特点是＿＿＿＿＿、＿＿＿＿＿、＿＿＿＿＿、＿＿＿＿＿。

3. 报告按性质的不同可分为＿＿＿＿＿、＿＿＿＿＿、＿＿＿＿＿、＿＿＿＿＿、＿＿＿＿＿和＿＿＿＿＿。

4. 批复通常分为＿＿＿＿＿和＿＿＿＿＿两类。

三、单项选择题

1. 下列行政公文中属于上行文的一组是（　　　）。

　A. 通知、通告　　　B. 批复、请示　　　C. 报告、请示　　　D. 请示、通知

2. 把自己的工作进程、成绩、经验、存在的问题和教训以及今后工作的打算向上级汇报，应采用的行政公文是（　　　）。

　A. 工作报告　　　B. 情况报告　　　C. 建议报告　　　D. 答复报告

3. 请示单位因工作中遇到无力解决的困难，请求上级帮助解决，应写（　　　）。

　A. 请求指示的请示　　　　　　　B. 请求批准的请示

　C. 请求帮助的请示　　　　　　　D. 请求批转的请示

4. 报告是下级机关向上级机关呈送的（　　　）。

A.陈述性公文　　　　B.告知性公文　　　　C.建议性公文　　　　D.回复性公文

四、多项选择题

1.报告的使用范围主要有（　　　）。

　A.向上级机关请求批准　　　　　　　B.向上级机关请求指示

　C.向上级机关汇报工作　　　　　　　D.向上级机关反映情况

　E.答复上级机关的询问

2.请示的使用范围是（　　　）。

　A.向上级机关请求指示　　　　　　　B.向上级机关请求批准

　C.向上级机关反映情况　　　　　　　D.向上级机关汇报工作

　E.对重要问题提出建议

3.请示的行文规则是（　　　）。

　A.一文一事

　B.只写一个主送机关

　C.不越级请示

　D.受双重领导的机关向上级请示，要分清楚主送机关和抄送机关

　E.受双重领导的机关向上级请示，要同时报送

4.批复的主要特点有（　　　）。

　A.权威性　　　　B.针对性　　　　C.回复性　　　　D.简要性

　E.超前性

五、判断题

1.批复是上级机关对下级机关就某一问题所做的表态，不必考虑措辞。　（　　　）

2.为了提高工作效率，在一份请示中，可以把几件事写在一起。　（　　　）

3.报告的主送机关一般只有一个，若还需要报给其他上级机关，可用抄送的形式。（　　　）

六、简答题

1.报告和请示有哪些区别？

2.请示的正文如何写作？

第四节　决定、意见、议案

3-4
决定、意
见、议案

📖 学习目标

- 理解决定、意见、议案的概念和作用。
- 弄清决定、意见、议案的分类。
- 掌握决定、意见、议案的特点、写作格式和写作要求，会写决定、意见、议案文稿。

📖 案例引导

　　××学校化工专业有一名学生，经常旷课，偶尔坐在教室里，也是玩手机，扰乱正常教学秩序。几经教育，不思悔改，学校给予留校察看一学期的处分。

知识探究

一、决定

（一）决定的概念

决定是党政机关、社会团体、企事业单位对重要事项或者重大行动做出决策和部署、奖惩有关单位及人员、变更或者撤销下级机关不适当的决定事项的一种下行公文。

（二）决定的作用

（1）领会领导的意图。决定是领导集体对某项工作或活动作出安排的公务文书，人们不仅需要领会领导意图，而且需要知道要"干什么""怎么干"。

（2）约束。决定一经发布，就有强大的约束力，有关单位和人员必须贯彻执行。

（3）确定有关事项的依据。无论是机构设置、事故处理，还是人员的奖惩、有关事项的决定，均是人们付诸执行的依据。没有作为公文的文字决定，某个领导的口头意见，是不足为凭的。

（三）决定的特点

（1）权威性。决定所涉及的事项或行动必须是"重要"或"重大"的，如涉及事项或行动的重要程度稍次一些，则可用通知行文。决定一经发布，有关人员必须服从和严格贯彻执行。

（2）政策性。决定是对重大事项、重大行动作出安排，要求相关人员服从和执行，因此，有较强的政策性。

（3）指挥性。决定所涉及的问题意义重大，影响深远，具有明显的指挥目的。

（4）稳定性。决定用于对重要事项进行决策，决定中所规定的原则、措施以及有关事项，能在较长的时间内发挥作用。

（四）决定的分类

根据内容和用途的不同，可将决定分为法规性决定、指挥性决定、奖惩性决定、变更或撤销性决定四类。

（1）法规性决定：用于发布权力机关制定、修改试行的法律性文件或由政府部门制定的行政法规。

（2）指挥性决定：用于对某一重大问题、事项、行动做出决定性指挥。

（3）奖惩性决定：用于树立榜样，表彰先进人物的事迹，或用于处分违法违纪人员和处理重大事故等。

（4）变更或撤销性决定：根据实际情况，对原有决定做出变更或撤销的决定。

（五）决定的写作格式

决定一般由标题、通过日期、主送机关、正文、落款五部分组成。

1. 标题

决定的标题有以下两种形式。

（1）发文机关＋事由＋文种，如《全国人民代表大会关于设立香港特别行政区的决定》。

（2）事由＋文种，如《关于环境保护的决定》。

2. 通过日期

若是会议做出的决定，应在标题之下用圆括号注明何时在什么会议上通过或批准生效，也可在正文后注明时间。

3. 主送机关

属于向指定范围发出的决定，要写明主送机关名称；属于普发性的决定，可不标注主送机关名称。

4. 正文

正文一般由缘由、事项、结语三部分构成。

（1）缘由主要说明为什么要做出这个决定，即写明做出决定的目的、意义、依据。一般以"特作如下决定""现决定如下"等用语引领下文。

（2）事项主要说明决定的内容、要求和措施，内容复杂时，采用小标题或条款表示层次。

（3）结语用于提出希望、要求或执行说明，但不是每份决定都必须写，多见于表彰性和处分性决定。

5. 落款

在正文的右下方写明决定制发机关和日期，并加盖公章。

有附件的决定，应当在正文之后、落款之前注明附件的名称，并将附件附在决定之后。

（六）决定的写作要求

（1）要有针对性。决定所制定的事项、提出的措施要求，一定要切合实际，能解决现实问题，对下级机关有指导意义。

（2）要有政策性。决定是指导性公文，应依据党和国家的方针政策、有关法律法规，同时结合实际情况而制定，要注重理论政策的阐述，做到观点正确，政策界限清楚，使阅文者能够提高其理论政策水平，这是写好决定的一个关键点。

（3）要有确定性。决定事项的含义要明确，要能反映领导机关的一致意见；语言要明确，不能模棱两可、空乏笼统。有关惩戒性决定，因涉及人对事的评价处理，用词尤其要严谨、掌握分寸，定性要准确。

📄 **例文：**

国务院关于 2020 年度国家科学技术奖励的决定

国发〔2021〕22 号

各省、自治区、直辖市人民政府，国务院各部委、各直属机构：

为深入贯彻落实习近平新时代中国特色社会主义思想，全面贯彻党的十九大和十九届二中、三中、四中、五中全会精神，坚定实施科教兴国战略、人才强国战略和创新驱动发展战略，国务院决定，对为我国科学技术进步、经济社会发展、国防现代化建设做出突出贡献的科学技术人员和组织给予奖励。

根据《国家科学技术奖励条例》的规定，经国家科学技术奖励评审委员会评审、国家科学技术奖励委员会审定和科技部审核，国务院批准并报请国家主席习近平签署，授予顾诵芬院士、王大中院士国家最高科学技术奖；国务院批准，授予"纳米限域催化"等 2 项成果国家自然科学奖一等奖，授予"面心立方材料弹塑性力学行为及原子层次机理研究"等 44 项成果国家自然科学奖二等奖，授予"超高清视频多态基元编解码关键技术"等 3 项成果国家技术发明奖一等奖，授予"良种牛羊卵子高效利用快繁关键技术"等 58 项成果国家技术发明奖二等奖，授予"嫦娥四号工程"等 2 项成果国家科学技术进步奖特等奖，授予"400 万吨 / 年煤间接液化成套技术创新开发及产业化"等 18 项成果国家科学技术进步奖一等奖，授予"厘米级型谱化移动测量装备关键技术及规模化工程应用"等 137 项成果国家科学技术进步奖二等奖，授予苏·欧瑞莉教授等 8 名外国专家和国际热带农业中心中华人民共和国国际科学技术合作奖。

全国科学技术工作者要向顾诵芬院士、王大中院士及全体获奖者学习，不忘初心、牢记使命，秉持国家利益和人民利益至上，继承和发扬老一辈科学家胸怀祖国、服务人民的优秀品质，主动肩负起历史重任，坚持创新在我国现代化建设全局中的核心地位，把科技自立自强作为国家发展的战略支撑，以与时俱进的精神、革故鼎新的勇气、坚韧不拔的定力，面向世界科技前沿、面向经济主战场、面向国家重大需求、面向人民生命健康，加快建设科技强国，为夺取全面建设社会主义现代化国家新胜利、实现中华民族伟大复兴作出新的更大贡献。

国务院
2021 年 10 月 19 日

评析：

这是一份宣布奖励事项的决定。标题由发文机关、事由和文种组成。正文的第一自然段写明作出奖励决定的目的、意义、根据；第二自然段说明作出奖励决定的程序和奖励决定的具体内容；第三自然段发出学习先进、做好工作的号召。

二、意见

（一）意见的概念

意见是对重要问题提出见解和处理办法的公文。

（二）意见的作用

意见的作用是上级对下级指导工作，或下级向上级建议或平行单位提出意见供对方参考。预见对某些新的情况和问题，原有的政策规定或没有明确，或不相适应，需上级机关及时指导、提出措施、规范行为，可以又为下一步完善和制定法律法规做必要的准备。这就需要意见这一文种。

（三）意见的特点

（1）指导性。意见似乎只是对某一工作提出意见参考，但对下级发文机关来说，具有约束性，要遵照执行。

（2）针对性。意见是根据现实的需要，针对某一重要的问题提出见解或处理意见。

（3）多向性。就发文机关来看，若是上级机关的下行文，可以表明主张，说明处理问题的办法和要求；若是下级机关的上行文，可以是工作见解和建议；若是平行机关，可以提出供对方参考的意见。

（四）意见的分类

从功能上划分，意见分为政策性意见、实施性意见、试行性意见三种。

（1）政策性意见：针对某一方案的总体要求提出若干政策性的想法。

（2）实施性意见：根据某一文件精神提出具体的贯彻实施办法。

（3）试行性意见：在贯彻实行某一文件的过程中，就某些具体问题提出实施办法，但需试行一段时间才能施行的意见。

（五）意见的写作格式

意见通常由标题、主送机关、正文和落款四部分组成。

1. 标题

意见的标题通常有以下两种形式。

（1）发文机关＋事由＋文种，如《××学校关于创建文明校园的意见》。

（2）事由＋文种，如《关于实施绩效工资的意见》。

2. 主送机关

分为两种情况：转发意见的通知，要写清楚主送机关、需转发的该意见，没有主送机关这一项；直接发布的意见，需有主送机关。

3. 正文

意见的正文，一般包括开头、主体和结尾三个部分。

（1）开头。开头部分一般简要说明提出意见的目的、根据及背景。用"现提出实施意见如下"或"现将有关事项提出如下意见"引起下文。

（2）主体。主体部分是意见的核心，应分条列项写明目标、要求、措施和步骤，从各个角度、各个方面对有关工作提出建议或指导性意见。

（3）结尾。结尾部分通常要就意见的实施作说明。呈报性意见结尾另起一行，用"以上意见供领导决策参考""以上意见供参考"作结尾；呈转性意见用"以上意见如无不妥，请批转执行"作结；指导性意见需用"以上意见请结合实际情况贯彻执行"作结；一般的意见不需特殊结尾。

4. 落款

在正文的右下方署名并写上日期，若是标题上有署名，署名可省略。

（六）意见的写作要求

（1）看法要明确。意见要能反映有关机关或部门对问题的看法和认识，主张做什么，不主张做什么，言简意赅，一目了然。

（2）办法要具体。要写明解决问题、处理工作的要求和措施，条分缕析，求真务实，切实可行。

📄 例文：

国务院办公厅
关于实施《国家行政机关公文处理办法》
涉及的几个具体问题的处理意见

国办函〔2001〕1号

各省、自治区、直辖市人民政府，国务院各部委、各直属机构：

为确保国务院发布的《国家行政机关公文处理办法》（国发〔2000〕23号）的贯彻施行，现就所涉及的几个具体问题提出如下处理意见：

1.关于"意见"文种的使用。"意见"可以用于上行文、下行文和平行文。作为上行文，应按请示性公文的程序和要求办理。所提意见如涉及其他部门职权范围内的事项，主办部门应当主动与有关部门协商，取得一致意见后方可行文；如有分歧，主办部门的主要负责人应当出面协调，仍不能取得一致时，主办部门可以列明各方理据，提出建设性意见，并与有关部门会签后报请上级机关决定。上级机关应当对下级机关报送的"意见"作出处理或给予答复。作为下行文，文中对贯彻执行有明确要求的，下级机关应遵照执行；无明确要求的，下级机关可参照执行。作为平行文，提出的意见供对方参考。

2.关于"函"的效力。"函"作为主要文种之一，与其他主要文种同样具有由制发机关权限决定的法定效力。

3.关于"命令""决定"和"通报"三个文种用于奖励时如何区分的问题。各级行政机关应当依据法律的规定和职权，根据奖励的性质、种类、级别、公示范围等具体情况，选择使用相应的文种。

4.关于部门及其内设机构行文问题。政府各部门（包括议事协调机构）除以函的形式商洽工作、询问和答复问题、审批事项外，一般不得向下一级政府正式行文；如需行文，应报请本级政府批转或由本级政府办公厅（室）转发。因特殊情况确需向下一级政府正式行文的，应当报经本级政府批准，并在文中注明经政府同意。

部门内设机构除办公厅（室）外，不得对外正式行文的含义是：部门内设机构不得向本部门机关以外的其他机关（包括本系统）制发政策性和规范性文件，不得代替部门审批下达应当由部门审批下达的事项；与相应的其他机关进行工作联系确需行文时，只能以函的形式行文。

"函的形式"是指公文格式中区别于"文件格式"的"信函格式"。以"函的形式"行文应注意选择使用与行文方向一致、与公文内容相符的文种。

5.关于联合行文时发文机关的排列顺序和发文字号。行政机关联合行文，主办机关排列在前。行政机关与同级或相应的党的机关、军队机关、人民团体联合行文，按照党、政、军、群的顺序排列。

行政机关之间联合行文，标注主办机关的发文字号；与其他机关联合行文原则上应使用排列在前机关的发文字号，也可以协商确定，但只能标注一个机关的发文字号。

6.关于联合行文的会签。联合行文一般由主办机关首先签署意见，协办单位依次会签。一般不使用复印件会签。

7.关于联合行文的用印。行政机关联合向上行文，为简化手续和提高效率，由主办单位加盖印章即可。

8.关于保密期限的标注问题。涉及国家秘密的公文如有具体保密期限应当明确标注，否则按照《国家秘密保密期限的规定》(国家保密局 1990 年第 2 号令)第九条执行，即"凡未标明或者未通知保密期限的国家秘密事项，其保密期限按照绝密级事项三十年、机密级事项二十年、秘密级事项十年认定。"

9.关于"附注"的位置。"附注"的位置在成文日期和印章之下，版记之上。

10.关于"主要负责人"的含义。"主要负责人"指各级行政机关的正职或主持工作的负责人。

11.关于公文用纸采用国际标准 A4 型问题。各省(区、市)人民政府和国务院各部门已做好准备的，公文用纸可于 2001 年 1 月 1 日起采用国际标准 A4 型；尚未做好准备的，要积极创造条件尽快采用国际标准 A4 型。省级以下人民政府及其所属机关和国务院各部门所属单位何时采用国际标准 A4 型，由各省(区、市)人民政府和国务院各部门自行确定。

国务院办公厅
二○○一年一月一日

评析：

这是国务院办公厅对下级机关在施行《国家行政公文处理办法》过程中遇到的新情况、新问题提出的带有指导性的意见。标题由发文机关 ＋ 事由 ＋ 文种组成。正文采用分条式列项写法，每一条都是提出问题，再阐述解决问题的方法和要求。格式规范、层次分明、语言平和简明、一目了然。

三、议案

（一）议案的概念

议案是各级人民政府按照法律程序向同级人民代表大会或者人民代表大会常务委员会提请审议事项的一种例行公文。

（二）议案的作用

（1）决策要事，提供审议。各级政府机关在工作中作出重大决策，向同级人民代表大会提请审议决定行使。所以，议案体现了政府的决策意图，也使政府的各项决策更科学化。

（2）传递信息，加强联系。议案是各级政府机关和同级权力机关传递信息的桥梁和纽带，起到联系、沟通、协调作用。

（三）议案的特点

（1）单向性。议案的单向性是指主送机关只能是同级的人民代表大会或人民代表大会常务委员会，具有单向性的特点。

（2）提请性。提请性是指议案的内容，只有人民代表大会或人民代表大会常务委员会审议通过才能生效和实施。

（3）特定性。各级人民政府所提请审议的事项，必须是属于同级人民代表大会或人大常务委员会的职权范围。否则，该人民代表大会就不审议。

（四）议案的分类

根据议案的内容性质，分为立法议案、重大事项议案、机构设立议案、任免议案四类。

（1）立法议案：各级人民政府制定本辖区的重要法规、条例，提请同级人民代表大会审议的一种例行公文。

（2）重大事项议案：关于本行政辖区的重大事项，事关全局的议案。

（3）机构设立议案：各级人民政府针对重要机构的增设、撤销或合并，用议案向同级人民代表大会或人民代表大会常务委员会提请审议时使用的一种例行公文。

（4）任免议案：用于提请审议决定政府机关主要领导人、驻外机构主要负责人任免职务的一种例行公文。

（五）议案的写作格式

议案的写作格式包括标题、正文、签署三部分。

1. 标题

议案的标题由发文机关＋事由＋文种构成，不能省略其中的任何一项。如《国务院关于提请审议兴建长江三峡工程的议案》。

2. 正文

议案的正文由缘由、事项、结语构成。

（1）缘由：提请审议批准事项的理由和依据，即为什么提出议案。

（2）事项：在议案中提出要求审议的具体事项，不需分析说明。

（3）结语：主要用于提出请求，一般是用"现提请审议""现提请审议，并请作出批准的决定""请审议决定"等作结语。

3. 签署

议案必须是由政府机关主要负责人签署，如市政府提交的议案，署市长的职务、姓名。

（六）议案的写作要求

（1）要熟悉法律法规。一个事项是否应作为议案提出，首先，应按法定的职权范围明确其归属。如果该事项的审议权属于同级人民代表大会或其委员会，则必须以议案提出；如果该事项可在政府职权范围内处理，则不必提出。

（2）要言之有理。提交议案，务必要把理由和依据写清楚，要有说服力。

（3）要语言精练庄重。议案要语言精练、简明扼要、一事一案，语气庄重、准确、规范。

📄 例文：

国务院关于提请审议《中华人民共和国劳动法（草案）》的议案

全国人民代表大会常务委员会：

　　为了适应建立社会主义市场经济体制的需要，推动劳动制度改革，保护劳动者的合法权益，确立、维护和发展用人单位与劳动者之间稳定和谐的劳动关系，促进经济发展和社会进步，劳动部会同有关部门草拟了《中华人民共和国劳动法（草案）》。这个草案已经国务院常务会议讨论通过，现提请审议。

国务院总理　李鹏

1994 年 2 月 18 日

评析：

　　这是一份提请审议法规的议案，标题由发文机关、事由和文种组成。正文写明提交议案的缘由和提请审议的事项及结语。缘由简明扼要、事项单一、结语规范。

知识链接

　　最先把"决定"作为公文是 1931 年制定的《苏维埃地方政府的暂行组织条例》中，"决定"被列为当时九个文种中的一个，以后时废时用。1951 年政务院颁布的《公文处理暂行办法》中删除"决定"文种，1987 年国务院办公厅发布的《国家行政机关公文处理暂行办法》中仍没有"决定"文种。1994 年 1 月 1 日起施行的《国家行政机关公文处理办法》，重新设"决定"文种，增加"议案"文种。2001 年 1 月 1 日起施行的《国家行政机关公文处理办法》保留"决定""议案"文种，增加"意见"文种，这是《国家行政机关公文处理办法》比较重要的变化之一。2011 年 1 月 1 日起施行的《国家行政机关公文处理办法》和 2012 年 7 月 1 日起施行的《党政机关公文处理工作条例》保留"决定""议案""意见"文种至今。

拓展训练

1. 拓展训练项目

请你结合本校实际拟写《××学校关于学生顶岗实习的决定》。

2. 拓展训练流程

（1）组织学生认真学习顶岗实习文件。

（2）学生分组讨论，弄清文件相关要求和内容。

（3）回顾决定写作的格式。

（4）拟写决定。

3. 拓展训练评价

序号	评价指标	评 价 标 准	效果评价（优秀/良好/合格）
1	标题	常见写法	
2	正文	所制定事项切合实际，理论政策的阐述观点正确，语言明确、用词严谨	
3	落款	写明决定制发机关和日期	

4. 拓展训练反思

（1）写决定给我哪些启示？

（2）我对本次拟写的决定感到：

满意 □　　　　一般满意 □　　　　不满意 □

巩固新知

一、名词解释

决定　意见　议案

二、填空题

1. 决定是党政机关、社会团体、企事业单位对_____、_____、_____的一种下行公文。

2. 决定根据内容和用途的不同可分为_____、_____、_____、_____四类。

3. 意见可以分为_____、_____、_____三类。

4. 意见的正文通常分为_____、_____、_____三个部分。

5. 根据议案的性质和内容分为_____、_____、_____、_____四类。

6. 议案的正文由_____、_____、_____构成。

三、单项选择题

1. 根据实际情况，对原有决定做出变更或撤销决定的是（　　　）。

　　A. 法规性决定　　　B. 指挥性决定　　　C. 奖惩性决定　　　D. 变更或撤销性决定

2. 在决定正文的右下方署明制发机关和日期叫作（　　　）。

　　A. 标题　　　　　　B. 日期　　　　　　C. 主送　　　　　　D. 落款

3. 针对某一方案的总体要求提出若干政策性的想法是（　　　）。

　　A. 政策性意见　　　B. 实施性意见　　　C. 试行性意见　　　D. 建议

4. 用于提请审议决定政府机关主要领导人、驻外机构主要负责人任免职务的议案是（　　　）。

　　A. 任免议案　　　　B. 机构设立议案　　C. 重大事项议案　　D. 立法议案

四、多项选择题

1. 决定的主要特点是（　　　）。

　　A. 权威性　　　　　B. 政策性　　　　　C. 指挥性　　　　　D. 稳定性

　　E. 时效性

2. 决定的正文一般包括（　　　　）。

A. 机构　　　　　　　B. 事由　　　　　　　C. 缘由　　　　　　　D. 事项

E. 结语

3. 意见的主要特点是（　　　　）。

A. 指导性　　　　　　B. 针对性　　　　　　C. 多向性　　　　　　D. 设想性

E. 实效性

4. 意见的写作格式通常是（　　　　）。

A. 标题　　　　　　　B. 主送机关　　　　　C. 正文　　　　　　　D. 落款

E. 日期

5. 议案的标题中不能省略（　　　　）。

A. 发文机关　　　　　B. 事由　　　　　　　C. 文种　　　　　　　D. 时间

E. 地点

6. 议案的特点是（　　　　）。

A. 单向性　　　　　　B. 提请性　　　　　　C. 特定性　　　　　　D. 事务性

E. 长期性

五、判断题

1. 决定是对重大问题作出安排的上行文，具有很强的权威性。　　　　　　　　（　　）

2. 决定的稳定性体现在一旦决定了的事项，不能频繁改动。　　　　　　　　（　　）

3. 意见是事务文书的一种文体。　　　　　　　　　　　　　　　　　　　　（　　）

4. 上级机关印发的意见对下级机关不具有指导作用。　　　　　　　　　　　（　　）

5. 各级人民政府一旦拟定议案后，就生效和实施。　　　　　　　　　　　　（　　）

6. 议案提交审议的事项是政府职权范围内解决的问题。　　　　　　　　　　（　　）

六、简答题

1. 决定的写作要求有哪些？

2. 简述意见的写作特点。

3. 简述议案的写作格式。

第五节　函

3-5
函

学习目标

- 理解函的概念和作用，掌握函的特点及分类。
- 掌握函的写作格式和写作要求，会起草函文稿。
- 体会应用文源于实践又反作用于实践的思想。

案例引导

　　×××公司在 2022 年曾想举办一期入党积极分子培训班，最后未能办成。2023 年 3 月，×××公司知道市委党校将在近日举办入党积极分子培训班。该公司打算安排入党积极分子前去参加培训，培训的所需费用由该公司拨付。

【议一议】
　　如何以该公司名义，写一份去函？

知识探究

一、函的概念

　　函是平行机关或不相隶属机关之间，互相洽谈和联系工作、询问和答复问题、请求批准和答复审批事项时所用的一种公文。

二、函的作用

　　各单位之间的函件来往，本身既有彼此办理或处理某些事项的客观凭证作用，又有沟通和联系作用，也有业务指导作用。

三、函的特点

　　（1）广泛性。函广泛应用于不相隶属机关或平行机关之间，对于广泛开展各项业务工作有积极的联系和沟通作用。

　　（2）灵活性。一是行文关系灵活，可上行文、平行文、下行文；二是格式灵活，篇幅可长可短。

　　（3）单一性。一函一事。

四、函的分类

　　（1）按性质划分，可分为公函和便函。公函用于机关单位正式的公务活动往来；便函用于日常性工作的处理。便函不属于正式公文，本书介绍的是公函。

　　（2）按发文方向划分，可分为致函和复函两种。致函即主动提出公事事项所发出的函；复函则是回复对方所发出的函。

　　（3）按内容和用途划分，可分为商洽函、询问函、请批函、告知函、答复函、审批函等。

　　① 商洽函：用于不相隶属单位之间商洽、联系、协调某一问题或某项工作时而使用的一种协商事宜和要求的公文。

　　② 询问函：不相隶属单位之间了解情况、征求意见、核查问题、催办事宜等情况下使用的函。

　　③ 请批函：无隶属关系的业务主管部门请求批准某些事项时使用的函。

　　④ 告知函：主要用于把某些具体事项告知有关单位，是无须对方回复的主动发函，在不相隶属的单位之间均可以使用。

　　⑤ 答复函：对来文机关所询问的问题和事项给予解答时使用的函。

　　⑥ 审批函：对不相隶属单位之间来文请批的事项审批后所作出答复的函。

五、函的写作格式

　　函由标题、主送机关、正文和落款四部分组成。

（一）标题

函的标题通常有以下三种形式。

（1）发文机关＋事由＋文种，如《××市科学技术委员会关于询问贯彻全市科学技术工作会议情况的函》。

（2）事由＋文种，如《请配合做好搬迁工作的函》。

（3）发文机关＋事由＋主送机关＋文种,如《国务院办公厅关于悬挂国徽等问题给××省人民政府办公厅的复函》。

（二）主送机关

函的主送机关根据行文内容确定，一个至多个不等。

（三）正文

函的正文由缘由、事项和结语组成。

（1）缘由：即简明扼要地写明发函的原因、依据、目的。复函的缘由常见写法是"×日来函收悉""关于×的函收悉"。常用"现将有关问题说明如下""现将有关问题函复如下"等习惯用语过渡下文。

（2）事项：作为函的主体部分，应根据需要写明商洽的内容、询问答复的事项，或请求批准的具体要求。

（3）结语：商洽函、告知函的结语常用"此函""特此函达""特此函告"；请批函、询问函的结语常用"请复""盼复""函复为盼"等；答复函的结语常用"此复""特此函复"。

（四）落款

在正文右下方署上发文机关名称、成文时间，加盖印章。

六、函和请示、批复的异同

（一）请批函和请示的异同

相同之处：都有请求批准的功用。

不同之处：请批函用于无隶属关系的机关之间；请示用于有隶属关系的机关之间。

（二）复函与批复的异同

相同之处：回复性公文。

不同之处：审批函用于不相隶属的单位之间，针对请批函行文；批复用于有隶属关系的上下级之间，针对请示行文。即批复对请示，函对函。

七、函的写作要求

（1）一函一事。函的行文要求类似于请示，要求一文一事，不宜一函数事。

（2）行文简洁。即写函要开门见山，直陈其事，不兜圈子、不作寒暄、不讲客套话，如"久未联系，十分想念""书不尽意，余言后叙""三日不见,刮目相看"等在公函中一般不出现。

（3）用语谦和。无论写哪类函，都要注意语言的谦和得体，切忌口气生硬、盛气凌人，做到既有理又有礼。

例文：

中国科学院 ×× 研究所关于建立全面协作关系的函

×× 大学：

　　近年来，我所与你校在一些科研项目上互相支持，取得了一定的成绩，建立了良好的协作基础。为了巩固成果，建议我们双方今后能进一步在学术思想、科学研究、人员培训、仪器设备等方面建立全面的交流协作关系，特提出如下意见。

　　一、定期举行所、校之间学术讨论与交流，内容为共同关心的学术问题；互相参加学术年会及专家讲学活动等；双方互派专家参加对方学术组织对科研发展方向、任务和学位、学术论文及重大科研成果的评审工作。

　　二、根据所、校各自的科研发展方向和特点，对双方共同感兴趣的课题进行协作。协作形式和办法就双方条件，拟定协作协议。

　　三、根据所、校各自人员设备情况，校方在可能的条件下对所方研究生、科研人员培训予以帮助。

　　四、双方科研教学所需高、精、尖仪器设备，在可能的条件下，予以提供对方使用。双方附设工厂车间，相互给予科研和实验提供方便。

　　五、加强图书资料和情报的交流。

　　以上各项，如同意，建议互派科研主管人员就有关内容进一步磋商，达成协议，以利工作。

　　特此函达，即请研究函复。

中国科学院 ×× 研究所

×××× 年 ×× 月 ×× 日

评析：

　　这是一份商洽函。标题由发文机关名称、事由和文种组成。正文部分由缘由、事项和结语组成。缘由部分（第一自然段）主要写明发文原因和目的；事项部分写明商洽事项；结语部分为最后两个自然段，用带有协商的语句，提出工作建议和回复请求。

例文：

×× 省教育厅人事厅关于举办经济林专业成人高等教育
专业证书班的复函

省林业厅：

　　你厅于 ×××× 年 ×× 月 ×× 日来函《关于申请举办一年制经济林专业证书班（大专）的函》（云林宣教〔××××〕31号）收悉。现函复如下：

　　经研究，同意你厅委托 ×× 林学院举办经济林专业成人高等教育专业证书教学班，学制为全脱产一年，×××× 年秋面向全省从事经济林的在编在职人员招生50人，参加全省专业证书教学班入学考试。请你厅会同举办学校按省教育厅、省人事厅云教成〔××××〕× 号、云教成〔××××〕× 号的文件规定，加强对教学班的领导与管理，切实保证人才培养的质量。

此复。

××省教育厅　　××省人事厅

××××年××月××日

评析：

　　这是一份复函。标题由发文机关名称、事由和文种构成。正文由缘由、事项和结语组成。缘由（第一自然段）写明对方来文的标题和文号，用"现函复如下"作过渡语；事项部分写明具体答复意见，并提出执行要求；结语部分采用惯用语"此复"。条理清楚，可信度高，行文规范。

知识链接

　　"函"的本义为舌、含、包含、包容，引申为匣、匣、盒子。据考证，古代的信函是写在竹简（或木牍）上的，称为函，也就是信函的"函"字的来历。写完后上面再盖一枚同样宽度的竹（或木）片，称为"检"。在"检"上书写收发人的地址称谓，又叫作"署"，也就是今天所说的署名的"署"。古代用来装信函的信封，其实就是用绸、缎、帛等做的袋子，也称锦囊，秘密的奏章、信函、文书等放到锦囊内密封起来，所以古代有"锦囊妙计"之说。辛亥革命之后，1921年至今，"函"一直被列为行政公文文种。

拓展训练

1. 拓展训练项目

　　根据下面的材料，以学校名义，写一份复函。

××学校：

　　我校与贵校联合办学，办学经费短缺。为保证正常办学，请贵校拨给办学经费补足300万元（叁佰万元整）。

××学校

××××年××月××日

2. 拓展训练流程

（1）以小组为单位，分组交流、讨论，形成复函。

（2）展示各小组复函，小组间互评。

（3）通过训练，找出在复函写作中易出现的问题，从而明确函的写作要求。

3. 拓展训练评价

序号	评价指标	评价标准	效果评价（优秀/良好/合格）
1	写作规范	一函一事，行文简洁，用语谦和	
2	活动态度	积极参与，热烈讨论	
3	活动收获	明确函的写作要求	

4. 拓展训练反思

（1）我能否独立完成函的写作？

（2）我对本次活动的表现感到：

满意 □　　　　　一般满意 □　　　　　不满意 □

巩固新知

一、名词解释

致函　复函　商洽函

二、填空题

1. 函的特点有_____、_____、_____。

2. 函，按发文机关性质划分为_____和_____；按发文方向划分为_____和_____；按内容和用途划分为_____、_____、_____、_____、_____、_____。

3. 函的正文由_____、_____、_____和组成。

三、单项选择题

1. 不相隶属机关之间商洽工作、询问和答复问题、请求批准和答复审批事项应当使用的文种是（　　　）。

　　A. 函　　　　　　　B. 通知　　　　　　　C. 批复　　　　　　　D. 请示

2. 在机关之间可以上行、下行、平行使用的文种是（　　　）。

　　A. 通知　　　　　　　B. 函　　　　　　　C. 议案　　　　　　　D. 通告

3. 函一般内容简洁，要求是（　　　）。

　　A. 一函数事　　　　　　　　　　　　B. 一函一事

　　C. 一事为主，附带其他事　　　　　　D. 一函二三事

4. 要求对方答复的函，其结尾应写（　　　）。

　　A. 函复为盼　　　B. 此函　　　　　C. 此复　　　　　D. 特此函达

四、多项选择题

1. 函一般由（　　　）组成。

　　A. 标题　　　　　　　B. 时间　　　　　C. 主送机关　　　　D. 正文

　　E. 落款

2. 函的适用范围主要有（　　　）。

　　A. 不相隶属机关之间商洽工作　　　　B. 传达会议精神和议定事项

　　C. 询问和答复问题　　　　　　　　　D. 请求批准和答复审批事项

　　E. 对重要问题提出见解和处理办法

五、判断题

1. 询问函是不相隶属单位之间了解情况、征求意见、核查问题、催办事宜等情况下使

用的函。   （　　）

　　2.灵活性是函的主要特点之一。   （　　）

六、简答题

　　1.函有哪些写作要求？

　　2.函的标题有哪些形式？

第六节　会 议 纪 要

3-6
会议纪要

学习目标

- 理解会议纪要的概念、作用、分类。
- 掌握会议纪要的特点、写作格式，会起草会议纪要文稿。
- 培养学生养成良好的会议记录及整理会议纪要的习惯。

案例引导

　　"应用文写作"老师召开一次"读好书，写好文"主题班会，请同学们拟写一份会议纪要。

　　【议一议】

　　如何拟写这份会议纪要？

知识探究

一、会议纪要的概念

　　会议纪要是根据会议过程、会议讨论问题和会议决议摘要整理后用于记载和传达会议情况和议定事项的公文。

二、会议纪要的作用

　　（1）用于"记载"。它可以把一个会议的情况和议定的事项记载下来，作为上传下达的依据，也可作为内部资料存档备案。

　　（2）用于"传达"。它可以将会议的情况和议定事项上传下达给有关单位。对于影响面大的会议，其纪要可以在报刊上公开刊载，直接传达给社会公众。

三、会议纪要的特点

　　（1）纪实性。会议纪要是会议宗旨、基本精神和议定事项的概要纪实，所记内容必须真实。

　　（2）提要性。会议纪要应以精练的文字高度概括会议的主要内容和精神，充分反映会议内容主要的、集中的、突出的、有倾向性的意见，这样，对下一步工作才有真正的指导作用。

（3）决定性。会议纪要反映会议的主要精神，一经下发，便对有关单位和人员有指导意义和约束力，有关范围内的人员必须贯彻执行会议精神。

四、会议纪要的分类

按照内容和性质，会议纪要大致可分为行政例会纪要、工作会议纪要和座谈会纪要三类。

（1）行政例会纪要：机关单位召开办公会议或行政例会时，根据会议研究决定的问题所形成的书面材料。

（2）工作会议纪要：在召开专门性的工作会议，研究一些重大理论和实际问题得到共识时，就共同研究的意见、办法所形成的书面材料。

（3）座谈会纪要：为解决某个主要问题，召集某些有代表性的人员参加，经过座谈会讨论后，形成一致的意见，经整理而形成的书面材料。

五、会议纪要的写作格式

会议纪要由标题、正文、落款三部分组成。

（一）标题

会议纪要的标题通常有单标题和双标题之分。

1. 单标题

单标题的构成有以下三种形式。

（1）机关名称＋会议名称＋文种，如《××学校教研工作会议纪要》。

（2）会议名称＋文种，如《校长办公会议纪要》《教学工作会议纪要》。

（3）文种，如《会议纪要》。

2. 双标题

双标题的构成形式是：正标题＋副标题，如《抓住机遇　服务育人——××学校后勤工作会议纪要》。

（二）正文

正文由导言、主体和结尾三部分组成。

导言即会议纪要的开头部分，主要是对会议作简要的介绍，如会议名称、主办单位、会议地点、会期、与会单位和人员、主持人、会议形式、会议进程等。有的还要写明召开会议的目的、原因；有的还要简要介绍会议成果、意义等内容。然后用"现将会议讨论的主要问题综述如下""现将会议基本精神纪要如下"等习惯用语引领下文。

主体即将会议所研究的问题、讨论的情况、形成的决定、达成的共识、明确的任务、提出的要求等内容进行概要准确地反映。在写法上可以采用条款式列项，也可以采用纵式结构，按会议的进程、发言的顺序来写，其中常用一些习惯用语，如"会议提出""会议认为""会议要求""会议指出""会议强调""会议决定""与会同志一致认为""与会同志谈到""与会同志提出"等做每段的开头，起领各段内容。

结尾一般是写提出的希望、要求，发出号召，也可以对大会作概括性的总结，也可以不作结尾。

（三）落款

一般性会议纪要可不署名，只写成文时间，加盖公章即可。但办公会议纪要需要署名，并在下面注明时间，加盖公章。

六、会议纪要与会议记录的异同点

（一）相同点

会议纪要和会议记录都有"记"的作用，都是会议的产物。

（二）不同点

（1）在内容上，会议记录是与会议人员发言的原始记录，基本上做到有言必录；会议纪要是经过整理加工的会议上达成的一致认识，是会议内容的要点。

（2）在形式上，会议记录是业务文书，会议纪要是公文。

（3）在功能上，会议记录一般不公开，无须传达或传阅，只作资料存档；会议纪要通常要在一定范围内传达或传阅，并要求贯彻执行。

七、会议纪要的写作要求

（1）突出主旨，抓住"要"字。"要"字既是指会议的"要旨"，也是指写法上的"简要"。中心议题是会议研究和解决的主要问题，把与中心议题紧密联系的讨论意见、议决事项写充分、写完整，也就突出了会议的主旨和基本精神。切忌事无大小、不分主次、轻重一一反映，更不能断章取义，对会议作不切实际的反映。

（2）层次清晰，脉络分明。对会议内容要适当地分条或分层反映，以方便人们把握会议的精神要点。

（3）全面了解，及时行文。写会议纪要不仅要对会议的记录做概括整理，还要对整个会议活动作深入了解，如领导的指示、意图等。会议纪要的时间性较强，往往在会议结束时就要成文，及时送至有关单位和人员手中。

📝 **例文：**

××县教育工作会议纪要
（××××年××月××日）

××县××××年教育工作会议于××月××日在县政府会议厅举行，县委、县政府主要负责同志和各乡镇的主要负责同志，各中心学校的主要负责人、中小学校长共160人出席了会议。县长×××主持会议，分管教育的副县长×××总结了教育工作的成绩和存在的问题，县委书记×××对如何搞好今年的教育工作提出了具体要求。

这次会议郑重讨论了以下四个问题：

一、关于控制中小学生流失问题。（略）

二、关于征收教育附加费问题。（略）

三、关于加强中小学德育工作问题。（略）

四、关于危房改造问题。　　　　（略）

百年大计，教育为本。会议号召全县要关心教育，尊师重教，积极为教育事业办实事，全县教育工作者要发扬奉献精神，勤奋工作，努力为四化培养更多的合格人才。

评析：

这是一篇工作会议纪要。标题由机关名称、会议名称和文种构成。正文的导言（第一自然段）总述会议召开的时间、地点、参加人员；主体部分具体写明着重讨论的会议内容；结尾（最后一个自然段）部分总结全文，发出号召。

知识链接

会议纪要被列为正式的公文文种，始于1987年国务院办公厅颁发的《国家行政机关公文处理办法》。"纪要"中的"纪"同"记"，就是把会议情况真实地、准确地整理记载下来，"要"即择要而记，"纪要"就是记录会议的要点和基本精神。

拓展训练

1. 拓展训练项目

拟写一份会议纪要。

2. 拓展训练流程

（1）教师组织召开本班学生学习"应用文写作"座谈会。

（2）学生们在班会中做好记录，并做好概括整理。

（3）回顾会议纪要的写作格式。

（4）拟写会议纪要。

3. 拓展训练评价

序号	评价指标	评价标准	效果评价（优秀/良好/合格）
1	写作规范	突出主旨、层次清晰、脉络分明、讲究用语	
2	能力提升	参与班会，并能准确概括班会的决议事项	
3	活动收获	能独立起草会议纪要文稿	

4. 拓展训练反思

（1）是否掌握了会议纪要的写作要求，并能及时成文？

（2）我对本次拟写的会议纪要感到：

满意□　　　一般满意□　　　不满意□

巩固新知

一、名词解释

行政例会纪要　工作会议纪要

二、填空题

1. 会议纪要是根据会议过程、会议讨论问题和会议决议整理后用于_____和_____的公文。

2. 会议纪要按内容和性质分为 _____、_____、_____三类。

3. 会议纪要由_____、_____、_____三部分构成。

4. 会议纪要的特点主要有_____、_____、_____。

三、简答题

1. 会议纪要有哪些作用？

2. 会议纪要有哪些写作要求？

3. 会议纪要的正文应该怎样写？

第四章

专用文书

专用文书是相对于通用文书而言的。通用文书多指行政公文和事务文书。除通用文书外，各系统、各行业甚至个人还使用着各种各样的专用文书。因此，专用文书门类繁多，内容各异，格式多样，是应用文大家庭中的重要成员。

第一节 专用文书概述

学习目标

- 领悟专用文书的概念、作用、种类。
- 掌握专用文书的特点及写作要求。
- 培养学生的人际交往与写作能力。

案例引导

　　杨××是酒店管理专业二年级学生。2022年7月，他与同班二名同学一起去某酒店应聘。岗位有主管、前台服务、客房服务，顺利通过面试后，酒店给他们三人出示了用工合同。三人仔细阅读合同条款，一致同意。其中尤为令人满意的是"月薪4000元""免费提供食宿"，暑假期间，吃住不用愁，还可赚学费，又可积累一定的工作经验……三人欣然签订了合同。合同签订后，酒店要求每人先付300元押金，并开具了"合同违约金"的收据。次日，三人就参加了为期七天的短期培训。第一天，三人穿上酒店员工制服，从上午八点一直工作至晚上十点，中途只有短暂的吃饭时间是自己的，工作内容是擦地板、刷盘子。第二天，一切照常进行。第三天，一切照常。第四天，三位同学商量决定不干了。找到了主管要求退还300元，却被告知是他们违约，300元不予退回。

【议一议】

　　这三位同学为什么会上当受骗？

知识探究

一、专用文书的概念

　　专用文书是指专对某个行业、某种需要而使用的文书。不同的系统、不同的行业、不同的用途都有与之相适应的专用文书。如礼仪文书中的欢迎词、欢送词，传播文书中的新闻、通讯，经济文书中的合同、协议，法律文书中的起诉状、答辩状等。

二、专用文书的作用

专用文书是面向社会的，已成为行业与社会各界打交道的工具，有利于行业与社会各界和谐相处、共创未来。

三、专用文书的特点

（1）行业性。专用文书有行业范围，是各自所属行业专用的，外行业不使用。

（2）业务性。专用文书有其专业的业务内容，其业务内容受行业、部门职能的制约。

（3）专用性。专用文书有其专用的使用权限，如买卖双方要想明确相互的权利和义务关系就要签订买卖合同，不是买和卖的关系就不能签订买卖合同。

四、专用文书的种类

专用文书因涉及各行业，其分类并没有统一的标准，但多数是以行业的不同而划分为：礼仪文书、传播文书、经济文书、法律文书、统计文书、纪检文书、军事文书、教育文书、外交文书、科技文书等。本书仅依照通用性和适用性原则，具体介绍以下四种专用文书。

（一）礼仪文书

礼仪文书是指机关、团体、企事业单位及个人在各种社交活动中使用的文书。常用的礼仪文书包括欢迎词、欢送词、答谢词、贺词、请柬、邀请书、聘书、讣告、悼词等。

（二）传播文书

传播文书是指人们在信息传播过程中使用的具有一定范围格式的应用文体，如消息、通讯、广播稿、广告等。

（三）经济文书

经济文书是经济应用文的统称，是法人单位或个人在经济活动和经济交往过程中反映经济情况，处理经济业务，研究、解决经济实际问题的一种具有特定格式的专业应用文体。常用的经济文书包括意向书、协议书、合同、招标书、投标书、中标通知书等。

（四）法律文书

法律文书是指公、检、法等机关在处理案件过程中所使用的文书，如诉状、上诉状、申诉状和答辩状等。

五、专用文书的写作要求

（1）熟悉行业特点。熟悉行业特点是写好专用文书的前提条件和基本要求。每一行业都有自己的工作范围、工作性质、工作任务、工作程序，有本行业的政策、法规、纪律、职业规范，有本行业通用的术语和专用名词，如果对这些不了解、不熟悉或知之不详，是很难写好行业专用文书的。

（2）了解业务内容。了解业务内容是专用文书写作的关键。对业务内容越熟悉，越能写好专用文书。

（3）掌握专用格式。掌握专用格式是写作专用文书的起码要求。专用文书的格式有它的确定性、稳定性、规定性、习惯性，不可随意变更。

知识链接

专用文书与通用文书的区别

专用文书是相对于通用文书而言的，通用文书多指行政公文和事务文书。专用文书门类多，内容各异，格式多样，是应用文大家庭中的重要成员。

拓展训练

1. 拓展训练项目

调查专用文书使用情况。

2. 拓展训练流程

（1）分调查小组，明确小组长，确定任务。

（2）拟订使用专用文书情况调查计划。

（3）准备记录本。

（4）随意调查校园内的师生员工。

3. 拓展训练评价

序号	评价指标	评价标准	效果评价（优秀/良好/合格）
1	调查数据	真实可靠	
2	整理调查结果	语言准确、层次清晰、具有说服力	
3	拓展训练体会	提升应用文写作能力十分重要	

4. 拓展训练反思

（1）通过这次调查，加强专用文书写作教学十分必要。

（2）我对本次调查感到：

满意☐　　　一般满意☐　　　不满意☐

巩固新知

一、名词解释

礼仪文书　经济文书

二、填空题

1.专用文书是指_____、_____而使用的文书。

2.专用文书的特点：_____、_____、_____、_____。

三、单项选择题

1. 机关、团体、企事业单位及个人在各种社交活动中使用的文书是（　　）。

　　A. 礼仪文书　　　　　B. 经济文书　　　　　C. 法律文书　　　　　D. 新闻

2. 熟悉行业特点是写好专用文书的（　　）。

　　A. 关键　　　　　　　B. 前提和条件　　　　C. 起码要求　　　　　D. 基础

四、简答题

专用文书有哪些写作要求？

4-2
礼仪文书

第二节　礼　仪　文　书

学习目标

- 理解礼仪文书的概念，掌握礼仪文书的特点、写作要求。
- 掌握欢迎词、欢送词、答谢词、祝词、贺词、请柬、邀请书、聘书的特点、写作格式和写作要求，会起草文稿。
- 培养学生礼貌待人的情操。

案例引导

你校新生入学，老生对新生举行欢迎仪式，请你代表老生写一份欢迎词，在欢迎仪式上致辞。

【议一议】

分组讨论：如何写这份欢迎词？

知识探究

一、礼仪文书概述

（一）礼仪文书的概念

中国是文明古国，从古至今就是讲究礼仪的国家，是世界上有名的礼仪之邦。礼仪是礼节和仪式的总称。礼仪是人们在社会交往活动中形成的行为规范与准则，是礼貌和礼节的要求。所谓礼仪文书是机关、团体、企事业单位及个人在社交活动中使用的文书。

（二）礼仪文书的作用

礼仪文书在社会生活中使用广泛，影响深远，有利于各方面人际交往与合作，有利于联络感情、增进友谊、密切合作、共创未来。

（三）礼仪文书的特点

（1）礼节性。礼仪文书是为礼仪目的或在礼仪场合使用的文书，因此，要讲究礼貌、礼节。

（2）情感性。礼仪文书以文明为基础，以真诚为原则，以尊重他人为核心，所以感情要真挚诚恳。

（3）承传性。礼仪文书既要继承已有的传统，又要随时代的发展而发展，随时代的进步而革新。

（4）简洁性。礼仪文书的篇幅简短，文字简洁明快，表达的意思直截了当，不有意渲染，不故弄玄虚。

（四）礼仪文书的种类

礼仪文书的种类很多，常用的有欢迎词、欢送词、答谢词、祝词、贺词、请柬、邀请书、聘书等。

（五）礼仪文书的写作要求

（1）格式规范、主体鲜明、措辞恰当、用语简洁。
（2）热诚恳切、言由心发、充满感情、大方有礼。

二、欢迎词、欢送词、答谢词

（一）欢迎词

1. 欢迎词的概念

欢迎词是为了对宾客的到来表示热烈欢迎而使用的讲话稿，一般是指由党政机关、企事业单位、社会团体或个人在公共场合用来欢迎宾客的致辞讲话。

2. 欢迎词的作用

（1）增进双方的互相了解。致欢迎词时，一般是由东道主介绍自己的情况，表明自己的立场、态度，使对方能比较全面地了解自己，争取对方的理解与合作。

（2）增进双方的感情与友谊。欢迎词所表达的感情是真诚的，是发自内心的，利于工作的开展。

（3）互相尊重。俗话说"礼多人不怪"。欢迎词虽然是出于礼节的需要，但是是必要的，是为了对对方表示尊重和友好。

3. 欢迎词的特点

（1）欢愉性。中国有句古语："有朋自远方来，不亦乐乎。"欢迎词给人一种"宾至如归"的感觉，可以为下一步各项活动的圆满举行打下良好的基础。

（2）口语性。口语性是欢迎词文字上的必然要求，在措辞用语上要用生活化的语言，既简洁又富有生活的情趣，从而拉近彼此的关系。

4. 欢迎词的分类

欢迎词按性质分为公事往来欢迎词和私人交往欢迎词。

公事往来欢迎词一般是在较庄重的公共事务中使用的欢迎讲话稿。

私人交往欢迎词一般是个人在举行较大的宴会、聚会、舞会等场合下使用的欢迎讲话稿。

5. 欢迎词的写作格式

欢迎词一般由标题、称呼、正文和落款四部分组成。

（1）标题

欢迎词的标题有以下两种形式。

① 活动内容＋文种，如《在校庆 30 周年纪念会上的欢迎词》。

② 文种，如《欢迎词》。

（2）称呼

称呼写在标题下行顶格处，须写明来宾的姓名称呼，如"亲爱的××学校各位同仁""亲爱的××代表团各位朋友""尊敬的各位女士们、先生们"。

（3）正文

欢迎词的正文一般由开头、主体和结尾三部分构成。

① 开头。开头通常写明现场举行的是何种仪式，发言者代表什么人，向哪些来宾表示欢迎。

② 主体。主体简要介绍来访的意义、作用，回顾彼此之间的友谊、交往，介绍相互之间在友好合作中取得的成就。

③ 结尾。通常在结尾处再次向来宾表示欢迎，并表达对今后合作的良好祝愿。如在接风酒宴上致欢迎词时，通常以"我提议为友谊干杯"作结尾。

（4）落款

欢迎词的落款要写明上级致辞单位的名称、致辞者的身份和姓名，并署上成文日期。

6. 欢迎词的写作要求

（1）看对象说话。欢迎的对象可能是多方面的，如上级领导、检查团、考察团等。因此，欢迎词要有针对性，要看对象说话，表达不同的友情。

（2）看场合说话。欢迎的场合、仪式多种多样，有隆重的欢迎大会、宴会，有一般的座谈会、展销会、订货会等，欢迎词要看场合说话，该严肃则严肃，该活泼则活泼。

（3）热情而不失分寸。欢迎词应真心实意、热情、谦虚、有礼、注意分寸、不卑不亢。

📝 **例文：**

在离退休教职工座谈会上的欢迎词

尊敬的各位老领导、老教师们：

下午好！

在这金风送爽的美好季节里，我们欢聚一堂，共献学校发展良策。在此我谨代表全校师生员工，向你们表示热烈的欢迎和崇高的敬意！

参加今天座谈会的各位老领导、老教师们为学校的建设和发展做出了应有的贡献，是学校发展的奠基人、先行者。我们不会忘记，1983 年是你们历尽艰辛、勇于探索、科学决策、无私奉献，开创了学校从无到有、从小到大、从弱到强的历史，为学校的跨越式发展奠定了坚实的基础。大业需携手，重任贵同心。学校正处于办学规模突破万人大关的发展时期，抓好内涵发展建设，是全校师生员工的共同企盼。我们一定以习近平新时代中国特色社会主义思想为指导，坚持贯彻党的教育方针，坚持立德树人，不忘初心、牢记使命、开拓创新、锐意进取；我们一定会继续发扬老一辈艰苦奋斗、勤俭节约、求真务实、以人为本的优良传统，以优异的成绩来回报你们对学校的关心！

实践证明，过去学校的建设和发展离不开你们；今天，学校的建设和发展同样离不开你们的支持和关怀。我们诚挚地希望各位老领导、老教师们一如既往地为了学校跨越式的发展出主意、献良策；希望你们像在岗位一样地把学校当成自己的家，我们对你们的尊重、关心和爱戴之情永远不会改变！

最后，祝各位老领导、老教师们家庭幸福、身体健康、万事如意！

谢谢大家！

×××

2022 年 ×× 月 ×× 日

评析：

这是一篇欢迎词。标题由活动内容和文种组成。正文由开头、主体、结尾三部分组成。开头部分（第一自然段）致词人表明欢迎的原因及对老领导、老教师们表示热烈欢迎；主体部分表达学校的建设发展与前辈们的心血和智慧是分不开的；结尾部分，再次向前辈们表示良好祝愿。

（二）欢送词

1. 欢送词的概念

欢送词是党政机关、社会团体、企事业单位对宾客的归去表示热烈欢送而使用的讲话稿。

2. 欢送词的作用

欢送词的作用与欢迎词的作用相同，即增进双方的互相了解，增进双方的感情与友谊，促进双方的互相尊重。

3. 欢送词的特点

（1）惜别性。有句古话说得好"相见时难别亦难"，欢送词要表达亲朋远行时的感受，所以依依惜别之情要溢于言表。当然格调也不可过分低沉。

（2）口语性。同欢迎词一样，欢送词应注意使用生活化的语言，使送别既富有情趣又自然得体。

4. 欢送词的分类

按欢送词的性质可分为公事往来欢送词和私人交往欢送词。

5. 欢送词的写作格式

欢送词由标题、称呼、正文和落款四部分组成。

（1）标题

欢送词的标题有以下两种形式。

① 活动内容＋文种，如《在 ×× 研讨会结束时的讲话》。

② 文种，如《欢送词》。

（2）称呼

称呼要求写在标题下一行开头的顶格处，要写出宾客的姓名称呼，如"亲爱的 ×××× 学校各位同仁"。

（3）正文

欢送词的正文一般由开头、主体和结尾三部分构成。

① 开头。开头通常应说明此时举行何种欢送仪式，发言人是以什么身份、代表哪些人向宾客表示欢送。

② 主体。主体一般是回顾欢聚的美好时光，阐述双方在合作或访问期间在哪些问题和项目上达成了一致立场，取得了突破性进展，积极肯定双方合作交流的益处和意义。

③ 结尾。通常在结尾处再次向来宾表示真挚的欢送，并表达期待再次合作或希望早日团聚之情，如"祝愿我们的友好往来、经济合作日益扩大"等。如果是在酒宴上的欢送词，常以"我提议为身体健康、友谊长存干杯"作结语。

（4）落款

欢送词在落款处要署上致辞人的单位名称和致辞者的身份、姓名，并署上成文日期。

6. 欢送词的写作要求

（1）感情要真挚。写欢送词时应注意宾客身份，用尊称，感情真挚、热情、友好、诚恳。

（2）内容要简明扼要。欢送词内容必须概括具体，篇幅不宜过长，切忌繁杂冗长、拖泥带水。

（3）措辞要慎重。欢送词的措辞需斟酌，用语要贴切，既能显得简洁明快，又能体现热情友好。要尊重对方的风俗习惯，避免发生误会。

📖 **例文：**

欢 送 词

各位老师：

今天，我们欢聚一堂，为施老师光荣退休举行欢送会。首先，我代表学校师生员工向施老师为学校的发展所做的贡献表示衷心的感谢和敬意！向德高望重，桃李满天下的施老师光荣退休表示祝贺！

施老师40年来，始终默默无闻、无私奉献、任劳任怨，不但搞好学校的管理工作，还坚持教主要课程，而且长时间担任班主任工作。无论管理工作、教学工作，还是班主任工作，施老师都用崇高的情感和高度的责任感去圆满完成，为学校的发展立下了汗马功劳。您是一位优秀的管理人员，是一位优秀的教师，更是一位模范班主任。施老师就要退休了，千言万语道不尽我们对您的眷念之情。

施老师40年来，一支粉笔两袖清风，滴滴汗水滋润桃李芬芳；三尺讲台四季育人，默默奉献承载人类文明。施老师把自己的青春和力量无私地献给了教育事业，把自己的工作热情和智慧无私地奉献给了我校的改革发展，做出了不平凡的工作业绩，先后受到了上级表彰20多次，2003年荣获省级优秀教师称号，是我校受表彰级别最高的老师，也是受表彰次数最多的老师，可以说既是德高望众的长辈，又是我们的同事，更是我们的老师。在此，我提议再次用热烈的掌声向施老师表示崇高的敬意！

"莫道桑榆晚，微霞尚满天。"退休不是人生的终点，而是人生的又一个驿站。施老师辛辛苦苦工作了40年，也到了该休息的时候了，可以腾出更多的时间照顾家庭，锻炼身体，享受美好的生活。同时，也恳请施老师发挥余热，继续关注教育，关注学校，继续为学校的发展献计献策。

最后，我衷心地祝愿施老师阖家欢乐、身体健康、心情愉快、万事如意！
谢谢大家！

×××

2022 年 ×× 月 ×× 日

评析：

这是一篇欢送词，标题由文种组成。正文由开头、主体、结尾三部分组成。开头部分（第一自然段）表明欢送的原因和谢意；主体部分写明被欢送者所取得的成绩；结尾表达良好的祝愿。

（三）答谢词

1. 答谢词的概念

答谢词是宾客对主人的热情款待表示感谢的讲话稿。往往是在交往活动结束，主人在欢送仪式上致辞后，再由宾客致辞，以示答谢。

2. 答谢词的作用

答谢词的作用与欢迎词、欢送词一样，都是为了增进双方的相互了解，增进双方的感情与友谊。

3. 答谢词的特点

（1）礼节的尊敬性。答谢词要体现对对方的尊敬，包括称谓和全文的内容应体现礼仪、礼节、礼貌。

（2）感情的真挚性。答谢词虽是出于礼貌，但体现的感情都是发自内心的真情实意。

（3）篇幅的简短性。答谢词既要有具体的内容，又要篇幅简短，不宜长篇大论。

4. 答谢词的分类

按答谢词的性质可分为公事往来答谢词和私人交往答谢词。

5. 答谢词的写作格式

答谢词一般由标题、称呼、正文、落款四部分组成。

（1）标题

答谢词一般用文种作标题，如《答谢词》。

（2）称呼

答谢词的称呼与欢迎词、欢送词一样，要写出东道主的姓名称呼，如"尊敬的女士们、先生们"。

（3）正文

答谢词的正文一般由开头、主体和结尾三部分构成。

①开头。开头对东道主的热情接待表示感谢。

②主体。主体叙畅情谊，表明自己来访的意图、诚意，申述有关的愿望。

③结尾。结尾再次表示谢意和祝愿。

（4）落款

答谢词在落款处署上致辞人的单位名称、致辞者的身份和姓名，并署上成文日期。

6. 答谢词的写作要求

答谢词的写作要求与欢送词的写作要求一样，要感情真挚，内容简明扼要，措辞恰当。

三、祝词、贺词

（一）祝词和贺词的概念

祝词是党政机关、社会团体、企事业单位或个人在正式场合对某人或某项即将开始的工作表示祝福的致辞。

贺词是党政机关、社会团体、企事业单位或个人在正式场合对某人或某项已经取得成功的工作表示祝贺的致辞。

在现实生活中，"祝"与"贺"往往联系在一起，同时使用。确切地说，两者有区别：祝词在事前祝，贺词在事后贺——祝词是在事情未果时，表示祝愿、希望的意思；而贺词是在事情已有结果时，表示庆祝、送喜的意思。

（二）祝词和贺词的作用

祝词和贺词可以通过对祝贺对象的肯定，增进彼此友谊，加强团结，共同进步。

（三）祝词和贺词的特点

（1）喜庆性。祝贺词是对人或事表示良好祝愿和庆祝，在措辞上体现了热情、喜悦、鼓励、褒扬之意，以表示热情洋溢的祝贺。

（2）恰当性。祝贺词的用语要掌握分寸，做到既尊重对方，又不卑不亢。

（3）口语性。祝贺词在措辞用语上要做到简洁、易懂，适合朗读，富有生活情趣。

（四）祝词和贺词的分类

1. 按祝贺对象分类

可以分为祝贺事业词、祝贺寿诞词、祝贺婚嫁词、祝贺酒宴词等。

（1）祝贺事业词：会议开始时祝其圆满成功，会议结束时贺其圆满结束；展览会剪彩时祝其取得较好的经济效益，展览会结束时贺其达到了预期的目的；某人考入重点大学时贺其金榜题名，祝其鹏程万里；其他如公司开业、报刊创刊、工程竣工、节日、纪念日等均可贺其已取得的成就，祝其今后发达。

（2）祝贺寿诞词：祝贺寿诞的主要对象是老年人，在祝贺中，既贺他的品性、功德，又祝他健康、长寿。

（3）祝贺婚嫁词：既贺新郎新娘喜结良缘，又祝婚姻美满幸福。

（4）祝贺酒宴词：主人向赴宴的宾客表示热烈的欢迎、亲切的问候、诚挚的感谢，并表达祝福。

2. 按表达形式分类

可以分为现场即席祝词和信函电传祝词。

（1）现场即席祝词：祝贺人亲自到场祝贺的致辞。

（2）信函电传祝词：祝贺人无法到现场祝贺，采用书信、传真、电子邮件的形式表示祝贺的致辞。

（五）祝词和贺词的写作格式

祝词和贺词一般由标题、称呼、正文、落款四部分组成。

1. 标题

祝贺词的标题有以下四种形式：

（1）致辞者＋致辞场合＋文种，如《××在××迎春晚会上的贺词》。

（2）致辞对象＋致辞内容＋文种，如《在××先生和××女士婚礼上的祝词》。

（3）致辞场合＋文种，如《在××迎春晚会上的祝词》。

（4）文种，如《祝词》。

2. 称呼

标题下一行顶格写明祝贺词对象的姓名，并加上称呼，以示尊重，如"尊敬的××先生"。

3. 正文

因祝贺词的种类不同，其正文内容也有所不同。

（1）祝贺事业词的正文：首先向受词方表示致意，说明祝贺何项事业；其次回顾受词方取得的成绩，也可写此项事业的意义、影响；最后展望美好前景，再次表示祝贺。

（2）祝贺寿诞词的正文：首先祝贺对方幸福、健康、长寿；其次赞颂他所取得的成绩；最后再次表示祝福。

（3）祝贺婚嫁词的正文：首先祝贺喜结良缘；其次提出携手并肩搞好工作的希望；最后祝愿夫妻恩爱、生活幸福、白头到老。

（4）祝贺酒宴词的正文：首先对来宾表示欢迎和感谢；其次回顾双方友好关系，热情赞扬双方的真挚友情；最后提出希望和祝愿，常用"我提议为友谊长存干杯"作结语。

4. 落款

在正文下面署上致辞单位名称、致辞人姓名及成文日期。

（六）祝词、贺词的写作要求

（1）切合实际，有的放矢，言之有物。

（2）语言热情洋溢，朗朗上口。

（3）态度诚恳，感情亲密，祝愿诚挚。

📖 **例文：**

在××先生和××小姐婚礼上的祝词

尊敬的各位领导、各位嘉宾、亲朋好友：

吉日美景，新人成双。今天是××先生和××小姐新婚的大喜日子，特恭请各位领导、各位嘉宾、亲朋好友欢聚一堂、开怀畅饮。我受新郎新娘父母双亲的委托，谨向你们的光临致以诚挚的谢意！

新郎××先生是×学校的一名优秀教师，学识渊博、工作认真、气度高雅。新娘××小姐是×区的一名优秀班主任，风姿绰约、端庄贤淑。××先生和××小姐从相知、相爱，到今天走进婚姻殿堂，成为一对恩爱夫妻，真是可喜可贺，我们在这里为他俩喜结良缘深表祝福!

××先生和××小姐,已通过婚姻登记机关正式办理了婚姻登记手续,领取了结婚证书。因此,我现在为他俩证婚:他俩是一对合法、恩爱的夫妻!在这激动、欢喜、幸福的时刻,我有一副对联送给新郎、新娘。

上联是:才子佳人喜结良缘;

下联是:家庭事业两全其美。

横批是:同心同德。

各位领导、各位嘉宾、亲朋好友,在这龙凤呈祥、喜气洋洋的时刻,请允许我代表你们向新郎、新娘表示最真挚、最良好的祝愿!

祝:新郎新娘新婚愉快、恩恩爱爱、甜甜蜜蜜!

祝:新郎、新娘并肩前进、白头偕老、万事如意!

同时,也祝各位领导、各位嘉宾、朋友们身体健康、家庭幸福、心想事成!

现在,我提议:请各位斟满酒、举起杯、起立,为新郎、新娘的新婚幸福美满干杯!

谢谢大家!

×××

××××年××月××日

评析:

这是一篇婚礼祝词,标题由致辞对象、致辞内容和文种组成。正文,首先对来宾表示欢迎和感谢,其次祝贺喜结良缘,再次对新郎、新娘提出希望,最后表示祝福,用干杯做结束语。

四、请柬、邀请书、聘书

(一)请柬

1. 请柬的概念

请柬又称请帖,是邀请别人参加会议、宴席、聚会活动的书面邀请书。

2. 请柬的作用

一是表示活动举行的隆重;二是表示对他人的尊敬;三是表示邀请者的诚心诚意;四是联络感情。

3. 请柬的特点

(1)礼貌性。即使被请者近在咫尺,也须送请柬,以表示对被请者的礼貌。

(2)特指性。请柬的发送对象是特指的单位和个人。

(3)简洁性。请柬文字容量有限,语言须简洁、明确。

(4)精美性。请柬在款式、装饰、书写上要美观精致、庄重大方。

4. 请柬的分类

(1)按内容性质可分为会议庆典请柬、喜事宴会请柬、聚会请柬等。

(2)按制作方法可分为手写式和统一印制式。

(3)按文字排版形式可分为横式写法和竖式写法两种。竖式写法应从右边向左边写。

5. 请柬的写作格式

请柬一般是按格式印制好，中心内容由邀请者填写即可。

请柬一般由标题、称呼、正文、结尾、落款五部分组成。

（1）标题。在第一行居中或封面上写请柬或请帖二字。已印刷好的请柬或请帖标题常用烫金或套红来作一些美术装饰。

（2）称呼。在标题下一行顶格写被邀请的单位名称或个人姓名、称呼，后面加冒号，如"××女士""××先生""××局长"等。

（3）正文。正文写活动内容、时间、地点、方式。若有其他要求需在此写明，如"请准备发言"等。

（4）结尾。结尾写礼节性的问候语或恭候语，如"此致敬礼""恭请光临""届时敬请光临"等。

（5）落款。署上邀请单位名称或邀请人的姓名、日期。如果是单位邀请则需加盖公章，以示郑重。

6. 请柬的写作要求

（1）内容准确无误、清晰明了，不能有一点差错。

（2）语言简洁明确、通顺雅致，用词得体、符合礼仪。

📝 **例文：**

请　　柬

王××老师：

　　兹定于××××年12月29日晚上7点在学校教学楼101教室举行"迎新春，庆元旦"联欢晚会。届时敬请光临。

　　此致

敬礼

××班全体同学

××××年××月××日

评析：

这份请柬只用一句话就把时间、地点、内容和方式表述清楚，简洁明确。

（二）邀请书

1. 邀请书的概念

邀请书又称邀请信或邀请函，是指党政机关、社会团体、企事业单位或个人邀请有关人士前往某地参加某项活动或事宜的专用文书。邀请书除了有请帖的内容之外，还需交代有关事宜。

2. 邀请书的作用

邀请书的作用是表示活动举行的隆重；表示对客人的尊敬；表示邀请者的诚心诚意；

联络感情；向被邀请者交代有关需要做的事情。

3. 邀请书的特点

邀请书的特点与请柬一样，有礼貌性、特指性、简洁性、精美性。

4. 邀请书的分类

邀请书按内容性质可分为会议邀请书和活动类邀请书。

5. 邀请书的写作格式

邀请书一般由标题、称呼、正文、结尾、落款五部分组成。

（1）标题

邀请书的标题有以下两种形式。

① 邀请原因＋文种，如《关于出席学术研讨会的邀请书》。

② 文种，如《邀请书》。

（2）称呼

在标题下一行顶格写被邀请的单位名称或个人姓名、称呼，后面加冒号，如"××学校""××同志""××主任"等。

（3）正文

正文写明活动内容、活动目的、活动时间、活动地点、活动方式、活动事宜。若需乘车、乘船，应写明交通路线及接送方式等。

（4）结尾

结尾处写礼节性的问候语，如"恳请光临指导"等。

（5）落款

邀请书的落款要署上邀请单位名称或邀请人的姓名和日期。如果是单位邀请还需加盖公章，以示郑重。

6. 邀请书的写作要求

（1）直截了当。对邀请谁、将做什么要直截了当地写出来。

（2）交代有关事项。要将邀请对方参加会议或活动的有关事项一一交代清楚。

（3）用语简洁。邀请书用语要简洁、明确、热情、大方。

📝 **例文：**

邀　请　书

×××同志：

　　学会定于 2023 年 3 月 1 日至 2 日在××学校举行应用文学会年会，敬请光临。现将有关事项通知如下：

　　一、会议以习近平新时代中国特色社会主义思想为指导，内容如下。

　　1. 宣读学术论文。

　　2. 交流教学经验。

　　3. 商讨 2023 年学术研究计划。

　　二、出席会议的会员原则上应向大会提交学术论文一篇，字数不限，打印 50 份。

三、食宿费用由学会负责，往返交通费由会员所在单位承担。

四、接到通知后，请即向大会筹备组传真参会登记表。如在会前 3 天未返回登记表，视为不出席会议，不再安排食宿。

五、报到时间：2023 年 2 月 28 日下午。

六、报到地点：××学校招待所。

联系电话：××××××

××市应用文学会（盖章）

××××年××月××日

评析：

这是一篇会议邀请书，标题由文种组成。正文陈述举办会议的名称、目的、时间、地点、方式、事宜。全文措辞文雅，语气诚恳，符合邀请书的格式。

（三）聘书

1. 聘书的概念

聘书又称聘请书，是党政机关、社会团体、企事业单位用于聘请某些领导或某些有专业特长或有名望权威的人从事某项工作时所使用的文书。

2. 聘书的作用

（1）可以起到一种凭据的作用。

（2）对被聘者表示尊重。

3. 聘书的特点

（1）确指性。聘书的受聘对象是特定的个人。

（2）时限性。所聘的职务和职称在限定的时间内有效，超过规定时间则失效。

（3）简洁性。只需交代清楚受聘内容即可，语言应简洁明确。

4. 聘书的分类

从内容性质上一般分为聘请领导的聘书、聘请专业人才的聘书、聘请名人的聘书三种。

5. 聘书的写作格式

聘书一般事先按格式印制好，中心内容由发文者填写即可。聘书一般由标题、称呼、正文、结尾、落款五部分组成。

（1）标题

在第一行居中写上"聘书"或"聘请书"。已印制好的聘书标题常由烫金或套红的"聘书"或"聘请书"字样组成。

（2）称呼

标题下一行顶格写被聘请人的姓名、称呼，后面加冒号，如"××女士""××先生""××同志"。

（3）正文

正文写聘请的原因、所聘的职务与工作内容、聘任期限等，有时还需写明具体要求、工作量、待遇和希望。

（4）结尾

在正文后另起一行空两格写"此聘"，或写"此致 敬礼"作为结语，结语后面不使用标点符号。

（5）落款

在落款处署上聘请单位或单位领导的姓名、职务和日期，并加盖公章。

6. 聘书的写作要求

（1）聘书要庄重严肃，对有关内容要交代清楚，同时，聘书的书写要整洁、美观、大方。

（2）聘书要短小精悍，语言简洁明了，准确流畅。

（3）聘书一般是以单位名誉发出的，要加盖公章，方视为有效。

📝 例文：

聘 书

×××教授：

　　兹聘请飞行动力学专家×××教授，为中国科学院飞行动力研究所名誉院士。指导我院飞行动力研究所开展新型飞机发动机的研制工作。

　　此致

敬礼

中国科学院人才管理委员会（盖章）

××××年××月××日

评析：

　　这是一则聘请名人的聘书，开门见山地交代了聘请原因、职务及工作内容，语言简洁明确、态度诚恳、格式规范。

知识链接

　　"的""地""得"结构句的使用口诀：

　　左边白右边勺，名词跟在后面说；

　　左边土右边也，地字走在动词前；

　　左两人右日寸，形容词前要用得。

　　的地得不一样，用法分别记心上。

拓展训练

1. 拓展训练项目

班级要举行感恩教育演讲比赛，准备邀请相关教师参加，请你写一篇欢迎词。

2. 拓展训练流程

（1）分小组，明确小组长，确定任务。

（2）讨论写作要求，完成写作任务。

（3）在班级中开展评比活动。

3. 拓展训练评价

序号	评价指标	评价标准	效果评价（优秀／良好／合格）
1	活动准备	准备充分	
2	活动态度	积极参与	
3	写作成果	格式规范，用语恰当	

4. 拓展训练反思

（1）我在写欢迎词的过程中遇到哪些问题？如何解决？

（2）我对本次写作感到：

满意 □   一般满意 □   不满意 □

巩固新知

一、名词解释

欢迎词 欢送词 祝词 贺词

二、填空题

1. 请柬的写作包括_____、_____、_____、_____、_____五部分。

2. 聘书的特点有_____、_____、_____。

3. 欢迎词正文由_____、_____、_____三部分组成。

4. 祝贺词按祝贺对象分为_____、_____、_____、_____四类。

5. 讣告的特点有_____、_____、_____。

6. 悼词的作用是_____、_____、_____。

7. 悼词按表现手法分为_____、_____、_____。

三、单项选择题

1. 不管是表达"有朋自远方来，不亦乐乎"的愉悦心情的欢迎词，还是表达亲朋好友的依依惜别之情的欢送词，都具有的写作要求是（   ）。

　　A. 说服力强　　　　　　　　B. 长篇大论

　　C. 号召力强　　　　　　　　D. 感情真挚

2. 在迎接宾客的仪式上，主人对嘉宾的到来表示热烈欢迎的讲话稿是（   ）。

　　A. 欢迎词　　　　　　　　　B. 欢送词

　　C. 开幕词　　　　　　　　　D. 慰问词

四、简答题

1. 简述欢迎词的写作要求。

2.简述欢送词的写作要求。

3.简述祝贺词的特点。

4.简述悼词的特点。

第三节 经济文书

**4-3
经济文书**

学习目标

• 了解经济文书的概念、作用、特点、分类及写作要求。

• 理解意向书、协议书、合同书、招标书、投标书、中标通知书的概念、作用。

• 掌握意向书、协议书、合同书、招标书、投标书、中标通知书的特点、写作格式和写作要求。

• 能够起草意向书、协议书、合同书、招标书、投标书、中标通知书文稿。

案例引导

某学校与某施工单位签订了施工合同,其中一条规定:乙方负责场地的"三通一平"工作,全部费用为陆拾叁万元。某施工单位迟迟没有开工,双方因此引起争议,并到当地法院解决。

【议一议】

怎样才能避免该经济文书的这种纠纷?

知识探究

一、经济文书概述

(一)经济文书的概念

经济文书是经济应用文的统称,是法人单位或个人在经济活动和经济交往过程中反映经济情况、处理经济事务的一种具有特定格式的专用应用文体。经济文书既是经济活动的重要凭证,也是沟通经济信息、分析经济活动状况、促进经济效益提高的管理工具。

(二)经济文书的作用

(1)指导。开展经济活动,实现经济意图,需要进行一系列周密规范的经济行为和举措。经济活动步骤及行为方案,都必须用内容周详的书面语言固定下来,以此作为经济活动的指南。

(2)联系。经济文书不仅能协调企业内部各方面的工作,而且可以与企业外部联系起来推动经济的运行,如与其他企业签订合同、意向书等。

(3)凭证。经济文书对内是组织生产的依据,也是监督产品质量的依据;对外则是履行各自承诺的权利和义务的依据,如合同和协议书就有明显的凭证作用。

（三）经济文书的特点

（1）准确性。经济文书为经济管理服务，必须真实、准确、可靠地反映客观经济情况，所涉及的材料切忌主观猜测、虚构和夸张。

（2）针对性。经济文书涉及国家经济政策和企业的经营管理、生产计划、销售服务等，因此，撰写经济文书，要针对经济活动或管理的特定对象来写。

（3）时效性。经济文书的写作目的之一就是为决策层提供经济信息和决策依据。市场经济瞬息万变，经济文书必须及时发布，以便决策层做出快速反应，把握时机，抓住机遇。

（4）政策性。经济文书直接受经济业务活动制约，要体现党的政策，否则就会给党和国家造成经济损失。

（四）经济文书的分类

1.按内容分

经济文书可以分为报告类、方案类、契约类。

（1）报告类。用于总结或分析经济工作的现状或发展趋势，如经济活动分析报告、财务预算决算报告等。

（2）方案类。用于为决策者提供决策依据，如市场预测报告、财务计划、项目建议书、可行性研究报告等。

（3）契约类。用于确定经济活动以及双方的关系、彼此的权利与义务，如意向书、协议书、合同书等。

2.按范围分

经济文书可以分为宏观经济文书、微观经济文书两类。

（1）宏观经济文书。从宏观的角度分析研究经济运转的规律及其发展的趋势，如市场预算报告等。

（2）微观经济文书。对具体事物、具体对象、具体产品进行有序运作，体现双方或多方当事人的经济利益，如意向书、协议书、合同书、招标书、投标书、中标通知书等。

本教材主要介绍意向书、协议书、合同书、招标书、投标书、中标通知书。

（五）经济文书的写作要求

（1）熟悉业务工作。作者只有熟悉自己工作的业务范围、工作内容及相关工作之间的关系，才能写出符合实际、操作性强的经济文书。

（2）理解政策法规。从事经济活动，拟制经济文书，要认真学习党和国家的有关政策、法规，贯彻落实政策、法规精神，才能事半功倍。

（3）把握写作程式。经济文书在用纸、格式、写作等方面都有特定的规范化要求，不能随心所欲。

二、意向书

（一）意向书的概念

意向书是指双方或多方，就某一合作事项表明基本态度，提出初步设想，表达某种意愿或实现某种目的而签订的应用文书。意向书实际上是协议或合同的先导，起着备忘录的作用，不具有法律约束力。

（二）意向书的作用

意向书的主要作用是传达"意向"，提请对方注意或供对方参考，约束双方的行动，保证双方的利益；反映业务工作上的关系，保证业务朝着健康有利的方向发展；为正式签订协议或合同打下基础。

（三）意向书的特点

（1）协商性。意向书是双方共同协商而签订的，也可为今后进一步协商提供依据。双方签署之后，允许进一步洽谈细节，可提供几种方案供双方选择。

（2）一致性。意向书是双方就某一洽谈事项达成初步的一致意向时确立的，反映双方的共同愿望，并得到双方认可，可以为下一步谈判提供依据。

（3）临时性。意向书是双方洽谈过程中各方基本观点的记录，一旦达成正式协议，便完成了意向书的使命。意向书不具备法律效力。

（四）意向书的分类

根据意向书签订的方式可分为单签式意向书、联签式意向书、换文式意向书，其中最常用的是联签式意向书。

（五）意向书的写作格式

意向书一般包括标题、当事人名称、正文、结尾、落款五部分。

1. 标题

意向书的标题有以下两种形式。

（1）事由＋文种，如联合办学意向书。

（2）文种，如意向书。

2. 当事人名称

在标题下写明签订意向书的双方或多方的单位全称或代表人姓名。为了表述方便，一般在各单位前面写明"甲方""乙方"，如有第三方，则注明"丙方"。

3. 正文

正文包括引言和主体两部分。

（1）引言。引言要写明签订意向书的原因、依据和目的。有些意向书引言要写得比较具体，说明双方洽谈的大致情况，如洽谈的前提、时间、地点、议题、考察经过等。

（2）主体。主体通常采用条款式表达双方达成的具体意向。一般要写明合作项目、合作期限、货币结算方式、投资金额及规模、双方的权利与义务、利润分配及亏损分担等问题，表明双方已达成的意向。

4. 结尾

结尾要写明未尽事宜的解决方式，以供具体商谈。最后写明意向书的文本数量及保存者。如系外资项目，还应交代意向书所使用的文种及外汇兑换升降比例等问题。

5. 落款

落款包括三项内容：签订意向书各当事人的法定名称、洽谈代表的签名、签订意向书的日期，并加盖公章。

（六）意向书的写作要求

（1）平等互惠，态度诚恳。洽谈双方必须一视同仁、平等对待、互利互惠，行文时应忠实于洽谈内容，本着对洽谈双方负责的原则，在协商一致的原则上签订。

（2）重点突出，简洁明确。意向书在表述方面要重点突出、表意明确、简洁概括，但不必过于具体，只需把意向双方洽谈一致的地方表达出来即可。

（3）语言准确，把握分寸。意向书的写作在语言的运用上应该做到准确、不含歧义，为今后进一步洽谈奠定基础。同时，应注意把握语言分寸，为今后的进一步商谈留有一定的空间。

📄 **例文：**

意 向 书

甲方：××职业技术学校

乙方：××县劳动和社会保障局

经双方商讨，拟合作举办一期务工人员实用技术短期培训班。初步意向如下：

一、培训期3个月。2021年9月1日开始，11月30日结业。

二、培训学员100名。由乙方选送30岁以下、具有初中文化及以上学历的人员。

三、培训费4万元。由乙方在开班前支付给甲方。

四、甲方提供培训场地、师资、教材，负责教学管理，发放结业证书，并负责推荐就业。

甲方：××职业技术学校（盖章）

法人代表：×××（签字）

乙方：××县劳动和社会保障局（盖章）

法人代表：×××（签字）

×××× 年 ×× 月 ×× 日

评析：

这是一份合作培训意向书，标题由文种组成，当事人名称清楚，正文结构完整、条款清楚、态度诚恳、重点突出、简洁明了。

三、协议书

（一）协议书的概念

所谓协议书，是指在社会经济活动中就某一问题或某一事项提出意见，经过双方或多方协商、谈判，达成共识后，由相关各方共同签署的具有法律效力的记录性应用文。

（二）协议书的作用

（1）约束和凭证作用。协议书作为具有法律效力的文书，把当事人各方商谈的有关事项记录下来，一经签订，对签订各方均具有约束作用。协议书明确了各方的权利和义务，各方各执一份，作为凭证，互相监督，以保证合作事项的顺利进行。

（2）补充完善作用。协议书是已签订合同的补充部分。有些合同在执行过程中，会遇到某些特殊情况或因某些条款内容的不完善，使合同无法继续履行的情况。在这种情况下，经合同当事人协商同意后，可对已签订的合同作部分的修改、补充和完善，这时签订的协议书经当事人各方签字盖章后生效，实际上，协议书便成为已签订合同的组成部分。

（三）协议书的特点

（1）原则性。协议书的原则性表现为当事人各方对合作的内容、条件、要求等作了约定，必须遵照执行。

（2）广泛性。协议书不只限于经济活动，也可以涉及共同商定的各方面事务。

（3）灵活性。协议书内容的安排、条款的详略等完全由双方当事人协商约定。

（4）长期性。协议书的有效时间较长，有的甚至是永久性的，如"子女过继协议""收养协议"等。

（四）协议书的分类

（1）按具体内容分，有承包工程协议书、购销协议书、承揽加工协议书、财产保险协议书、赔偿协议书、技术合作协议书等。

（2）按适用时间分，有长期协议书、中期协议书、短期协议书等。

（3）按作用分，有协议书、补充协议书。

（五）协议书的写作格式

协议书一般由标题、当事人名称、正文、结尾和落款五部分组成。

1. 标题

协议书的标题有以下两种形式。

（1）事由＋文种，如技术合作协议书、房屋租赁协议书。

（2）文种，如协议书。

2. 当事人名称

在标题的左下方，空两格写上双方当事人的单位名称。为了行文方便，规定某一方为"甲方"，另一方为"乙方"。

3. 正文

正文是协议书的主要部分，一般由两部分构成：一是协议的目的和依据，要写得简明扼要；二是协议的具体事项，要逐一表述清楚。正文部分的表达主要有三种形式。

（1）表格式。适用于生产或财产一类的协议，因涉及产品或财产的规格、指标、数量、名称等，采用表格式会显得较清晰。

（2）条款式。适用于工程技术、收养、赡养等内容较多的协议。

（3）叙述式。适用于较简单的协议。

4. 结尾

说明该协议书一式几份，各方存查几份。

5. 落款

落款应写明各方当事人、见证人的单位名称、法人代表或法人代表委托人、签订协议日期，并加盖公章，同时写清各方当事人的地址、联系电话等。

（六）协议书的写作要求

（1）内容合法。协议书是一种具有法律效力的文书，一旦签订，就具有法律效力，因此，必须遵守国家法律、法规，符合国家的政策要求，任何单位和个人不得签订与国家法律和政策相抵触的协议。

（2）格式规范。在起草协议书时要按照各种协议的规定格式和规范化要求来写，不能随意拟撰。

（3）遵守平等互利原则。协议必须出于当事人的意愿，各方在法律上是平等的，既要体现协商一致，又要体现协作精神，还要遵循等价有偿的原则。

（4）表述严谨准确。协议书中所使用的语言要严谨、恰当、准确，不能产生歧义，以免造成法律纠纷。

（5）字迹清晰。协议书的字迹要清晰，不得涂改。若有涂改，必须经双方协商，并在涂改处加盖双方印章。

📝 **例文：**

技术合作协议书

甲方：××建筑工程公司
乙方：××装修设计公司

为发挥双方的优势，共谋发展，并为今后逐步向组成集团公司过渡，双方经过友好协商，特订立本协议，以兹共同恪守。

一、建立密切的技术合作关系，今后凡甲方承接的工程，装修任务均交给乙方承担。

二、乙方在接到任务后，立即组织精干的设计队伍，在10个工作日内提出设计方案，并在方案认可后，30天内完成全部设计图纸。

三、为保证设计的质量，甲方将毫无保留地向乙方提供所需的一切建筑技术资料。

四、甲方按装修工程总费用的3‰向乙方支付设计费。

五、本协议自签订之日起生效。

六、本协议一式两份，甲、乙双方各执一份。

甲方：××建筑工程公司（盖章）
法人代表：×××（签字）
联系人：×××
联系电话：×××××××××

乙方：××装修设计公司（盖章）

法人代表：×××（签字）

联系人：×××

联系电话：××××××××

×××× 年 ×× 月 ×× 日

评析：

这是一份技术合作协议书。标题由事由和文种组成，正文针对合作项目作了规定，结尾写明了未尽事宜和文本数量及保存者。措辞规范、条款明确。

四、合同

（一）合同的概念

合同是平等主体的法人代表、自然人或其他组织之间设立、变更、终止民事权利义务关系的文书。

平等主体是指订立合同的当事人（主体）各方的法律地位是平等的，一方不得将个人意志强加给另一方。

订立合同是指法人代表、自然人或其他组织之间依法享有自愿订立合同的权利，任何单位和个人不得非法干预。

"依法"不仅仅是指双方"自愿订立"，而且指合同的内容必须符合现行的法律、法规，不得订立违法合同。

（二）合同的作用

（1）有利于保护合同当事人的合法权益。合同依法成立，双方当事人都要严格履行自己的权利和义务。如有一方违约，要视情节轻重承担相应责任。如果当事人之间发生纠纷，为维护各自的合法权益，当事人可依照合同进行交涉甚至诉诸法律，请求仲裁机构或司法机关依法裁决或判决。这样，能强制双方当事人重合同、守信用，其合法权益能得到相应的法律保护。

（2）有利于维护社会经济秩序。合同是商品经济的产物，是社会关系、经济关系在法律上的表现。所谓社会经济秩序，是指社会活动、经济活动所应有的规范性、稳定性、安全性。只有社会经济活动规范、有序，合同当事人才能最大限度地实现各自的目的，获取最大权益。因此，合同是维护社会秩序的重要方式。

（3）有利于加强国家对企业的管理和监督。执行合同时，国家可以通过各级业务主管部门和工商行政管理部门，有效地监督和管理企业的经济活动。比如对恪守信用、经济状况运行良好的企业给予优惠条件贷款，反之则从严控制贷款。

（4）有利于企业加强经营核算和管理。经营核算要求企业以最少的消耗完成合同规定的各项指标，从而取得最好的经济效益。企业按合同组织生产，可以加强企业管理，避免浪费和积压。

（5）有利于促进经济技术合作与交流。随着我国市场经济的发展，内外贸易不断扩大，经济活动越加广泛与深入，合同已成为促进经济技术合作与交流的重要手段，它对发展国内外经济贸易、构建和谐社会起着重要的桥梁和纽带作用。

（三）合同的特点

（1）合同内容的合法性。合同是具有法律效力的文书，其作用的发挥要以合同内容合法为前提。内容不合法，合同则为无效合同，所以合同内容具有强制合法性的特点。

（2）合同效力的约束性。合同是双方当事人为了实现一定的目的而签订的，双方的权利义务是明确的，合同一经签订，即具有法律效力，任何一方不得违约，否则就要承担相应的责任。

（3）合同主体的平等性。合同是当事人各方在平等、自愿、协商、一致的前提下签订的，任何一方不能以任何方式和手段把个人的意志强加给另一方。

（4）合同措辞的严谨性。为避免合同履行中产生不必要的争执，避免造成不必要的经济损失，合同的语言表达必须准确、完整、严密，绝对不能有模棱两可或含混不清的情况出现。

（四）合同的分类

1. 从内容和性质的角度分

（1）买卖合同。买卖合同又叫购销合同，是出卖人转移标的物的所有权于买受人，而买受人支付价款的合同。

（2）供用电、水、气、热力合同。供用电合同是指供电人向用电人供电，用电人支付电费的合同。供用水、供用气、供用热力合同，与供用电合同类似。

（3）赠与合同。赠与合同是赠与人将自己的财产无偿给予受赠人，受赠人表示接受的合同。

（4）借款合同。借款合同是借款人向贷款人借款，到期返还借款并支付利息的合同。

（5）租赁合同。租赁合同是出租人将租赁物交付承租人使用，承租人支付租金的合同。

（6）融资租赁合同。融资租赁合同是出租人根据承租人对出卖人、租赁物的选择，向出卖人购买租赁物，提供给承租人使用，承租人支付租金的合同。

（7）承揽合同。承揽合同是承揽人按照定做人的要求完成加工、定做、修理、复制、测试、检验等工作，交付工作成果，定做人给付报酬的合同。

（8）建设工程合同。建设工程合同是承包人进行工程建设、发包人支付货款的合同，包括工程勘察、设计、施工合同。

（9）运输合同。运输合同是承运人将旅客或者货物以铁路、公路、水路、航空等运输方式，从起运点运到约定点，旅客、托运人或者收货人支付费用的合同，包括客运合同、货运合同和联运合同。

（10）技术合同。技术合同是当事人就技术开发、转让、咨询或者服务订立的确立相互之间权利和义务关系的合同，包括技术开发合同、技术转让合同、技术咨询合同和技术服务合同。

（11）保管合同。保管合同是保管人保管寄存人交付的保管物，并返还该物的合同。

（12）仓库合同。仓库合同是保管人储存存货人交付的仓库物，存货人支付仓库费的合同。

（13）委托合同。委托合同是委托人和受委托人约定由受托人处理委托事务的合同。

（14）经纪合同。经纪合同是经纪人以自己的名义为委托人从事贸易活动，委托人支付报酬的合同。

（15）居间合同。居间合同是居间人向委托人报告订立合同的机会，或者提供订立合同的媒介服务，委托人支付报酬的合同。

2. 按书面表达形式分

（1）条款式合同。即把当事人各方约定的内容用文字逐条记载下来。

（2）表格合同。即把必不可少的内容设计成固定的表格形式，订立时只需将约定好的内容逐一填入相应栏内即可，方便当事人双方一目了然地签订合同。

（3）综合式合同。即用条款的形式规定需要约定的部分，用表格的形式写明合同中的固定内容。

（五）合同的写作格式

合同一般包括标题、当事人名称、正文、结尾、落款五个部分。

1. 标题

标题即为合同的名称，主要有以下几种写法。

（1）合同种类充当合同名称，如《建设工程合同》《劳动合同》。

（2）合同标的＋合同种类，如《农副产品买卖合同》。

（3）合同有效期＋合同种类，如《2009年招生合同》。

（4）单位名称＋合同种类，如《××××学校××公司联合办学合同》。

2. 当事人名称

合同签订各方要写明单位名称、合同编号等，为表述方便，需在各单位前注明"甲方、乙方"或"供方、需方"等；也可在各单位后用括号注明"甲方、乙方"或"供方、需方"等代称。

3. 正文

合同的正文包括开头和主体两部分。

（1）开头。合同正文的开头主要是点明签合同的缘由、根据、目的等，常用"为了……""根据……"及承接语句"经过双方协商，特签订本合同，以兹共同遵守"，将文意引入主体。

（2）主体。主体是合同的核心，也是合同的基本条款部分，应写明根据法律规定的或按合同性质必须具备的条款。

合同的主体应具备如下主要条款。

① 标的。标的是指合同当事人双方权利和义务的共同指向，包括货物、工程项目、劳务、智力成果等，如采购合同中的标的是货物，建设工程合同中的标的是工程项目，技术推广合同中的标的是科技项目等。

② 数量。数量是合同标的的具体化，是以数字和计量单位来衡量标的的尺度。

③ 质量。质量是标的物的质量和包装质量的综合指标。

④ 价款和报酬。价款是指有偿合同中接受标的的一方当事人以货币形式向另一方当事人支付的钱款。标的支付的货币名称、数额、计算标准、结算方式、支付时间、支付方式

等要写清楚。报酬是对提供劳务或完成一定工作的当事人所给付的钱款。

⑤ 履行期限、地点和方式。履行期限是指合同当事人完成交货（款）或完成劳务的时间界限；地点是指合同当事人完成交货（款）或完成劳务履行义务的具体地方；方式是指合同当事人履行义务的方法，一般包括标的支付方式、价款或报酬结算方式，以及运输方式、计算方式、验收方式等。

⑥ 违约责任。违约责任是指当事人由于自身过错而未履行合同义务，依法所应承担的责任。违约责任主要是用违约金、赔偿金来体现。

⑦ 解决争议的方法。解决争议的方法指如果合同有争议时解决的办法和途径。解决争议可以通过和解或调解，如和解或调解不成的，可以向仲裁机构申请仲裁，若仲裁无效，可以向人民法院起诉。

4. 结尾

结尾主要是写明合同的有效期、条款未尽事宜的处理办法、合同的份数和保存方法、合同的附件等。附件与合同本身具有同等效力。

5. 落款

落款部分应写上当事人单位的全称、代表人姓名（签字），并加盖公章。有的合同还要写明地址、电话号码、邮政编码、开户银行及账号、签证机关等，最后写明签订合同的日期。

（六）合同与意向书的区别

从用途上看，意向书多用于技术合作、工程确立、联合投资等方面；合同多用于购销、财产租赁、借款、保险等方面。

从内容上看，意向书的内容仅表明当事人各方的意向、设想和打算；合同的内容更详细、周密，对双方的权利、义务等有具体的要求。

从法律效力上看，意向书不具备法律效力，不受法律保护；合同具有法律的约束力和强制性，当事人必须全面履行规定的义务。

（七）合同与协议书的异同

1. 共同点

合同与协议书对各方当事人均有法律约束力，都必须按照签署的内容，严肃认真履行权利和义务。

2. 不同点

（1）从内容上看，合同的内容具体、详细、周密；协议的内容单纯，往往是共同协商的原则性意见。

（2）从适用范围看，合同主要适用于经济关系方面的事项；协议适用于共同商定的各方面事务。

（3）从时效性上看，合同所规定的交易一旦实现，则合同的有效期限随之消失；协议的有效时间较长，有的甚至是永久性的。同时，协议可以是合同的补充和完善。

（八）合同的写作要求

（1）内容合法、合理。一是合同的订立、效力、履行、违约责任必须符合国家的法律、法规和政策。二是单位和个人不得利用合同进行非法活动，索取非法收入。三是必须贯彻平等互利、等价有偿的原则。

（2）结构完整、具体。合同必备的构成部分不能缺少，内容的条款不能遗漏，计量单位、包装标准等要具体，避免歧义。

（3）表述严谨、准确。合同的遣词造句要认真推敲，句意准确；表述货币等的数字应大写，标点符号的使用应准确。

（4）字迹清晰、工整。合同的字迹要求清晰、工整，不能有错字、别字。一般不能涂改，如果要涂改，应在修改处加盖双方当事人印章。

例文：

供用电合同

供电人：××供电局（以下简称甲方）

用电人：××学校校办工厂（以下简称乙方）

根据有关电力供用方面的法律、法规的规定，更好地明确供用电双方的权利和义务，经甲乙双方协商一致，特订立本合同，以便双方共同遵守。

一、受电地点、受电电压及期限

（一）受电地点：××学校内。

（二）受电电压：10千伏。

（三）合同期限：3年，自2012年3月1日至2015年4月30日。

二、双方的责任

（一）甲方按照合同约定的供电标准为乙方提供并安装有关供电设备，保证按时为乙方供电。

（二）在本合同规定的期限内，甲方应当保证乙方的电力电量供应；如检修供电设备导致不能供电，必须提前7天通知乙方；因自然灾害造成停电的，甲方应及时抢修，尽早恢复供电。

（三）甲方供电后，乙方应在1个月内根据供电设备安装工程结算书，一次性向甲方支付全部设备费和安装费。

（四）乙方应按照合同的规定，安全用电；需要超标准用电，应提前7天通知甲方，征得甲方同意后方可超标准用电。

（五）乙方按国家规定的电费标准按季度向甲方缴付电费；在合同有效期内国家电费标准调整时，本合同的电费标准也应作相应调整，电费由乙方按期缴纳。

（六）乙方不能擅自改动供电设施，否则，后果自负。

三、违约责任

（一）甲方未按照合同约定向乙方供电，应当补还少供的电力、电量，并向乙方支付少供电力、电量电费的5倍违约金；违约金未足以弥补乙方所受损失的，还应支付赔偿金。

（二）乙方擅自超过合同约定标准用电的，甲方有权将其多用部分从以后供电量中扣除，并对多用电量加收5倍的电费。

（三）因甲方的责任导致乙方停电的，甲方应当按照乙方在停电时间内可能用电量电费的 5 倍给予赔偿；因供电系统自动开关、掉闸而停电的，甲方不予赔偿。

（四）因乙方的责任造成甲方停电的，乙方应当按照甲方的少供电量电费的 5 倍予以赔偿。情节严重的，甲方有权解除合同。

（五）甲方应按照合同约定的期限供电，每少供 1 天，应当向乙方支付电费总量 5‰ 的违约金。乙方应按照合同规定的期限缴纳电费，每逾期 1 天，应当向甲方支付电费总量 5‰ 的违约金。

（六）因甲方的原因导致乙方用电设备烧毁时，甲方应负责修复，并按实际情况对乙方赔偿损失。

四、本合同自签订之日起生效；在合同有效期限内，双方不得擅自变更或解除。本合同未尽事宜，经双方协商一致后，可以作出补充协议，补充协议与本合同具有同等法律效力。

五、本合同一式四份，双方各执两份。

> 甲方：××供电局（盖章）　　乙方：××学校校办厂（盖章）
> 法人代表：×××　　　　　　法人代表：×××
> 联系人：×××　　　　　　　联系人：×××
> 　　　　　　　　　　　　　　××××年××月××日

评析：

这是一份供用电合同。标题由文种性质和文种组成，双方当事人的名称位于标题之下。正文采用开头加条文式写法。开头表明签合同的根据和目的，并以过渡语"特订立本合同，以便双方共同遵守"引出主体部分；主体部分写明双方当事人就电力、电量、用电时间各方责任和义务等内容协商一致，违约责任明确、具体；结尾表明未尽事宜、文本份数和保存者。该合同语言简练，格式规范。

五、招标书

（一）招标书的概念

所谓招标书，是指招标单位在承包单位建设项目、购买大宗物品等时发出通告，明确提出拟购商品或拟建项目的有关条件和要求，征召合作对象在指定的时间、地点，按照一定程序前来投标的一种经济行为；是招标单位为邀请有关单位投标所编写的文字材料。

（二）招标书的作用

（1）有利于促进经济竞争。招标单位实行招标，必然引起投标者之间的激烈竞争，各企业只有不断提高经营管理水平，引进先进技术，降低成本，才能中标。

（2）有利于提高经济效益。招标可使招标单位有更多选择投标者的机会，投标者中标后必然会在提高质量、降低成本、加强管理等方面下功夫，因此，双方经济效益均能得到提高。

（3）有利于经济技术交流与合作。投标的范围广泛，只有那些技术先进、产品质量好、成本低的企业才能中标，这样就吸纳了优秀企业的先进技术。

（三）招标书的特点

（1）公开性。招标的项目、目的、基本情况、产品要求、具体规定等都是公开发布的，而且都要接受公证机关或其他有关机构的监督。

（2）竞争性。竞争性即投标书的编制和提出是一个比实力、比信誉、比策略的竞争过程。

（3）具体性。招标书须写明有关招标的做法、步骤与工作程序。

（四）招标的形式

（1）公开招标。公开招标即在媒体上公开发布招标通告。

（2）书面通知招标。书面通知招标即采取书面通知招标的形式直接通知有资质或承担能力的单位参加投标。

（3）议标。议标是对一些技术复杂或工期紧迫的工程项目，在征得有关主管部门同意后，选择至少3家有资质、有承担能力的单位协商确定工期、造价的一种形式。

（五）招标的程序

（1）成立招标、评标工作领导小组。

（2）制发和报审招标文件，公布招标通告。

（3）投标者递交投标申请，并购买招标文件。

（4）对投标者进行资格审查。

（5）统一组织投标咨询。

（6）投标者递交密封并加盖印章的投标书。

（7）确定开标时间、评标标准。

（8）组织开标，确定中标者，发出中标通知书。

（9）招标单位与中标者签订合同。

（六）招标书的分类

（1）按内容和性质分：工程项目招标书、大宗商品交易招标书、劳务招标书、科研课题招标书、技术项目引进或转让招标书、企业承包或租赁招标书。

（2）按作用和过程分：招标申请书、招标书、招标通告、邀请函、招标通知书等。

（七）招标书的写作格式

1. 招标申请书的写作格式

招标申请书是招标单位准备向社会发布招标通告前，向投标管理部门报送的请求批准向社会公开招标的书面申请。招标申请书由标题、正文、附件和落款四部分构成。

（1）标题。招标申请书标题的形式是单位名称＋事由＋文种，如××××学校关于《学生手册》印刷招标申请书。

（2）正文。正文由称谓、申请事项两部分组成。

① 称谓。顶格加冒号写明受文单位即招标管理部门名称。

② 申请事项。简要说明招标项目、有关政策文件，说明已具备的招标条件，提出招

标请求。

（3）附件。附件主要包括招标准备工作资料、招标工程图样等配套资料。

（4）落款。在行文右下方署明制文单位名称，并注明日期，加盖公章。

2. 招标书的写作格式

招标书一般由标题、正文、落款三部分构成。

（1）标题

招标书的标题有以下四种形式。

①招标单位＋标的名称＋事由＋文种，如××××学校食堂承包招标书。

②招标单位＋文种，如××××学校招标书。

③事由＋文种，如建筑安装工程招标书。

④文种，如招标书。

（2）正文

正文通常包括导语、主体和结尾三部分。

①导语部分主要写明招标缘由、目的、标的（招标项目名称）、招标范围。

②主体部分主要写明标的概况、投标方法、投标程序、投标资格、质量及技术要求、合同规则、权利义务、保证条件、支付办法、招标的起止时间、开标的时间和地点等。

③结尾部分写明招标者的地址、电话、邮编、电子邮箱、联系人等。

（3）落款

在落款处署上招标单位的名称和发文日期，并加盖公章。

3. 招标通告的写作格式

招标通告是招标单位面向社会在一定范围内公布招标事宜的告知性文书，其目的是引起一定数量的单位参加公平竞争。招标通告一般由标题、正文、落款三部分构成。

（1）标题

招标通告的标题有以下两种。

①招标单位＋项目名称＋文种，如××市修建图书馆的招标通告。

②文种，如招标通告。

（2）正文

正文由导语、主体、结尾三部分组成，与投标书的写法相同。

（3）落款

招标通告的落款与投标书的落款写法相同。

4. 招标邀请函的写作格式

招标邀请函是指请承包单位报名，经资格审查选定邀请对象参加投标的函件。招标邀请函由标题、发文字号、主送单位、正文、落款五部分构成。

（1）标题

招标邀请函的标题有以下两种。

①招标单位＋文种，如××××学校科技开发邀请函。

②文种，如招标邀请函。

（2）发文字号

写在标题下面，如"设字2022-03"，"设"是发文单位的代号，"2022-03"是文书序号，表明这是 2022 年的第 3 号招标邀请函。

（3）主送单位

主送单位即受邀投标单位的名称，写在发文字号下一行顶格处。

（4）正文

正文由导语、主体、时间安排、结尾语四部分组成。

① 导语。写明发函的根据、目的、招标项目名称等，常用的过渡语是"现将有关事宜函告如下"。

② 主体。包括项目名称、地址、承包方式、工程总量及对工期、质量的要求或购买物资的名称、数量、型号、价款等。

③ 时间安排。写明招标的起止时间、领取招标书的时间、地点和应缴费用及开标的时间、地点、联系方式、联系人等。

④ 结尾语。一般用"此致 敬礼"作结尾语。

（5）落款

在落款处署上招标单位名称、日期，并加盖公章。

5. 招标通知书的写作格式

招标通知书是正式请投标单位参加投标的通知性文书，包括标题、发文字号、主送单位、正文、落款五部分。

（1）标题

招标通知书的标题有以下两种。

① 招标项目名称＋文种，如教学楼建设招标通知书。

② 文种，如招标通知书。

（2）发文字号

发文字号由发文单位代字、年号和顺序号组成，如"校发〔2022〕18 号"。

（3）主送单位

写明被邀请投标单位的名称。

（4）正文

正文由前言、主体、结尾三部分组成。

① 前言。因有关单位已来函表示愿意参加投标，因此，前言只需表明同意参加投标的态度即可。

② 主体。写明有关招标的具体事宜，如发售招标文件的时间和费用、接受标书的时间等。

③ 结尾。多用"请准时参加"等作结尾语。

（5）落款

在落款处署上制发通知的单位名称、时间，并加盖公章。

（八）招标书的写作要求

（1）要搞好调查研究。招标者要通过议标、评标"比价"，确定最佳投标者，就必须事先做好市场调查工作，了解和掌握市场走向，深入分析市场形势及其发展趋势。

（2）要实事求是地提出要求。无论什么项目的招标活动，都是为了在保质保量的前提下尽量节约资金，所以各项指标的提出既不能过高，也不能过低。过高会使投标者不敢投标，造成废标，过低会影响项目经济效益。因此，要从实际出发，实事求是地提出有关标的的要求，这样才能够达到好中选优的目的。

（3）要做到表述规范准确。招标书既要符合国家有关政策、法律、法规，又要使文字、数据、图表准确无误，语意不能有任何歧义。

例文：

建筑安装工程招标书

为了提高建筑安装工程的建设速度，提高经济效益，经××部门批准，我校对新校区二期建筑安装工程的全部工程进行公开招标。

一、招标工程的准备条件

（略）

二、工程内容、范围、工程量、工期、地质勘查单位和工程设计单位

（略）

三、工程质量等级、技术要求、对工程材料和投标单位的特殊要求、工程验收标准

（略）

四、工程供料方式和主要材料价格，工程价款结算方法

（略）

五、组织投标人进行工程现场勘察、说明，招标文件交流的时间、地点

（略）

六、报名、投标日期、招标文件发送方式

（略）

七、开标、评标时间及方式、中标依据和通知

开标时间：××××年××月××日

评标结束时间：××××年××月××日

开标、评标方式：邀请建设主管部门、建设银行和公证处参加公开开标并审查证书，采取集体评议方式进行评标、定标工作。

中标依据及通知：本工程评定中标单位的依据是工程质量优良、工期适当、价格合理、社会信誉好，最低标价的投标单位不一定中标。所有投标企业的标价都高于标底时，通过评价，确定合理标价和中标企业。评定结束后5日内，招标单位将中标通知书送发给中标单位，并在10日内与中标单位签订建筑安装工程合同。

八、其他

（略）

招标单位：××××（盖章）

联系人：×××

电话：×××××××

××××年××月××日

评析：

这是一篇建筑安装工程招标书。标题由事由和文种组成，正文的导语部分表明招标的目的、根据和招标范围，正文的主体部分逐项说明投标人参加招标的应知事项，落款部分写明招标单位的名称等。条理清楚，格式规范。

六、投标书

（一）投标书的概念

所谓投标，是指愿意按投标书条件进行交易，根据招标书所列的条件、要求，拟出具体方案，向招标单位提出交易或提出承包申请的行为。投标书是投标人按招标人的要求向招标人提出订立合同的建议，是提供给招标人的备选方案的文字材料。

（二）投标书的作用

（1）投标书是社会竞争的产物，它体现了一种参与意识和竞争意识。

（2）投标的条件与意见为招标单位选择最佳的合作者提供了依据。

（3）通过投标者之间的优胜劣汰实现资源的优化组合，从而提高工作效率，增强经济效益和社会效益。

（三）投标书的特点

（1）针对性。拟写投标书要针对招标单位提出的条件和要求，也要针对投标者的现状，决定是否投标和投标的程度。

（2）真实性。投标书的内容要真实可靠，切忌为了中标而弄虚作假、隐瞒真相，否则会造成经济损失。

（3）保密性。投标方为了在竞争中达到中标的目的，应密封盖章寄递投标书，在开标之前要对投标方案及标的绝对保密。

（四）投标书的分类

（1）按内容和性质的不同可分为：工程项目投标书、大宗商品交易投标书、劳务投标书、科研课题投标书、技术项目引进或转让投标书、企业承包或租赁投标书等。

（2）按作用的不同可分为：投标申请书、投标书、履约保证书等。

（五）投标文本的写作格式

1. 投标申请书的写作格式

投标申请书又叫投标函，是投标单位在招标通告限定的时间内向招标单位递交的参加竞标活动的书面申请。其由标题、主送单位名称、正文、附件、落款五部分组成。

（1）标题

标题通常只写"投标申请书"。

（2）主送单位名称

主送单位名称即招标单位的名称，写在标题下一行顶格处。

（3）正文

正文简洁表述参加招标的决心与信心，表明愿遵守有关规定及参加公平竞争的态度，诚恳提出请求。

（4）附件

附件主要包括投标者的基本情况和与投标项目相关的资质，以及能证明自身实力的其他材料。

（5）落款

在落款处署上投标单位名称、日期，并加盖公章。

2. 投标书的写作格式

投标书由标题、正文、附件、落款四部分组成。

（1）标题

投标书的标题有以下四种。

① 投标单位＋投标项目＋文种，如 ×× 公司承包洗衣机厂的投标书。

② 投标项目＋文种，如 ×× 工程项目投标书。

③ 投标单位＋文种，如 ×× 公司项目投标书。

④ 文种，如投标书。

（2）正文

正文由前言、主体、结尾三部分组成。

① 前言。前言写明投标人的基本情况，如企业名称、性质、规模、资质等级、技术力量；对投标项目的依据和指导思想；对投标项目所持的态度。

② 主体。主体写明投标的具体单位指标；承诺方的责任义务；项目开工、竣工日期；标书的有效期；交纳的担保金和履约保证金；达到目标的办法、措施等。

③ 结尾。结尾阐明可接受任何单位的招标书。

（3）附件

附件主要包括营业执照、资格证书复印件以及不宜在正文中说明的材料。

（4）落款

在落款处写明投标单位名称（加盖印章）、地址、电话、邮编、联系人、日期。

（六）投标书的写作要求

（1）实事求是。投标者务必实事求是地撰写投标书，不得弄虚作假。因为一旦中标就要在规定的期限内与招标方签订合同，并严格履行合同。如不实事求是地反映真实情况则会为合同的履行留下后患。

（2）具有针对性。投标书应针对招标书的具体内容，如目标、造价、技术、设备、质量、措施等，明确地表达投标意愿。如果内容笼统，表述不明，就难以使招标单位认可，也就难以中标。

（3）要讲求时效。招标都有明确的时限规定，投标书要在规定的时限内编制并及时送交，否则过时不候。

📝 **例文：**

投 标 书

××学校：

根据××市××局建设工程管理处2008年××月××日发布的《××学校行政办公楼建设工程招标公告》，以及××省建筑设计院设计的图纸内容，我公司具备承包施工条件，决定对该工程进行投标。

本公司经历了长期的建筑工程实践，成立于××××年，××××年经省建委审定为一级建筑施工企业。公司现有职工210人，设有建筑分公司7个，配有高级工程师组织施工，具备大型土石方工程、建筑工程和水电安装工程总承包的施工能力和经验。

一、工程标价

预算总造价为2600万元，标价在预算总价的基础上降低1%，即26万元（详见报价表）。

二、建设工期

在接到中标通知后15天进场，做好开工前的全部准备工作。2008年××月××日破土动工，2009年××月××日竣工，总工期为××日历工作日（详见进度计划）。

三、施工措施

1. 制定质量目标，健全技术档案，增强工程管理的规范性。

2. 加强安全检查监督，防范事故于未然。

3. 实行挂牌施工，讲究职业道德。

四、一旦我方中标，我方决心在此建筑工程中发挥自己的优势，保证缩短工期，力争创优良、优质工程。

投标单位：×××××（盖章）

法人代表：×××

××××年××月××日

评析：

这是一份工程项目投标书，标题由文种组成。正文由前言、主体、结尾三部分组成。前言部分表明对投标项目的依据、公司基本情况、资质等级、技术力量；主体部分对投标项目的有关内容，如工程造价、工期、施工措施作出说明；结尾部分阐明中标后的态度。该投标书主题鲜明、格式规范、具有说服力。

七、中标通知书

（一）中标通知书的概念

中标通知书是指招标单位告知投标单位中标消息的书面通知。所谓中标，是指在公证机关的监督下，由招标单位当场开标，确定实力最强、质量最好、价格最低、条件最优惠的投标单位为中标单位的活动。

（二）中标通知书的作用

中标通知书是签订合同的前提和依据。

（三）中标通知书的特点

（1）约束性。即以中标通知书的制作标志招标工作的结束。

（2）规范性。中标通知书的格式有相应的规范。

（3）告知性。即把中标结果告诉投标单位。

（四）中标通知书的写作格式

中标通知书由标题、文号、称呼、正文和落款五部分组成。

1. 标题

中标通知书的标题有以下两种。

（1）事由＋文种，如教学楼装修工程中标通知书。

（2）文种，如中标通知书。

2. 文号

文号由发文单位代字号、年号、编号组成。

3. 称呼

写明中标单位名称。

4. 正文

正文内容包括告知中标消息；写明中标总价金额数；提出工程质量标准；约定签约的时间和地点。

5. 落款

在落款处署上单位名称和日期，并加盖公章。

（五）中标通知书的写作要求

（1）掌握标准，写好中标书。掌握好招标单位提出的质量标准、技术规格、价款、开工时间、竣工时间等，是写好中标通知书的前提。

（2）格式规范，表达准确。中标通知书要严格按格式规范写作，各项指标要准确无误。另外，中标通知书力求简明、实用。

📖 例文：

教学楼中标通知书

××公司：

　　××发〔2008〕×号招标文件中教学楼建设工程，通过评定，确定贵单位中标。中标总价为人民币××××万元。工程日期自2008年××月××日至2009年××月××日。工程质量必须达到国家施工验收规范的优良标准。请于2008年××月××日到××招标办公室签订工程承包合同。

××市××局招标办公室（盖章）

××××年××月××日

评析：

这是一份中标通知书，标题由事由和文种组成。正文表明中标消息、中标总价金额数、工期，提出工程质量标准，约定签约时间和地点。语言简练，格式规范。

知识链接

招标、投标，是当今世界广泛认可的一种经济活动方式。改革开放以来，这种公开竞争方式开始在我国流行，1980 年 10 月国务院发布《关于开展和保护社会主义竞争的暂行规定》，不仅促进了行业之间、部门之间及单位之间的交流，而且有利于消除不正之风，减少营私舞弊、行贿受贿等违法违纪现象。

拓展训练

1. 拓展训练项目

模拟招投标。

2. 拓展训练流程

（1）任课教师选择一工程项目。

（2）分组：全班学生分成四组，一个组为招标单位，三个组为投标单位。

（3）分别写出招标书、投标书。

（4）由任课教师组织模拟招标，确定中标单位。

3. 拓展训练评价

序号	评价指标	评价标准	效果评价（优秀/良好/合格）
1	文书结构内容	结构完整	
2	写作要求	符合	
3	招投标效果	满意	

4. 拓展训练反思

（1）对于招投标有了什么新的认识和体验？

（2）和同学互相批改对方的文书写作成果，互相学习改进。

巩固新知

一、名词解释

买卖合同　租赁合同　居间合同　招标通告　投标书　中标通知书

二、填空题

1. 意向书的特点有_____、_____、_____。

2. 协议书的作用有_____、_____、_____。

3. 协议书一般由_____、_____、_____、_____、_____五部分组成。

4. 合同按书面表达形式分为_____、_____、_____三类。

5. 合同写作的基本要求有_____、_____、_____、_____。

6. 招标书的特点有_____、_____、_____。

7. 招标的形式有_____、_____、_____。

8. 招标申请书由_____、_____、_____、_____四部分组成。

9. 招标书由_____、_____、_____三部分组成。

10. 投标申请书包括_____、_____、_____、_____、_____五部分。

11. 投标书的特点是_____、_____、_____。

三、多项选择题

1. 协议书的特点是（　　　）。

   A. 原则性　　　　　　B. 广泛性　　　　　　C. 灵活性　　　　　　D. 长期性

   E. 随意性

2. 合同的特点是（　　　）。

   A. 不变性　　　　　　B. 合法性　　　　　　C. 约束性　　　　　　D. 平等性

   E. 严谨性

四、简答题

1. 什么叫协议书？如何写好协议书？

2. 什么叫合同书？合同书与意向书有何区别？

3. 什么叫招标书？招标书有哪些写作要求？

4. 什么叫投标书？如何写好投标书？

第四节　法律文书

4-4
法律文书

学习目标

- 了解法律文书的概念、作用、特点、分类及写作要求。
- 理解诉状、上诉状、申诉状、反诉状、答辩状的概念和作用。
- 掌握诉状、上诉状、申诉状、反诉状、答辩状的特点、写作格式和写作要求。
- 会起草诉状、上诉状、申诉状、反诉状、答辩状文稿。

案例引导

　　过年了，我家里要买年货，妻子生病要用钱，子女开学要钱交学费，做工一年工资6万元，分文没有拿到，我不知怎么办？

　　【议一议】

　　分组讨论：如何帮助该做工者讨回工资？

一、法律文书概述

（一）法律文书的概念

法律文书是公安机关、检察机关、人民法院在依法处理民事、行政、刑事案件中所使用的文书的总称。也包括律师或案件当事人在民事、行政、刑事诉讼中所写的具有法律意义的文书。

（二）法律文书的作用

（1）法律文书是实施法律的重要工具。法律文书是司法人员办理案件、执行法律所使用的一种重要工具，是为了使法律规范和意向得以实现。

（2）法律文书是诉讼活动的真实反映。诉讼活动中的每一个环节，都需要制作相应的法律文书，故法律文书不仅是诉讼过程中"一步一个脚印"的忠实记录，还是事后执法检查的重要凭证。

（3）法律文书是法制宣传的生动教材。处理诉讼和非诉讼事件所使用的法律文书，是一种直观、具体而生动的法制教育材料，能起到教育公民遵纪守法、增强法制观念的作用。

（三）法律文书的特点

（1）合法性。法律文书的制作须"以事实为根据，以法律为准绳"，忠实于事实真相，遵循于法律规定，不能想当然、主观臆断、感情用事、信口开河，要重事实、重证据、重法律依据。

（2）规范性。法律文书的内容和格式都有相应的规范要求，必须遵照执行。

（3）准确性。法律文书的表述及法律条文的适用必须准确无误，不能有言外之意，更不能无中生有、歪曲事实。

（4）时效性。法律文书在时间上有具体要求，比如对犯罪嫌疑人的监视居住不能超过6个月，上诉人在一审判决下达后的15日内可进行上诉，逾期将丧失答辩权和上诉权。

（5）强制性。法律文书往往是由执法机关代表国家行使司法权而制作的，是国家法律权威的体现，一旦付诸实施，任何单位和个人必须严格遵照执行。

（四）法律文书的分类

（1）按制作主体分：公安机关文书、检察机关文书、法院机关文书、公证机关文书等。

（2）按处理问题的方式或途径分：诉讼类文书和非诉讼类文书。诉讼类文书包括诉状、上诉状、申诉状、反诉状、答辩状等；非诉讼类文书包括仲裁申请书等。

本教材结合诉讼文书的种类和诉讼程序，主要介绍诉讼、上诉状、申诉状、反诉状和答辩状。

（五）法律文书的写作要求

（1）主旨明确，选材精当。法律文书的主旨统率着全部成文的过程，所以主旨必须明确。主旨明确后，即可从办理的案件中搜集归纳一系列事实、证据和用于论述的法学理论内容，做到"以事实为根据，以法律为准绳"。

（2）事实清楚，说理充分。法律文书首先应将该具备的要素明确交代出来，其次针对每一个案件的个性，用严密的逻辑、准绳般的法律条文进行充分的说理。

（3）格式规范，项目齐全。法律文书的行文必须按照格式要求，一丝不苟地将其必备的项目内容写全，同时，对项目内容的书写位置、规范用语乃至字体大小，都要以格式范例为准则，不得违反。

（4）语言准确，平实庄重。法律文书的语言要求简明准确、公证平允，以显示出法律的权威性。

二、诉状

（一）诉状的概念

诉状是指原告或其法定代理人为保护和实现原告的合法权益，依法行使诉讼权利，向人民法院提起诉讼时所写的书状。诉状在公诉时称起诉书，非公诉案件称诉状或起诉状、状纸等。

（二）诉状的作用

诉状是人民法院对案件进行审理或调解的依据和基础。写好诉状对法院了解情况和处理案件有很大的帮助。

（三）诉状的特点

1. 民事诉状的特点

（1）必须是由与本案有直接关系的人提起。

（2）必须是向有权受理本案的第一审人民法院提起。

（3）诉状中争执的焦点应属民事权益或其他民事纠纷，如财产所有权、财产继承权、知识产权、债权、经济合同纠纷、婚姻家庭纠纷等。

2. 行政诉状的特点

（1）必须是由与本案有直接利害关系的公民、法人或其他组织提起。

（2）必须是向有权受理本案的第一审人民法院提起。

（3）行政诉讼的对象是行政机关和行政机关工作人员的具体行政行为，主要包括由行政行为引起的纠纷，如行政不作为等。

3. 刑事诉状的特点

（1）必须是被害人或其法定代理人提起自诉的书状。提起刑事诉讼的人称为自诉人。

（2）被告人的行为必须构成犯罪。

（3）必须是向对本案有管辖权的第一审人民法院起诉的书状。

（四）诉状的分类

诉状按性质的不同可以分为以下三大类。

1. 民事诉状

民事诉状是指民事案件的原告或其法定代理人，为维护原告的民事权益，就有关民事权利和义务的争执向人民法院提起诉讼的书状，又称民事起诉状。

2. 行政诉状

行政诉状是指公民、法人或其他组织（或其诉讼代理人）认为行政机关工作人员的具体行政行为侵犯了其合法的权益，向有权受理本案的第一审人民法院起诉，要求依法处理而递交的书状。行政诉状是人民法院对案件审理的依据和基础。

3. 刑事诉状

刑事诉状是指刑事自诉案件的被害人或其法定代理人，为追究被告人的刑事责任或者附带民事责任，而直接向人民法院提起诉讼的书状，又称刑事自诉状。刑事自诉状是人民法院对案件进行审理的依据和基础。

（五）诉状的写作格式

诉状由首部、正文、尾部和附项四部分组成。

1. 首部

首部包括标题、当事人基本情况和案由三部分内容。

（1）标题

按诉讼性质写明诉状名称，如"民事诉状""行政诉状""刑事诉状"。

（2）当事人基本情况

其写作的一般规律是如下。

① 先写原告，后写被告，每人一段，依次写明姓名、性别、年龄（出生日期）、民族、籍贯、职业、工作单位、住址、电话等。

② 若原告、被告均不止 1 人，应按先原告后被告的顺序一一列出。

③ 若原告、被告是法人单位或其他组织，则依次写出其单位的名称、地址、法定代表人及其职务。

④ 若原告、被告有代理人，应写明代理人的基本情况。

⑤ 行政诉讼状的被告只能是行使国家行政管理权的行政机关，被告方只需要写出机关名称、主要行政负责人即可。

（3）案由

案由是指起诉案件的类别，如离婚、经济纠纷、损害赔偿等，这部分也可以省略。

2. 正文

正文一般包括诉讼请求、事实与理由两部分。

（1）诉讼请求

在当事人双方的矛盾中，原告请求人民法院解决什么问题，达到什么目的，在诉讼请求中要表达清楚、准确。

（2）事实与理由

事实和理由就是摆事实、讲道理，这是诉状的关键部分。

摆事实，就是要写明双方纠纷的具体事实和争执的具体情形，举出充分的人证、物证、书证及其他有利的证据，并注明证据来源。讲道理，就是根据事实和证据，辨明是非、证明合理、援引法律、得出结论、证明合法。

3. 尾部

尾部主要包括以下几个。

（1）在正文下一行空两格写"此致"，再另起一行顶格写"×××人民法院"。

（2）起诉人签名，如果是法人应加盖公章；如果是律师代书，需写明"××律师事务所律师×××代书"。

（3）注明起诉的时间。

4. 附项

依次写明本状副本份数、书证名称、书证份数，以及证人姓名、住址、联系方式等。

（六）诉状的写作要求

（1）在符合诉状条件的基础上写作。

（2）用事实说话，切忌空谈。

（3）语言精练，表意准确。

（4）当事人身份事项齐全。

三、上诉状

（一）上诉状的概念

上诉状是诉讼当事人及其法定代理人，不服地方各级人民法院第一审的判决或裁定，依照法定程序和期限，请求上一级人民法院撤销或变更原审裁判而提出的书状。

（二）上诉状的作用

上诉状对维护当事人的合法权益和完善司法制度具有重要作用，可以避免错案的发生，维持正确裁决，保证法律的正确实施。

（三）上诉状的特点

（1）必须是上诉当事人及其法定代理人提起。

（2）必须是对地方人民法院第一审判决不服才提起。

（3）必须依照法定程序和期限，向上一级人民法院提起上诉。

（四）上诉状的分类

上诉状分为民事、行政、刑事上诉状三类。

（1）民事上诉状是民事诉讼当事人或其法定代理人不服地方人民法院的第一审民事判决或裁定，依照法定程序和期限，向上一级人民法院提起上诉，请求撤销或变更原审裁判而提出的书状。

（2）行政上诉状是行政诉讼当事人或其法定代理人不服地方人民法院的第一审行政判决或裁定，依照法定程序和期限，向上一级人民法院提起上诉，请求撤销或变更原审裁判而提出的书状。

（3）刑事上诉状是指刑事诉讼的当事人及其法定代理人，不服第一审人民法院的刑事判决或裁定，依照法定程序和期限，向上一级人民法院提起上诉，请求撤销或变更原审裁判而提出的书状。

（五）上诉状的写作格式

上诉状通常由首部、正文、尾部、附项四部分组成。

1. 首部

首部包括标题、当事人的基本情况、案由三部分内容。

（1）标题

依据案件性质，写明"民事上诉状""行政上诉状""刑事上诉状"即可。

（2）当事人的基本情况

其内容包括：①按上诉方、被上诉方和第三人的顺序，每人一段写明基本情况，其写法与诉状相同。②在上诉人和被上诉人后用括号注明其在原审案件中是被告还是原告。③针对公诉案件而定的刑事上诉状，因不能将人民检察院列为上诉人，故只需写明上诉人即可。

（3）案由

案由即不服一审判决或裁定的理由，包括原审人民法院的名称、处理时间、文书的名称和字号以及上诉的意见等内容，其行文语句一般为："上诉人因××一案，不服××人民法院××××年××月××日×字第×号判决（或判定），现提出上诉。"

2. 正文

正文包括上诉请求和上诉理由。

（1）上诉请求

写明上诉人请求依法撤销、变更原审裁判，以及如何解决争议的具体要求。如刑事诉状可写"请二审人民法院撤销原判，判决原告上诉人无罪"；民事诉状可写"请二审人民法院撤销原判，判决原告上诉人离婚"。

（2）上诉理由

其内容包括：①事实方面，论证原判认定的事实不存在或有出入、遗漏或者证据不足。②法律方面，论证原判对案件定性不当、适用法律不当、判决过重或过轻。③程序方面，论证原审违反程序，导致处理不当。

3. 尾部

上诉状尾部的写作与诉状相同。

4. 附项

上诉状附项的写作与诉状相同。

（六）上诉状的写作要求

（1）上诉状应针对一审裁判存在的问题进行分析论证，讲明上诉的理由。上诉理由应足以推翻或变更裁判，同时要有事实和法律上的根据，这样才能有较强的辩驳力和说服力，以达到明辨是非、正确裁判的目的。

（2）上诉状是以反驳一审裁判的错误为主，但在反驳中应注意正面说理，把正确的主张、观点讲清楚，使正反两方面观点形成鲜明对比，给人以明晰的印象。

📝 **例文：**

民 事 诉 讼

原告：赵×，男，38岁，汉族，×省×县人，住×县×镇×村3组，电话：138×××××××。

被告：×省×区建筑有限责任公司。

法定代表人：××，电话：159×××××××。

被告：×省×区房地产开发有限公司。

负责人：×××，电话：139×××××××。

案由：合同纠纷。

诉讼请求：

1. 判令被告×区建筑有限责任公司支付所欠原告人工费13000元；

2. 本案诉讼费由被告×区房地产开发有限公司承担。

事实和理由：

被告于2021年3月1日，将××学校办公楼工程的基础部分包给原告，同年8月完工，2022年3月25日，经结算，原告共用人工费310000元，到2022年9月3日，原告还欠人工工资款13000元，经原告多次催收未果。

为维护公民合法权益，根据《民法典》《民事诉讼法》相关规定，特诉请人民法院从速判决如前请求。

此致

×× 区人民法院

具状人：赵×

××××年××月××日

评析：

这是一份由合同纠纷引起的民事诉讼，原告人、被告人的基本情况清楚，诉讼请求明确，简明扼要，事实和理由清晰，并提出被告违反《民法典》《民事诉讼法》的相关规定，为实现诉讼请求提供了法律依据。

四、申诉状

（一）申诉状的概念

申诉状是指申诉人对已经发生法律效力的判决、裁定认为有错误，向人民法院或人民检察院提出申请复查纠正的书状。

（二）申诉状的作用

（1）申诉状维护了法律的尊严。

（2）申诉状对纠正冤假错案、维护当事人的合法权益有重要作用。

（三）申诉状的特点

（1）申诉状是对已经发生法律效力的裁决、裁定不服而提出的。

（2）申诉状是由与本身权益有关的公民、法人或其他组织提出的。

（3）申诉可以向原审人民法院或原审的上一级人民法院提出，刑事申诉还可以向人民检察院提出。

（四）申诉状的分类

申诉状按性质分为民事申诉状、行政申诉状、刑事申诉状三类。

（1）民事申诉状，指民事诉讼当事人及其法定代理人，对已经发生法律效力的判决、裁定不服，向原审人民法院或其上一级人民法院提出申请复查纠正的书状。

（2）行政申诉状，指行政诉讼当事人及其法定代理人，对已经发生法律效力的判决、裁定不服，向原审人民法院或其上一级人民法院提出申请复查纠正的书状。

（3）刑事申诉状，指刑事诉讼当事人及其法定代理人、被害人及其家属，对已经发生法律效力的刑事判决、裁定不服，向人民法院或人民检察院提出申请复查纠正的书状。

（五）申诉状的写作格式

申诉状由首部、正文、尾部和附项四部分组成。

1. 首部

首部包括以下三方面内容。

（1）标题

写明"民事申诉状""行政申诉状""刑事申诉状"即可。

（2）当事人基本情况

提出申诉的当事人就是申诉人，因为申诉针对的是发生法律效力的判决、裁定，故可以不写被申诉人。

（3）写明不服原审裁判的理由

这一部分包括原来案件的案由、原处理人民法院名称、处理时间、处理文件的名称和字号、不服判决的表述等内容，如"申诉人因××一案，不服×××人民法院××××年××月××日×字×号×事判决（或裁定），即提出申诉，申诉的请求和理由如下："。

2. 正文

正文包括申诉请求和申诉理由。

（1）申诉请求

用简明概括的语言说明原来的处理有什么错误和不当之处，要求解决什么问题，给予怎样的改变处理。提出申诉请求要实事求是，合情合理。如"请撤销原判第×项，改判××（改判内容）"等。

（2）申诉理由

申诉理由是申诉状的重要内容，应抓住原来处理决定中的不当之处进行阐述，具体说明原决定书、判决书或裁定书是认定事实有错误，还是适用法律有错误，或是适用程序不当，以致造成错误的处理结果，依据事实和法律进行充分而具体的分析，从而讲清申诉的道理。

3. 尾部

尾部包括以下内容：正文后下一行空两格写"此致"，另起一行顶格写"××人民法院（或人民检察院）"。署上申诉人姓名和日期；如系律师代写，应写明"××律师事务所律师×××代书"。

4. 附项

依次写明本状副本×份、证物×件、书证×件、证人姓名及联系地址。

（六）申诉状的写作要求

（1）叙事清楚，注意新证。要想达到申诉的目的，关键是要引起人民法院的重视，才能进行重新审理。因此，在制作申诉状时，应特别注意将申诉的事实与原裁决对事实的认定和处理加以对照，叙写清楚，以改变已经发生法律效力的裁判。

（2）驳证结合，依法行文。辩驳是申诉状中最常用、最有效的方法，它往往与证明方法结合起来，抓住原判中的关键之处，建立反驳的论点，以事实和法律为依据，进行申辩、反驳和论证。

（3）有理有据，一针见血。申诉状是针对发生法律效力的民事、刑事判决、裁定而写的书状，应针对原判在认定事实和适用法律上的不当，有理有据地提出申诉理由和请示，切不可悖理缠讼。申诉请求要明确具体，申诉理由要充分，有说服力，一针见血。

📝 **例文：**

民事申诉状

申诉人（一审被告；二审上诉人）：杨××，男，44岁，汉族，××省××县人，住××县××乡×组。

被申诉人（一审原告；二审被上诉人）：张××，男，29岁，汉族，××省××县人，住××县××乡×组。

申诉人因不服××市中级人民法院〔2007〕内民终字第×号民事判决，现依法提出申诉。

申诉请求：

原判决事实不清、证据不足，认定法律关系错误，适用法律不当，判决不公。请求检察机关依法履行法律监督职责，对本案予以重新审查并提请抗诉，督促人民法院依法改判并驳回被申诉人的无理要求。

事实和理由：

一、双方当事人××年4月30日签订的《煤矿股权转让协议书》和《合作协议书》是双方当事人在自愿平等基础上签订的，是双方意愿的真实表达，并未违反法律的禁止规定，是合法有效的。

二、双方合伙经营××省××县××镇××煤矿是合法开采的煤矿。该企业从成立、改制、合伙到合伙终止转让，所有证明都是齐备有效的，中间从未失效或中断过，其合法资质不容置疑，但法院对自己调取的证据却未予认证，反而做出与事实完全相反的认定和判决，二审对此亦不予纠正，反而将错就错。

三、双方当事人在平等自愿的基础上，通过签订股权转让和合作协议，建立的是共同投资、合伙经营的法律关系。这种自愿投资入伙经营的行为，是当事人对内部出资比例自愿转让、调整的行为，该行为不为法律禁止，也无须行政审批或行政许可。原判决所谓煤矿属特殊行业，国家对煤矿安全生产有相关的特别规定，这只是对煤矿安全生产的要求和约束，与本案双方当事人投资合伙无关联性。

四、二审判决书第1页倒数第4行查明：××煤矿经双方协商议价为680万元，而该判决书第5页认定"上诉人未经依法评估而自行作价"，显然前后矛盾。

五、根据《民法通则》第81条和《物权法》第123条规定，依法取得的采矿权受法律保护。权利人可以行使占有、使用和收益的权利，包括用于投资开发、与他人合伙经营等，这与倒卖采矿权谋取非法利益是风马牛不相及的两回事。

六、关于《矿产资源法》第6条的理解和适用问题。该条明确规定，矿山企业可以进行分立或合并，可以与他人合资、合伙或合作经营，矿山企业因资产调整或产权变动，如需变更采矿权的，经依法批准，可以变更登记。本案双方当事人进行煤矿股权转让和投资比例调整的行为，显然不为法律所禁止。

七、原一审判决送达之前，在原审法官××的主持下，双方当事人根据《合作协议书》第12条第一款的约定：一致同意将煤矿全部产权整体转让给第三人刘××，但遗憾的是原一、二审判决均在讼争合同终止后，仍按合同之诉对合同效力进行判决，从而作"一方还钱，另一方不还煤矿"的荒唐判决结论。这是违反法律规定的民事诉讼程序的，二审法院对此也未作出任何说明。

八、被申诉人接管××煤矿，煤矿的行政章也由被申诉人掌握和使用，原一、二审判决所谓××煤矿在申办安全生产许可证时对原采矿许可证、煤炭生产许可证的期限进行了篡改，与事实不符。退一步讲，即使有篡改，也是由被申诉人所为，应由其承担责任。

综上所述，本案二审判决存在诸多错误和矛盾，请求人民检察院依法予以重新审查并提出抗诉，维护法律的正确实施。

此致

××市人民检察院

申诉人：杨××
××××年××月××日

评析：

这是一份申诉人因××煤矿一案而提交的申诉状。申诉人简明扼要地表明了申诉请求、事实和理由，说明了一审、二审判决的错误和不当之处，要求解决什么问题，怎样给予改变处理，合情合理。

五、反诉状

（一）反诉状的概念

原告起诉以后，人民法院作出裁判以前，刑事或民事案件的被告人就原告人提起诉讼的同一事实，向人民法院提交的适用同一诉讼程序的，请求与原告的起诉合并审理并追究原告相应的民事或刑事责任的法律文书称作反诉状。

（二）反诉状的作用

（1）当事人用反诉状提起反诉，可使人民法院正确了解被告人的反诉看法及主张，全面把握案情，切实维护当事人的合法权益。

（2）可使被告在原告起诉后，于同一诉讼程序对原告予以起诉。

（三）反诉状的特点

（1）反诉以本诉为基础。反诉的被告必须是本诉的原告，反诉的原告必须是本诉的被告。被告起诉的诉讼理由与本诉产生同一法律关系，或者诉讼的是同一条件，达到合并审理和互相抵消的作用。

（2）反诉的诉讼请求独立存在。反诉只能向审理本诉讼的人民法院提起，不能向其他人民法院提起。反诉的诉讼请求是独立存在的，原诉撤销不会影响反诉。

（3）反诉维护了被告的权利。反诉体现了法律面前人人平等的原则，有利于保护双方当事人的合法权益，而且人民法院通过对被告反诉状的审查、受理，不仅节约了诉讼资源，还维护了人民法院裁判的权威。

（四）反诉状的分类

反诉状主要有两种：民事反诉状和刑事反诉状。行政诉讼不能提起反诉。

（1）民事反诉状是指民事诉讼的被告人就原告人起诉的同一事实，向人民法院递交与本诉在事实和法律上有牵连的独立诉讼请求，请求法院依法审理并追究原告人相应民事责任的法律文书。

（2）刑事反诉状是指刑事诉讼的被告人就原告人起诉的同一事实，向人民法院递交与本诉在事实和法律上有牵连的独立诉讼请求，请求法院依法审理并追究原告相应刑事责任的法律文书。

（五）反诉状的写作格式

反诉状在内容上主要包括首部、正文、尾部和附项四部分。

1. 首部

反诉状的首部包括以下内容。

（1）标题

写明"民事反诉状"或"刑事反诉状"。

（2）反诉状当事人双方的基本情况

分别写反诉人（本诉被告）、被反诉人（本诉原告）的姓名、性别、出生日期（年龄）、民族、职业、工作单位和职务、住址等。如果是法人或其他组织，要写清其名称和所在地址，以及法定代表人的姓名、职务等。委托代理人需写明姓名、性别、年龄、职务、住址及与被代理人的关系，如系律师，则只写律师事务所名称和姓名即可。

2. 正文

正文主要包括诉讼缘由或请求、事实和理由、证据及来源三部分。

（1）诉讼缘由或请求

写明请求人民法院依法解决的有关互相争议的民事问题的具体主张和要求，一般由"反

应用文写作

诉人×× 就×× 一案,对被反诉人×× 提起反诉""因被反诉人向你院提起×××之诉,现反诉人因×× 一案,特向你院提起反诉,反诉的请求、事实与理由如下"一类的话引出。

（2）事实和理由

事实的叙述要真实、准确,重点侧重在对反诉人的侵权行为的叙述上,并引用某些法律条文来支持自己的请求,表明自己请求的合理性及合法性。

（3）证据及来源

提供相关的物证、书证、视听材料、证人证言、当事人的陈述、鉴定结论等证据来支持自己的说法与请求,写明证人的姓名、证据的数量等。

3. 尾部

尾部包括以下三方面内容。

（1）在正文下面第一行空两格写"此致",另起一行顶格写致送的人民法院的名称。

（2）反诉人签名。如果是法人应加盖公章;如果是委托的律师作为反诉人,可在最后写上律师的工作单位及姓名。

（3）注明反诉的时间。

4. 附项

写明本状副本×份、物证×份、书证×份。

（六）反诉状的写作要求

（1）反诉理由要充分。反诉状要清楚地叙述案情的主要经过,对于双方存在重大争议的部分要详细交代,辨清事实,分清是非,并引用相关的法律法规,说明被反诉人违背了某些法规、事项,以对抗本诉中的诉讼请求。

（2）反诉状的请求要与本诉中原告的请求相互联系。反诉的主要目的是强调、追究本诉状中原告的基于同一事实案件的民事责任,举证过程中要注意证据应规范、有力、确凿。

📖 **例文:**

民事反诉状

反诉人(本诉被告):×× 食品添加剂应用技术推广站。地址:×× 市×× 街139号。

法定代表人:王××,×× 食品应用技术推广站经理。

被反诉人:李××,×× 食品有限公司经理。

反诉请求:

被反诉人应承担本合同纠纷的违约责任,处以违约金23212元。

被反诉人因承担其调走货物由反诉人支付的保管费、运输费、卸车费共计2386元。

事实和理由:

反诉人与被反诉人于××××年1月22日和1月28日分别签订了两份食品购销合同。合同规定:由被反诉人向反诉人提供10200公斤CMC系列食品添加剂,货款共计22万元。收到货款后,反诉人发现所运货物与合同中约定的类型不符(见证据一);包装标准也没有达到合同规定(见证据二)。对部分货物进行化验,发现混浊体严重,并有异味，属伪劣产品（见证据三）。基于此，反诉人于××年3月29日与被反诉人交涉，双方达成了由××食品有限公司将全部货款的96%自行调走，反诉人付已售出的4%货款的协议，××年6月18日××食品有限公司委派销售员刘××来催要货款，反诉人法人代表王××当即表示，货款一定偿付，但钱未完全回笼，应宽容几天，并当场认定货款额为13000元，已远远超出了售出4%的货款额。但时隔不久，被反诉人却突然起诉，要求返还拖欠款18000元，致使本应自行解决的问题复杂化了。

反诉人认为：欠款还款乃是天经地义之理，但上述货款未能及时兑现的原因是由被反诉人先行违约造成的，货物种类与合同规定不符，包装标准也与合同规定不符，加之质量低劣，已属严重违约，反诉人为了顾全大局，始终未采用法律手段，但被反诉人认为反诉人软弱可欺，竟先起诉。

基于上述事实，依照《中华人民共和国民事反诉法》第××条的规定，提出反诉，请法院依法公正判决，以维护反诉人的合法权益。

此致
××区人民法院
附：本反诉状副本3份

反诉人：××省××市食品添加剂应用技术推广站
××××年××月××日

评析：

这是一份因违约而写的民事反诉状。反诉请求明确具体，事实和理由叙述清楚，并表明了反诉人的主张，有具体的法律依据，这就为法院判决时提供了一个依据。

六、答辩状

（一）答辩状的概念

答辩状是指民事、刑事、行政案件被告或被上诉人针对起诉的事实和理由或上诉的请求和理由进行回答、辩解或反驳的一种诉讼文书。原告向一审的人民法院提起诉讼后，被告要对提出的某些事实或请求进行答辩；或者是一审人民法院对案件审理终结后，一方当事人不服，提起上诉，被上诉人就上诉状进行答辩所写的文书。当然，被告不提出答辩状，不会影响人民法院审理。

（二）答辩状的作用

（1）维护被告人或被上诉人的合法权益。
（2）有助于人民法院查明案情，秉公执法。

（三）答辩状的特点

（1）特定性。答辩状必须是由民事、行政案件的被告或上诉案件的被上诉人，刑事案件的被告人提出。
（2）规定性。答辩状必须是在法定期限内提出（答辩人收到诉状或上诉状15日内提出答辩）。

（3）针对性。答辩状必须是针对诉状或上诉状的内容进行答辩。

（四）答辩状的分类

答辩状是与起诉状和上诉状相对应的一种文书，从答辩状所需回答、反驳的案件性质上可分为民事答辩状、行政答辩状和刑事答辩状三种；从审理的不同级别可分为起诉答辩状和上诉答辩状两种。

（五）答辩状的写作格式

答辩状的内容一般由首部、正文、尾部和附项四部分构成。

1. 首部

答辩状的首部由以下内容构成。

（1）标题

标题一般写"答辩状"三个字，也可详写为"民事答辩状""刑事答辩状""行政答辩状"。

（2）答辩人基本情况

答辩人的基本情况与诉状中原告、被告的基本情况写法相同。如果有法定代理人的，要写明法定代理人的基本情况及与答辩人的关系。

2. 正文

（1）答辩状缘由。主要写明是对原告提起的何种案件进行答辩。引出正文的常用语有："因原告×××所诉×××一案。现答辩如下"或"答辩人于××××年××月××日收到××法院的起诉状副本，现将原告所述案件答辩如下"。

（2）事实和理由。主要阐明答辩人对案件的看法和观点。既可以部分承认对方观点，也可以全面批驳对方；既可以阐明自己对案件的处理意见，也可以请求人民法院合理判决。

（3）答辩请求。一方面请求人民法院做出公正判决或裁定；另一方面对可以接受的某些起诉或上诉内容表明态度。如果答辩人要反诉原告或上诉人，则要提出反诉请求。

3. 尾部

尾部包括以下内容。

（1）正文下面第一行空两格写"此致"，第二行顶格写"×××人民法院"。

（2）答辩人签名，注明日期。如果是律师代写，还应当写明"××律师事务所××律师代写"。

4. 附项

依次写明本状副本×份、证物×件、书证×件，以及证人的姓名、地址、联系方式。

（六）答辩状的写作要求

（1）针锋相对，有的放矢。针对起诉状、上诉状、反诉状中提出的"诉讼请求"或"上诉请求"，以及"事实和理由"进行针锋相对的答复和辩驳，对有争议的问题和争执的焦点要特别加以阐述，以讲清观点、说明是非、分清责任。

（2）实事求是，以理服人。写答辩状一定要采取实事求是的态度，摆事实、讲道理、以理服人；如果对方说得对，有道理，符合事实和法律，就应接受其诉讼请求；该作自我批评和承认错误的，应明确做到，这样有利于问题的解决。

（3）立于支持，表明态度。上诉案件的被上诉人一般是在一审裁判中胜诉的一方，所以被上诉人写答辩状，应立于支持，维护一审的判决和裁定，针对上诉状中指责裁判不当的内容提出确实、充分的证据和法律根据，有理有据地驳斥上诉状中的观点，表明态度，以达到维护已经取得的胜诉权的目的。

例文：

民事答辩状

答辩人：××学校 地址：××市××路××号
法人代表：×××

因王××要求××学校人身损害赔偿一案，现提出答辩意见如下：

1. 答辩人与王××之间不存在直接的合同关系。答辩人于××××年××月××日与建筑安装公司订立了一份口头合同，由建筑安装公司负责把答辩人的一个高压电表柜拆除，王××是受该建筑安装公司的委托来拆除高压电表柜的，与答辩人之间不存在直接合同关系。

2. 王××的伤害赔偿应由建筑安装公司负责。其一，根据我国法律有关条文规定，建筑公司对其职工在履行合同的范围内所受到的伤害应负责任，王××的伤害并不是由于合同客体以外的事件造成的。其二，受建筑安装公司委托的王××在拆除高压电表柜的过程中，存在着严重违反操作程序的行为。

3. 答辩人对王××伤害赔偿不应承担责任。根据我国《民法通则》的规定，从事高度危险作业致他人伤害的，应负赔偿责任。而本案中答辩人与建筑安装公司订有合同，高度危险来源已通过合同合法地转移给建筑安装公司。建筑安装公司成为该危险行业的主体，王××在操作过程中受到伤害，这是建筑安装公司在履行合同过程中造成自己员工的伤害行为，与答辩人无关。

综上所述，××学校为不合法被告，请贵院依法驳回原告起诉。

此致
××市中级人民法院

答辩人：××学校
××××年××月××日

评析：

这是一份根据王××的起诉状而提交的民事答辩状，答辩人的基本情况和答辩事由清楚。答辩人通过对事实的逐条叙述，并结合相关法规对起诉人进行反驳，从而得出否定性的结论，说明自己主张的合法性，语言表述清晰、简洁，说理透彻，收到了较好的答辩效果。

知识链接

　　当事人是指被害人、自诉人、犯罪嫌疑人、被告人、附带民事诉讼的原告人和被告人。诉讼参与人是指当事人、法定代理人、诉讼代理人、辩护人、证人、鉴定人和翻译人员。法定代理人是指被代理人的父母、养父母、监护人和负有保护责任的机关、团体的代表。近亲属是指夫、妻、父、母、子、女、同胞兄弟姐妹。

拓展训练

1. 拓展训练项目

拟写一则诉状。

2. 拓展训练流程

（1）教师假定发生某一民事案件。

（2）分组讨论，针对纠纷诉诸法律，拟写一份诉状。

（3）小组之间相互交流成果，互相探讨诉状写作的要领。

3. 拓展训练评价

序号	评 价 指 标	评 价 标 准	效果评价（优秀／良好／合格）
1	结构内容	完整	
2	写作要求	符合	
3	诉状效果	达到法律文书的行文目的	

4. 拓展训练反思

（1）对于法律文书有了什么新的认识？

（2）我针对本次的写作成果，感到：

满意 □　　　　　一般满意 □　　　　　不满意 □

巩固新知

一、名词解释

民事诉讼　刑事诉讼　申诉状　反诉状　答辩状

二、填空题

1.诉状在公诉时称_____，非公诉案件的诉状称_____或_____等。

2.诉状按其性质不同，可分为_____、_____和_____三类。

3.诉状包括_____、_____、_____和_____四部分。

4.公诉案件无上诉人，不能把_____列为被上诉人。

5.上诉理由可以从_____、_____和_____三部分来拟写。

6.申诉状的首部包括_____、_____和_____三部分。

7. 反诉状的特点主要是_____、_____和_____。

8. 提起行政诉讼的人称为_____。

9. 答辩状是与_____和_____相对应的一种诉讼文体。

10. 答辩状可分为_____、_____、_____三种。

三、多项选择题

1. 法律文书的特点有（　　　）。

　　A. 合法性　　　　　　B. 规范性　　　　　C. 准确性　　　　　D. 时效性
　　E. 强制性

2. 答辩状包括（　　　）。

　　A. 首部　　　　　　　B. 正文　　　　　　C. 尾部　　　　　　D. 附项
　　E. 落款

四、简答题

1. 诉状有哪些写作要求？

2. 行政诉状有哪些特点？

3. 申诉状有哪些特点？

4. 反诉状有哪些写作要求？

5. 答辩状的答辩事由常由哪些话引出？

参 考 文 献

[1] 岳海翔. 规范化最新公文写作规范与规则实务大全 [M]. 北京：东方出版社，2020.

[2] 学公文·公文写作从入门到精通 [M]. 北京：北京大学出版社，2019.

[3] 孔祥戬. 应用文写作 [M]. 北京：北京师范大学出版社，2010.